罗马法民法大全翻译系列

CORPORIS IURIS CIVILIS

FRAGMENTA SELECTA

物与物权

（第二版）

[意] 桑德罗·斯奇巴尼 选编
范怀俊 费安玲 译
[意] 纪蔚民 [意] 阿尔多·贝特鲁奇 校

中国政法大学出版社

OSSERVATORIO SULLA CODIFICAZIONE E SULLA FORMAZIONE DEL GIURISTA IN CINA NEL QUADRO DEL SISTEMA GIURIDICO ROMANISTICO

"Sapienza" Università di Roma

Università di Roma "Tor Vergata"

Università della Cina di Scienze Politiche e Giurisprudenza (CUPL)

Dipartimento Identità Culturale — C. N. R

Volume stampato con il contributo dello stesso Osservatorio

SULLE COSE E SUI DIRITTI REALI

(seconda edizione)

Traduzione in cinese con latino in confronto

A cura di Sandro Schipani

Ordinario di Diritto romano, "Sapienza "Universita' di Roma

Traduzione in cinese di Fan Huaijun, Fei Anling

Universita' di CUPL

Con collaborazione di Aldo Petrucci

Ordinario di Diritto romano, Universita' di Pisa

Con collaborazione di Giuseppe Terracina

Ricercatore, Universita' di Roma "Tor Vergata"

简要说明

罗马法原始文献选择本《物与物权》的第一版问世于1993年12月。第一版《物与物权》的全部内容均由著名的意大利罗马法学家S. 斯奇巴尼教授直接从浩瀚的罗马法原始文献中筛选出来，由当时中国政法大学的范怀俊讲师翻译成汉文。该书出版后很快即销售告罄。随后，中国政法大学出版社根据市场需要又将该书以16开本的形式再次印刷，依然无法满足学界师生们的需求。2009年，斯奇巴尼教授对《物与物权》的原始文献筛选内容进行了必要的补充，同时对全书的目录做出了比较大的调整。新调整的内容全部由费安玲教授翻译完成。

译　者

2009年9月8日

序

此册系《民法大全》选译第三册，其标题与《民法大全》本身的有关标题并不一致。实际上，根据德国学说汇纂派（参考第1册Ⅰ．1的注释）所接受的《法学阶梯》分类体系的发展情况，它统一了材料的内容。

在《法学阶梯》中，阐述了“物”（res）这一术语在法律拉丁语中的多种含义。尤其是在《法学阶梯》的整个体系中（J. 1，2，12）*，将物分为有体物和无体物（J. 2，2），确定了财产的各要素，并统一地组织了物权、继承权和债权的阐述顺序。

与财产各要素的这一统一的观点相比较，在《法学阶梯》中极为重要的对物之诉和对人之诉的划分（J. 4，6pr.），在相当程度上揭示了各种权利以及各种法律关系之间的深刻的区别，不管它们是首先建立在某人对某物（物的概念在此也包含“权利”：人们认为借以行使继承权的遗产继承之诉属于对物之诉）

---

* 在此册中，缩写字母“D.”代表优士丁尼《学说汇纂》(Digesta)，“C.”代表优士丁尼《法典》(Codex)，“J.”代表优士丁尼《法学阶梯》(Justiniani Institutiones)，其后的阿拉伯数字依次为编、章、条、款的编号，“pr.”表示头款(Principium)。——译者注

的直接关系上，还是首先建立在某人的合作基础上。

在《学说汇纂》中，这两种分类都存在。第一种分类在《学说汇纂》开头部分有关“物”的各种分类一章中（D. 1, 8）同其它分类一起被提及，但它并未像在《法学阶梯》中那样被用于安排材料的阐述。第二种分类被用于统一有关对物之诉（遗产继承之诉、返还所有物之诉等）的论述（D. 5～8）；但是遗产继承在其它地方（尤其是在D. 28～38）也非常广泛地被论及，因而具有独立性。

面对这一多重含义，外部世界的那部分物，或曰可掌握的实体，便成为物的狭义概念在分类体系中的含义。通过这类物，人们可以建立一种占有、使用、收益等直接的关系；这一关系不需要他人的合作，但因此关系，仅为了否认物属于某人或可由某人使用，也可能产生同他人的争议；此关系还直接或间接地突出了财产的重要性。在《法学阶梯》中，这类狭义的物出现于其它物之旁，并且基于该类物确定了第二卷第一部分的材料的顺序。该部分集中规定了物变成个人之物和物权客体的各种方法（J. 2, 1, 11～48；J. 2, 3～9）；它还非常引人注目地出现在诉讼部分（J. 4, 6, 2～7）和令状部分（J. 4, 15）。这两部分对上述规定作了补充。因此《法学阶梯》注重物权的分类，并试图对它们进行统一的论述，然而在《学说汇纂》中对物权的论述却分散在各部分（尤其是在D. 6～8；D. 10；D. 20；D. 39, 1～3；D. 41～42；D. 43）。

在现代民法典中，总是用一个部分专门规定物和物权。然而有的却在总则的开始部分论述物（如《德国民法典》第90~103条，《巴西民法典》第47~73条），而将物权分开论述。

因此，在此册中首先提供了研究物的各种概念及物的分类的有关材料，然后提供了着重从物的上述狭义的角度研究物权的材料，从而构成了基本的分类体系。

在物权中，首先被考虑的是所有权，就像在《民法大全》中一样（J. 2，1，11~48；D. 6）。确切地讲，在《民法大全》中，没有一章专门论述“所有权”，也没有关于它的定义，所有权的概念基本上是由“此物是我的”所确认，即由某物属于某人并由此人“直接”行使对该物的那种归属权所确认；所有权结果被表述为“可以合法地使用（usare）、获取孳息（trarre ifrutti）、拥有（avere）和占有（possedere）”，但这组权利不能被认为是一个定义。鉴于确认物的归属的重要性，在表述顺序方面，首先要顾及物变成某人之物或停止作为某人之物（即那种归属开始或终止）的方法；其次顾及物之所属者借以保护其归属权、调整同他人的关系的方法，以及限制他用物从事某事的方法；最后顾及他同别人一起行使归属权（共有）的方法，及归属权在无所有权的情况下被完满行使的方法。本辑各章专门阐述了这些问题，融合了《法学阶梯》和《学说汇纂》的顺序。

相反，在此未考虑根据那一典型模式某物属于某一“市民”

(不仅在古罗马及市民法所有权的初期，而且在市民资格被赋予一切人的帝国的最后几个世纪）的这一事实。此说明具有重要意义，因为市民是“国民的一部分”，即是由人组成的有秩序的社会的一部分，该社会以全体人及每一个人的利益为目的，其最高统治者是上帝，它有由监察官监督实施的统一的伦理和法律，它允许人们主张在罗马，所有权是以培养善良的市民为目的的，而不是像在商人中那样以财富本身为目的。此目的源于整个制度，但在那一制度中却未以一个单独的部分对之加以表述。

此外，撇开物属于物权的享有者不谈，我们发现在《民法大全》中还规定了一系列物权，它们被规定，以便可以同物属于他人的情况并存。那些权利在不同情况下产生，具有不同的内容。它们的名称已在漫长的岁月中被确定，并且在古代罗马法的任何一个历史时期都在被增加。从其内容不是由设定它们的当事人一次一次地确定的而是事先确定的这一意义上讲，它们是典型的权利，当事人可以选择在他人之物上存在的物权的种类。他物权的行使限制了所有人的权利的行使，但不能使那些权利消灭；当它们消灭时，那些权利重新获得其完整性。此外，它们的行使直接针对物，就所有人可能负担保持物的适当状态的义务而言，并不要求他积极合作，而只要求他不实施某种妨碍行为。阐述它们的顺序主要是《学说汇纂》的顺序（D. 6,3～D. 8)，它优于《法学阶梯》的顺序（J. 2，3～5)，并通过对地上权的规定而臻于完善。

在他物权中还有两种担保物权，从本质上讲，它们限制了所有人处分设定了担保物权之物的权利。对它们的论述，在《学说汇纂》中同债的问题联系在一起，在《法学阶梯》中则同对权利享有者所拥有的诉讼手段的规定联系在一起。它们同样是物权，通过它们，权利的享有者同物本身之间的直接关系被表现得尤为充分。

在定义方面，最棘手的问题之一是占有。与所有权并列的这一基本制度，有时在所有权不可能发生的情况下确实代替着所有权（人们认为，当罗马人的公有土地为市民私人占有时，那些土地仍是罗马人的公有土地）；有时是取得所有权的前提（人们认为，占有是自《十二表法》时代起就规定了的时效取得所有权的前提）；有时同恢复所有权的诉讼联系在一起；等等。因此，它渗入各个方面；对它的规定主要涉及取得和保护两个方面。

我们发现，在《民法大全》中还规定了人们同不属于任何个人之物的许多关系，在这些关系中排除了处分物的行为（非交易物），对于这些物，人们同样享有一系列受到保护的权利。《法学阶梯》体系并未考虑这些关系，相反，在《优士丁尼法典》和《学说汇纂》中却较多地考虑了它们。公、私法区分的现代发展，使人们已拒绝从私法角度考虑物权的这些方面，但重新考虑它们似乎是有益的。现在，在此辑中，在关于物的种类的论述范围内提及它们是恰当的。该问题可能被再次提及。

就我所完成的这一原文选辑而言，这本较厚的册子主要由选自《学说汇纂》的文献构成，有少量的补充材料选自《优士丁尼法典》，但它们是重要的。此辑始终是对《法学阶梯》的补充，并简要地考察了后者所涉及的有关问题。

拉丁文的翻译由中国政法大学范怀俊博士完成，并经过由阿尔多·贝特鲁奇（Aldo Petrucci）博士及朱塞佩·德拉其纳（Giuseppe Terracina，纪蔚民）博士组成的意大利工作组的校正。此项工作是根据中国政法大学同罗马法传播研究组（Gruppo di ricerca sulladiffuslone del diritto romano）于1989年达成的协议，于范怀俊博士在我们罗马第二大学罗马法教研室进修期间在罗马进行的。该项工作得到了中国政法大学、意大利国家科研委员会——政治法律科学委员会（Consiglio Nazionale delle Ricerche—Comitato per la Scienze Giuridiche e Politiche）、罗马第二大学［特别是其法的历史和理论部（Dipartimento di Storia e Teoria del Diritto）］的支持。此外，根据该协议，此册由意大利国家科研委员会资助出版。

桑德罗·斯奇巴尼

1993年6月29日于罗马

目　录

Index

1 De rerum divisione et qualitate ······ 2

1. 1 Generaliter ······ 2

1. 2 De rebus extra nostrumpatrimonium divini iuris ······ 6

1. 3 De rebus sacris ······ 6

1. 4 De rebus religiosis ······ 12

1. 5 De rebus sanctis ······ 14

1. 6 De rebus extra nostrum patrimonium humani iuris ······ 16

1. 6. 1 De rebus communibus omnium et publicis et in usu publico ······ 16

1. 6. 2 De fluminibus, et portubus, et fluminibus ······ 30

1. 7 De rebus universitatis ······ 34

1. 8 De rebus in nostro patrimonio ······ 36

1. 9 De rebus quae pondere numero mensura consistunt ······ 40

1. 10 De rebus quae commode dividi possunt aut non possunt ······ 40

1. 11 De rebus quae uno spiritu continentur, ex cohaerentibus, ex distantibus ······ 42

1. 12 De rei partibus ······ 46

1. 13 De rebus principalibus, de rebus quae iis accedunt, vel pertinent ······ 50

1. 14 De fructibus ······ 52

1. 15 De rebus futuris et de rei spe ······ 56

1　关于物的划分与特点 ………………………………………… 3
1.1　总论 ……………………………………………………… 3
1.2　神法规定的不可有物 …………………………………… 7
1.3　神用物 …………………………………………………… 7
1.4　安魂物 …………………………………………………… 13
1.5　神护物 …………………………………………………… 15
1.6　人法规定的不可有物 …………………………………… 17
1.6.1　共用物和公有物 ……………………………………… 17
1.6.2　河流、港口和水 ……………………………………… 31
1.7　市有物 …………………………………………………… 35
1.8　可有物 …………………………………………………… 37
1.9　可称量计数的物 ………………………………………… 41
1.10　可分物与不可分物 ……………………………………… 41
1.11　单一物、合成物及聚合物 ……………………………… 43
1.12　物之部分 ………………………………………………… 47
1.13　主物、从物和附属物 …………………………………… 51
1.14　孳息 ……………………………………………………… 53
1.15　未来物与可期待物 ……………………………………… 57

2 De adquirendo rerum dominio …… 60

2.1 De occupatione …… 60

2.2 De rerum hostilium occupatione …… 62

2.3 De thesauris …… 64

2.4 De fructibus …… 66

2.5 De nova specie …… 70

2.6 De confusione et commixtione …… 72

2.7 De accessionibus …… 74

2.8 De alveo derelicto et de insula in flumine nata …… 78

2.9 Ex lege …… 82

2.10 Ex litis aestimatione …… 86

2.11 De rerum traditione …… 86

2.11.1 Animus tradendi …… 88

2.11.2 Modus tradendi …… 88

2.11.3 Causa tradendi …… 96

2.11.4 Per aliam personam …… 98

2.12 De usucapione …… 100

2.12.1 Qui usucapere potest …… 100

2.12.2 Res habilis …… 102

2.12.3 Tempus …… 106

2.12.4 Possessio …… 108

2.12.5 Bona fides …… 108

2.12.6 Iusta causa …… 110

2.13 De rebus quae alienari non possunt …… 112

2　物之所有权的取得 …… 61
2.1　先占 …… 61
2.2　敌人之物的占有 …… 63
2.3　埋藏物 …… 65
2.4　孳息 …… 67
2.5　加工 …… 71
2.6　混合与混杂 …… 73
2.7　添附 …… 75
2.8　河水不再流经的河床及河中产生的岛屿 …… 79
2.9　法定取得 …… 83
2.10　诉讼取得 …… 87
2.11　转让 …… 87
2.11.1　交付之意思 …… 89
2.11.2　交付之方式 …… 89
2.11.3　交付之原因 …… 97
2.11.4　通过中间人取得 …… 99
2.12　时效取得 …… 101
2.12.1　能通过时效取得所有权的人 …… 101
2.12.2　不能通过时效取得的物 …… 103
2.12.3　期间 …… 107
2.12.4　占有 …… 109
2.12.5　善意 …… 109
2.12.6　正当理由 …… 111
2.13　不能转让的物 …… 113

3 Quemadmodum dominium amittitur ········ 116
3.1 De rei derelictione ········ 116
3.2 Quando alienatio revocata sit ········ 120
3.3 Res a re publica distractae vel publicatae ········ 122
4 De rei vindicatione ········ 124
4.1 Quid vindicari possit ········ 124
4.2 De actore ········ 128
4.3 Onus probandi ········ 128
4.4 De reo, de possessione eius et si dolo desiit possidere ········ 130
4.5 Restituere ········ 136
4.5.1 Fructus et omnis res quae accedit ········ 136
4.5.2 Sumptus ········ 140
4.5.3 Si res deterior facta sit ········ 144
4.5.4 Manu militari ········ 148
4.5.5 Res sine dolo amissa ········ 148
5 De ceteris in rem actionibus ········ 152
6 Finium regundorum ········ 156
7 De operis novi nunciatione et de remissionibus ········ 162
7.1 Opus novum ········ 162
7.2 Actor ········ 164
7.3 Adversarium ········ 168
7.4 Modus nuntiandi ········ 168
7.5 Quod factum est, restituas ········ 170

3 所有权的丧失 …… 117
3.1 物的抛弃 …… 117
3.2 转让的撤销 …… 121
3.3 由于共和国的需要或者没收的原因而出售的物 …… 123
4 物的返还 …… 125
4.1 可返还的物 …… 125
4.2 诉讼 …… 129
4.3 举证责任 …… 129
4.4 被告,占有人或者故意停止占有之人 …… 131
4.5 返还 …… 137
4.5.1 孳息和各种添附物 …… 137
4.5.2 费用 …… 141
4.5.3 物是否遭受到损害 …… 145
4.5.4 强制剥夺 …… 149
4.5.5 因诈欺而丧失的物 …… 149
5 他物权之诉 …… 153
6 调整地界之诉 …… 157
7 新施工警告与撤销 …… 163
7.1 新施工 …… 163
7.2 原告 …… 165
7.3 相对方 …… 169
7.4 警告的方式 …… 169
7.5 将已进行的施工恢复原状 …… 171

8 De damno infecto ………… 174

8. 1 Damnum nondum factum ………… 174

8. 2 Cui competit stipulatio ………… 178

8. 3 Cui competit cautio ………… 180

8. 4 Missio in possessionem ………… 182

8. 5 De damno facto ante quam caveretur ………… 184

9 De aqua et aquae pluviae arcendae ………… 186

9. 1 Aqua pluvia ………… 186

9. 1. 1 Opus manu factum ………… 186

9. 1. 2 Opus manu factum colendi causa ………… 190

9. 1. 3 Opus manu factum publica auctoritate ………… 192

9. 2 Cui competit actio ………… 192

9. 3 Restitutio et damnum ………… 194

10 Quod vi aut clam ………… 200

10. 1 Interdictum restitutorium ………… 200

10. 2 Quae in solo fiunt ………… 200

10. 3 Vi aut clam ………… 204

10. 4 Exceptiones quod vi aut clam, quod necessitatis causa, quod colendi causa ………… 206

10. 5 Cui competit interdictum ………… 208

10. 6 Adversus possessorem ………… 208

10. 7 Restitutio aut litis aestimatio ………… 210

11 De arboribus caedendis ………… 214

12 De in alienum fundum ineundo ………… 216

12. 1 De glande legenda ………… 216

8　潜在损害 ………………………………………………………… 175
8.1　尚未发生的损害 ……………………………………………… 175
8.2　要求对潜在损害提供要式口约担保的主体 ……………… 179
8.3　缔结为潜在损害提供担保的要式口约的主体 ……… 181
8.4　特准占有 ……………………………………………………… 183
8.5　无潜在损害要式口约时的救济 …………………………… 185
9　水及雨水的排放 ……………………………………………… 187
9.1　雨水 …………………………………………………………… 187
9.1.1　施工 ……………………………………………………… 187
9.1.2　因耕作需要而进行的施工 ……………………………… 191
9.1.3　依官方命令进行的施工 ………………………………… 193
9.2　诉讼主体 ……………………………………………………… 193
9.3　恢复原状及损害 ……………………………………………… 195
10　以暴力或秘密地进行的施工 ………………………………… 201
10.1　恢复原状令状 ……………………………………………… 201
10.2　在地上进行的施工 ………………………………………… 201
10.3　暴力或秘密施工 …………………………………………… 205
10.4　有正当理由的暴力或者秘密施工除外 …………………… 207
10.5　令状使用的主体 …………………………………………… 209
10.6　对抗物的占有人 …………………………………………… 209
10.7　恢复原状或者裁决赔偿 …………………………………… 211
11　应砍伐的树木 ………………………………………………… 215
12　在他人土地上通行 …………………………………………… 217
12.1　捡拾橡果 …………………………………………………… 217

12. 2 De ineundi ceteris causis ······ 216

13 Ne quis re sua male utatur ······ 222

14 De edificiis privatis ······ 224

15 De rebus inter aliquos communibus ······ 226

15. 1 Res communis ······ 226

15. 2 Communi dividundo ······ 232

16 De ceteris modis quibus res nostrae sint ······ 236

16. 1 De Publiciana in rem actione ······ 236

16. 2 De exceptione rei venditae et traditae ······ 240

16. 3 De nudo ex iure Quiritium tollendo vel de differentiam inter dominos expellenda ······ 242

17 Si ager vectigalis petatur et de emphyteutico iure ······ 244

18 De usu fructu ······ 254

18. 1 Quemadmodum quis utatur et fruatur ······ 254

18. 1. 1 Quid sit in fructu ······ 254

18. 1. 2 Quid fructuarius facere possit ······ 268

18. 1. 3 Quid fructuarius facere debet ······ 272

18. 1. 4 Quid proprietatis dominus facere possit ······ 276

18. 1. 5 An uti frui dividi possit ······ 280

18. 2 Quibus modis usus fructus amittitur ······ 282

18. 3 Si usus fructus petetur vel ad alium pertinere negetur ······ 288

18. 4 De usu fructu earum rerum quae usu consumuntur vel minuuntur ······ 290

12.2　进入土地的其他原因……………………………… 217
13　使任何人不得不当地使用自己的物 …………………… 223
14　私人建筑物 ……………………………………………… 225
15　数人共有一物 …………………………………………… 227
15.1　共有物……………………………………………… 227
15.2　共有物的分割……………………………………… 233
16　获得物的其他方式 ……………………………………… 237
16.1　普布利西安对物之诉……………………………… 237
16.2　出售和交付物的抗辩……………………………… 241
16.3　市民法所有权与裁判官法所有权划分之取消……… 243
17　税地的出售与永佃权 …………………………………… 245
18　用益权 …………………………………………………… 255
18.1　用益权行使的方式和收益的获取………………… 255
18.1.1　孳息的产生……………………………………… 255
18.1.2　用益权人可以进行的活动……………………… 269
18.1.3　用益权人应当进行的活动……………………… 273
18.1.4　所有权人可以进行的活动……………………… 277
18.1.5　用益权的可分性………………………………… 281
18.2　用益权消灭的方式………………………………… 283
18.3　是提起确认用益权之诉还是否认它属于别人……… 289
18.4　消费物的用益权或准用益权……………………… 291

19 De operis servorum ········ 294

20 De usu et habitatione ········ 296

21 De servitutibus ········ 302

21. 1 Praediorum iura sunt haec ········ 302

21. 2 De quibusdam servitutium regulis ········ 312

21. 3 Si servitus vindicetur vel ad alium pertinere negetur ··· 318

21. 4 Quemadmodum servitutes amittuntur ········ 320

22 De superficiebus ········ 326

23 De pignoribus et hypothecis ········ 334

24 De possessione ········ 348

24. 1 Quid sit possessio et quae res possideri possint ········ 348

24. 2 De adquirenda vel amittenda possessione ········ 352

24. 2. 1 Quis apisci possessionem possit ········ 352

24. 2. 2 Quomodo apisci possessionem possit ········ 356

24. 2. 3 Quomodo possessionem retinemus ········ 360

24. 2. 4 Quomodo possessionem amittimus ········ 364

24. 3 De interdictis retinendae aut reciperandae possessionis ········ 368

24. 3. 1 De interdicto unde vi reciperandae possessionis ········ 368

24. 3. 2 De interdicto uti possidetis retinendae possessionis ········ 376

24. 3. 3 De interdicto utrubi retinendae possessionis ··· 380

19　奴畜使用权 …… 295

20　使用权和居住权 …… 297

21　役权 …… 303

21.1　地役权内容 …… 303

21.2　地役权的若干规则 …… 313

21.3　是提起确认役权之诉还是否认它属于别人 …… 319

21.4　役权消灭的方式 …… 321

22　地上权 …… 327

23　质权和抵押权 …… 335

24　占有 …… 349

24.1　占有和能够被占有的物 …… 349

24.2　占有的取得和丧失 …… 353

24.2.1　能够取得占有的人 …… 353

24.2.2　取得占有的条件 …… 357

24.2.3　占有的保持 …… 361

24.2.4　占有的丧失 …… 365

24.3　保护占有和恢复占有的令状 …… 369

24.3.1　因“暴力驱逐”引发的恢复占有令状 …… 369

24.3.2　保护占有的“现状占有令状” …… 377

24.3.3　保护占有的“优者占有令状” …… 381

24. 3. 4 Quomodo possidere liceat …………………… 382
24. 3. 4. 1 Non vi ………………………………… 382
24. 3. 4. 2 Non clam ……………………………… 384
24. 3. 4. 3 Non precario …………………………… 386
24. 3. 5 De condemnationis summa …………………… 388

24.3.4　合法占有的条件 …… 383
24.3.4.1　非暴力地占有 …… 383
24.3.4.2　非秘密地占有 …… 385
24.3.4.3　非临时性地占有 …… 387
24.3.5　判罚的金钱数额 …… 389

物 与 物 权

第二版

SULLE COSE E SUI DIRITTI REALI

seconda edizione

1*
De rerum divisione et qualitate
(J. 2. 1. 2; D. 1. 8)

1. 1 Generaliter

D. 1. 8. 1pr. ***Gaius 2 institutionum***

Summa rerum divisio in duos articulos deducitur: nam aliae sunt divini iuris, aliae humani. di vini iuris sunt veluti res sacrae et religiosae. Sanctae quoque res, veluti muri et portae, quo dammodo divini iuris sunt. quod autem divini iuris est, id nullius in bonis est: id vero, quod humani iuris est, plerumque alicuius in bonis est, potest autem et nullius in bonis esse: nam res hereditariae, antequam aliquis heres existat, nullius in bonis sunt. hae autem res, quae humani iuris sunt, aut publicae aut privatae. quae publicae sunt, nullius in bonis esse creduntur, ipsius enim universitatis esse creduntur: privatae autem sunt, quae singulorum sunt.

---

* 本拉丁文内容依"Digesta (Recognovit Theoclorus Mommesen Retractavit Paulus krueger)" WEIDMANN 版校对。——译者注

1

关于物的划分与特点

(J. 2, 1, 2; D. 1, 8)

1.1 总 论

D. 1, 8, 1pr. 盖尤斯 (Gaius):《法学阶梯》第2卷

物主要被分为两类：一类物是神法物（res divini iuris），另一类物是人法物（res humani iuris）。例如，神用物（res sacrae）、安魂物（res religiosae）是神法物；城墙和城门是神护物（res sanctae），在一定意义上也是神法物。神法物是不可有物*，人法物通常是可有物，然而也可以是不可有物，遗产在有遗产继承人之前不是可有物。人法物或是公有物（res publicae），或是私有物（res privatae）。公有物被视为不属于任何人而属于共同体的财产；私有物是属于个人之物。

* 不能为个人私有之物。——译者注

D. 1. 8. 1. 1 ***Gaius 2 institutionum***

Quaedam praeterea res corporales sunt, quaedam incorporales. corporales hae sunt, quae tangi possunt, veluti fundus homo vestis aurum argentum et denique aliae res innumerabiles: incorporales sunt, quae tangi non possunt, qualia sunt ea, quae in iure consistunt, sicut hereditas, usus fructus, obligationes quoquo modo contractae. nec ad rem pertinet, quod in hereditate res corporales continentur: nam et fructus, qui ex fundo percipiuntur, corporales sunt, et id quod ex aliqua obligatione nobis debetur plerumque corporale est, veluti fundus homo pecunia: nam ipsum ius successionis et ipsum ius utendi fruendi et ipsum ius obligationis incorporale est. eodem numero sunt et iura praediorum urbanorum et rusticorum, quae etiam servitutes vocantur.

D. 1. 8. 2pr. ***Marcianus 3 institutionum***

Quaedam naturali iure communia sunt omnium, quaedam universitatis, quaedam nullius, pleraque singulorum, quae variis ex causis cuique adquiruntur.

C. 7. 31. 1. 5 ***Imp. Iustinianus A. Iohanni pp.***

Cum etiam res dividi mancipi et nec mancipi sane antiquum est et merito antiquari oportet, sit et rebus et locis omnibus similis ordo, inutilibus ambiguitatibus et differentiis sublatis. *D. Xv k Nov. Costantinopoli post consulatum Lampadii et Orestis vv. cc < a. 531 >*

D. 1，8，1，1 盖尤斯：《法学阶梯》第2卷

除此之外，有些物是有体物（res corporales），另一些物是无体物（res incorporales）。有体物是能触摸到的物，如土地、奴隶、衣服、金、银及其他数不胜数的物；无体物是不能触摸到的物，如遗产继承权、用益权及以任何形式设定的债权等权利。遗产中是否包含有体物无关紧要，因为虽然由土地产生的孳息是有体物，根据一些债应给付的物一般也是有体物，如土地、奴隶、金钱，然而继承权、用益权及债权本身却是无体物。被称为役权的城市和乡村土地上的权利也属于无体物。

D. 1，8，2pr. 马尔西安（Marcianus）：《法学阶梯》第3卷

根据自然法，一些物为一切人共用，一些物为市有，另一些物不属于任何人，还有大部分物可因不同原因而为任何一个人私有。

C. 7，31，1，5 优士丁尼（Justinianus）皇帝致大区长官乔万尼

要式移转物（res mancipi）与略式移转物（res necmancipi）的区分太古老，同样应予以废除。废除无益的含糊不清的区分，使得所有地方的同样的物被归入同一类。（兰巴蒂和奥雷斯特代理执政，公元531年于君士坦丁堡）

1. 2 De rebus extra nostrum patrimonium divini iuris

D. 1. 8. 6. 2 ***Marcianus 3 institutionum***

Sacrae res et religiosae et sanctae in nullius bonis sunt.

D. 6. 1. 23. 1 ***Paulus 21 ad edictum***

Loca sacra, item religiosa, quasi nostra in rem actione peti non possunt.

1. 3 De rebus sacris

D. 1. 8. 6. 3 ***Marcianus 3 institutionum***

Sacrae autem res sunt hae, quae publice consecratae sunt, non privatе: si quis ergo privatim sibi constituerit sacrum sacrum constituerit, sacrum non est, sed profanum. semel autem aede sacra facta etiam diruto aedificio locus sacer manet.

D. 1. 8. 9pr. ***Ulpianus 68 ad edictum***

Sacra loca ea sunt, quae publice sunt dedicata, sive in civitate sint sive in agro.

D. 1. 8. 9. 1 ***Ulpianus 68 ad edictum***

Sciendum est locum publicum tunc sacrum fieri posse, cum princeps eum dedicavit vel dedicandi dedit potestatem.

1.2 神法规定的不可有物

D. 1，8，6，2 马尔西安：《法学阶梯》第3卷

神用物、安魂物及神护物皆非可有物。

D. 6，1，23，1 保罗（Paulus）：《论告示》第21卷

圣地同安魂之地一样，我们不能将之作为我们的所有物而提起对物之诉。

1.3 神用物

D. 1，8，6，3 马尔西安：《法学阶梯》第3卷

神用物是官方组织的祭神之物，而非私人祭神之物。因此，如果某人私自献祭某物，此物非神用物，而是俗物。一座庙宇后来变成了神用物，在它倒塌后那个地方仍是神用物。

D. 1，8，9pr. 乌尔比安（Ulpianus）：《论告示》第68卷

圣地（sacra loca）是在城市或乡村由官方组织献祭的地方。

D. 1，8，9，1 乌尔比安：《论告示》第68卷

人们应该知道，一个公共场所，一旦皇帝在那里献祭或授权在那里献祭，便成为圣地。

D. 1. 8. 9. 2 ***Ulpianus 68 ad edictum***

Illud notandum est aliud esse sacrum locum, aliud sacrarium. sacer locus est locus consecratus, sacrarium est locus, in quo sacra reponuntur, quod etiam in aedificio privato esse potest, et solent, qui liberare eum locum religione volunt, sacra inde evocare.

D. 1. 8. 9. 5 ***Ulpianus 68 ad edictum***

Res sacra non recipit aestimationem.

D. 43. 6. 1pr. ***Ulpianus 68 ad edictum***

Ait praetor: "in loco sacro facere inve eum immittere quid veto."

D. 43. 6. 1. 2 ***Ulpianus 68 ad edictum***

Quod ait praetor, ne quid in loco sacro fiat, non ad hoc pertinet, quod ornamenti causa fit, sed quod deformitatis vel incommodi.

D. 43. 8. 2. 19 ***Ulpianus 68 ad edictum***

Locorum sacrorum diversa causa est: in loco enim sacro non solum facere ihi restitutus esset, ceterae vero res, quae vi ablatae sunt, non vetamur, sed et factum restituere iubemur: hoc propter religionem.

D. 1，8，9，2　乌尔比安:《论告示》第 68 卷

人们还应注意，一个地方是圣地，另一个地方是圣殿。圣地是官方组织献祭的地方，圣殿却是放置神用物的地方。圣殿也可以设于私人建筑物内。想在圣殿驱邪的人，常借助于神用物。

D. 1，8，9，5　乌尔比安:《论告示》第 68 卷

神用物不受经济价值的限制。

D. 43，6，1pr.　乌尔比安:《论告示》第 68 卷

裁判官说，"禁止人们在圣地施工或放置某物。"

D. 43，6，1，2　乌尔比安:《论告示》第 68 卷

裁判官说"不能在圣地施工"，此话不包括从事装饰圣地的活动，而是针对损坏圣地或恶化圣地环境的活动而言。

D. 43，8，2，19　乌尔比安:《论告示》第 68 卷

所有圣地的情况却不同，因为在圣地不仅禁止人们施工，而且命令将已进行的施工恢复原状，这是出于宗教信仰的原故。

C. 1. 2. 21pr. ***Idem. A. Demostheni pp.***

Sancimus nemini licere sacratissima atque arcana vasa vel vestem ceteraque donaria, quae ad divinam religionem necessaria sunt (cum etiam veteres leges ea, quae iuris divini sunt, humanis nexibus non illigari sanxerunt) vel ad venditionem vel hypothecam vel pignus trahere, sed ab his, qui haec suscipere ausi fuerint, modis omnibus vindicari tam per religiosissimos episcopos quam oeconomos nec non etiam sacrorum vasorum custodes: nullam eis actionem relinquendam vel super recipiendo pretio vel fenore exigendo, pro quo res pignoratae sunt, sed omnibus huiusmodi actionibus respuendis ad restitutionem earum modis omnibus coartari.

C. 1. 2. 21. 1 ***Idem. A. Demostheni pp.***

Sin autem vel conflata sunt vel fuerint vel alio modo immutata vel dispersa, nihilo minus vel ad ipsa corpora vel ad pretia eorum exactionem competere sive per in rem sive per condictionem sive per in factum actionem, cuius tenor in multis et variis iuris articulis saepe est admissus, excepta videlicet causa captivitatis in locis, in quibus hoc (quod abominamur) contigerit.

C. 1. 2. 21. 2 ***Idem. A. Demostheni pp.***

Nam si necessitas fuerit in redemptione captivorum, tunc et venditionem praefatarum rerum divinarum et hypothecam et pignorationem fieri concedimus, cum non absurdum est animas hominum quibuscumque causis vel vestimentis praeferri: hoc obtinente non solum in futuris negotiis, sed etiam in iudiciis pendentibus. <*a. 529*>

C. 1，2，21pr. 优士丁尼皇帝致大区长官德莫斯德内

我们规定，不许任何人将为神圣的宗教所必需的最神圣的及神秘的器皿、衣服和别的捐赠物出卖、抵押或质押，正如古代法禁止将这些神法物同世俗联系在一起一样。但是，（我们规定这些物）可以任何方式，通过主教、财务管理员及圣皿的看守人从擅自拿走它们的人的手中追回。因为他们没有为收回价金或获取物被扣押的利益而提起诉讼的权利，因此人们可以在拒绝此类诉讼之后采用一切办法迫使他们返还这些物。

C. 1，2，21，1 优士丁尼皇帝致大区长官德莫斯德内

如果这些物被盗、被用于交易或被分掉，为索回被盗之物或收回其价金，允许提起对物之诉、请求给付的对人之诉或事实之诉。很多法律条文规定适用事实之诉。然而，在敌占区为交付赎金及避免饥荒，允许有例外。

C. 1，2，21，2 优士丁尼皇帝致大区长官德莫斯德内

若需赎回俘虏，我们允许将上述圣物出卖、抵押或质押。因为人的生命比任何圣皿、祭服都重要，这并非荒谬。这一规定不仅适用于未来的行为（negotium），而且适用于悬而未决的案件。（公元 529 年）

1. 4 De rebus religiosis

D. 1. 8. 6. 4 ***Marcianus 3 institutionum***

Religiosum autem locum unusquisque sua voluntate facit, dum mortuum infert in locum suum. in commune autem sepulchrum etiam invitis ceteris licet inferre. sed et in alienum locum concedente domino licet inferre: et licet postea ratum habuerit quam illatus est mortuus, religiosus locus fit.

D. 1. 8. 6. 5 ***Marcianus 3 institutionum***

Cenotaphium quoque magis placet locum esse religiosum, sicut testis in ea re est Vergilius.

D. 1. 8. 7 ***Ulpianus 25 ad edictum***

Sed divi fratres contra rescripserunt.

D. 11. 7. 5 ***Gaius 19 ad edictum provinc.***

Familiaria sepulchra dicuntur, quae quis sibi familiaeque suae constituit, hereditaria autem, quae quis sibi heredibusque suis constituit.

D. 11. 7. 2pr. ***Ulpianus 25 ad edictum***

Locum in quo servus sepultus est religiosum esse Aristo ait.

D. 47. 12. 5 ***Pomp. 6 ex Plaut.***

Utimur eo iure, ut dominis fundorum, in quibus sepulchra fecerint, etiam post venditos fundos adeundorum sepulchrorum sit ius. legibus namque praediorum vendundorum cavetur, ut ad sepulchra, quae in fundis sunt, item eius aditus ambitus funeri faciendi sit.

1.4 安魂物

D. 1, 8, 6, 4 马尔西安:《法学阶梯》第3卷

当一个人将一死者埋葬于其所有的某个地方时，他便按其意志使该地变成了安魂之地。此外，人们可以将死者埋葬于一共有的墓地而无需他人（共有人）同意；人们可以根据所有人的特许将死者埋葬于他的土地上；此外，在死者被埋葬后，一旦土地所有人认可，那个地方也变成了安魂之地。

D. 1, 8, 6, 5 马尔西安:《法学阶梯》第3卷

纪念碑也被视为安魂场所，如维吉尔就是证明。

D. 1, 8, 7 乌尔比安:《论告示》第25卷

但是兄弟俩皇帝*作了相反的批复。

D. 11, 7, 5 盖尤斯:《论行省告示》第19卷

人们说家庭的墓地是某人为自己及其家人确定的墓地。某人为自己及其继承人确定的墓地是可以继承的。

D. 11 , 7, 2pr. 乌尔比安:《论告示》第25卷

阿里斯多（Aristo）说：埋葬奴隶（servus）的地方是安魂之地。

D. 47, 12, 5 彭波尼（Pomponius）:《普劳提引述》第6卷

根据法学原理，土地所有人在其土地上建造坟墓，他在出售土地后有权进入墓地。因为出卖土地的合同规定，人们享有进入位于其出卖了的土地上的墓地的权利及送葬时进入墓地或绕墓地行走的权利。

---

* 即马尔库·奥勒留（Marcus Aurelius）和卢奇·维鲁（Lucius Verus）皇帝。——译者注

D. 8. 6. 4 ***Paulus 27 ad edictum***

Iter sepulchro debitum non utendo numquam amittitur.

D. 11. 7. 36 ***Pomponius 26 ad Quintum Mucium***

Cum loca capta sunt ab hostibus, omnia desinunt religiosa vel sacra esse, sicut homines liberi in servitutem perveniunt: quod si ab hac calamitate fuerint liberata, quasi quodam postliminio reversa pristino statui restituuntur.

1. 5 De rebus sanctis

D. 1. 8. 8pr. ***Marcianus 4 regularum***

Sanctum est, quod ab iniuria hominum defensum atque munitum est.

D. 1. 8. 8. 1 ***Marcianus 4 regularum***

Sanctum autem dictum est a sagminibus: sunt autem sagmina quaedam herbae, quas legati populi Romani ferre solent, ne quis eos violaret, sicut legati Graecorum ferunt ea quae vocantur cerycia.

D. 1. 8. 8. 2 ***Marcianus 4 regularum***

In municipiis quoque muros esse sanctos Sabinum recte respondisse Cassius refert, prohiberique oportere ne quid in his immitteretur.

D. 8，6，4 保罗：《论告示》第27卷

墓地通行权永远不会因未行使而丧失。

D. 11，7，36 彭波尼：《论库伊特·穆齐》第26卷

被敌人占领的圣地和安魂之地停止作为圣地或安魂之地，就像自由人沦为奴隶一样。如果那些地方摆脱了灾难*，便像根据复境权一样恢复其原来的状态。

1.5 神护物

D. 1，8，8pr. 马尔西安：《规则集》第4卷

人们说：受到保护并防止受到人的侵辱之物是神护物。

D. 1，8，8，1 马尔西安：《规则集》第4卷

“神护的”一词源于“马鞭草”（sagmina），它是罗马人的使者为使任何人都不能伤害他们而经常携带的一种草，就像希腊使者携带的、被称之为“切里契亚（cerycia）”**的物一样。

D. 1，8，8，2 马尔西安：《规则集》第4卷

卡西（Cassius）说，萨宾（Sabinus）曾经正确地回答道：自治市的城墙也是神护物，应当禁止将任何东西放置于城墙上。

---

* 指敌人的占领。——译者注

** “cerycia”是古希腊使者随身携带的一种象征和平的标志，亦称为“墨丘利之杖”。——译者注

D. 1. 8. 9. 3 ***Ulpianus 68 ad edictum***

Proprie dicimus sancta, quae neque sacra neque profana sunt, sed sanctione quadam confirmata: ut leges sanctae sunt, sanctione enim quadam sunt subnixae. quod enim sanctione quadam subnixum est, id sanctum est, etsi deo non sit consecratum: et interdum in sanctionibus adicitur, ut qui ibi aliquid commisit, capite puniatur.

D. 1. 8. 9. 4 ***Ulpianus 68 ad edictum***

Muros autem municipales nec reficere licet sine principis vel praesidis auctoritate nec aliquid eis coniungere vel superponere.

D. 1. 8. 11 ***Pomponius 2 ex variis lectionibus***

Si quis violaverit muros, capite punitur, sicuti si quis transcendet scalis admotis vel alia qualibet ratione. nam cives Romanos alia quam per portas egredi non licet, cum illud hostile et abominandum sit: nam et Romuli frater Remus occisus traditur ob id, quod murum transcendere voluerit.

1. 6 De rebus extra nostrum patrimonium humani iuris

1. 6. 1 De rebus communibus omnium et publicis et in usu publico

D. 1. 8. 2. 1 ***Marcianus 3 institutionum***

Et quidem naturali iure omnium communia sunt illa: aer, aqua profluens, et mare, et per hoc litora maris.

D. 1，8，9，3 乌尔比安：《论告示》第68卷

我们所称的神护物，按其本意既非神有物，亦非俗物，而是受某种制裁（sanctio）保护之物，正如法律受某种制裁的保护而为神护的法律一样。受到某种制裁保护的东西就是神护物，虽然它不是献祭于神的。有时在制裁中补充规定："谁在神护之地行凶，谁就会被处死。"

D. 1，8，9，4 乌尔比安：《论告示》第68卷

未经皇帝或行省长官的批准，不得重建自治市的城墙，也不得将某物靠于墙上或将之置于其上。

D. 1，8，11 彭波尼：《各种片段引述》第2卷

如果某人损坏城墙，就像他用自己的梯子或以其它任何方式翻越城墙一样，将被处死。因为罗马市民只能通过城门进出城，否则便是一种敌对行为，应受到憎恨。据说罗慕路斯（Romulus）的兄弟雷莫路斯（Remulus）就因翻越城墙而被处死。

1.6 人法规定的不可有物

1.6.1 共用物和公有物

D. 1，8，2，1 马尔西安：《法学阶梯》第3卷

根据自然法（jus naturalis），空气、流水、海洋及由此而来的海滨属于一切人所共用。

C. 3. 34. 14. 1 ***Idem. A. Iohanni pp.***

Cum autem apertissimi iuris est fructus aridos conculcatione quae in area fit suam naturam et utilitatem ostendere, aliquis vicinum suum vetabat ita aedificium extollere iuxta suam aream, ut ventus excluderetur et paleae ex huiusmodi obstaculo secerni a frugibus non possent, quasi vento suam vim per omnem locum inferre ex huiusmodi aedificatione vetito, cum secundum regionis situm et auxilium venti aream accedit. sancimus itaque nemini licere sic aedificare vel alio modo versari, ut idoneum ventum et sufficientem ad praefatum opus infringat et inutilem domino aream et fructuum inutilitatem faciat. *D. XI k. Nov. Costantinopoli post consulatum Lampadii et Orestis vv. cc.* < *a.* 531 >

D. 39. 3. 1. 22 ***Ulpianus 53 ad edictum***

Sed et si vicinus opus tollat et sublato eo aqua naturaliter ad inferiorem agrum perveniens noceat, Labeo existimat aquae pluviae arcendae agi non posse: semper enim hanc esse servitutem inferiorum praediorum, ut natura profluentem aquam excipiant. Plane si propter id opus sublatum vehementior aqua profluat vel corrivetur, aquae pluviae arcendae actione agi posse etiam Labeo confitetur.

D. 39. 3. 1. 13 ***Ulpianus 53 ad edictum***

Item sciendum est hanc actionem vel superiori adversus inferiorem competere, ne aquam, quae natura fluat, opere facto inhibeat per suum agrum decurrere, et inferiori adversus superiorem, ne aliter aquam mittat, quam fluere natura solet.

C. 3，34，14，1　优士丁尼皇帝致大区长官乔万尼

然而，法律清楚地规定，晒干的麦子经过在晒场的处理而具有特殊用途。某人应禁止其邻居加高建筑物，因为加高了建筑物，风便不能将晒场上的麦秸从麦子中吹走。由于在那个地方建造了建筑物，阻挡了该地的风力，而这个地方正好是需要风的晒场，因此我命令任何人从事这样的建筑或以别的方式从事需要挡住晒场上的适当的、足够的风力的活动，使所有人的晒场变得无用并使麦子无法晒干，都是非法的。（兰巴蒂和奥雷斯特执政，公元531年于君士坦丁堡）

D. 39，3，1，22　乌尔比安:《论告示》第53卷

但是，如果邻地所有人去掉某物，水自然地流入低地是有害的，拉贝奥（Labeo）认为，人们不能提起排放雨水之诉，因为低地负有接受自然流水的役权；当然，去掉某物，水会流得更猛或汇集在一起，拉贝奥则承认人们可以提起排放雨水之诉。

D. 39，3，1，13　乌尔比安:《论告示》第53卷

同样应知道，高地的所有人有权对低地的所有人提起这一诉讼，以便禁止他通过施工阻止自然流动之水流经其土地；低地的所有人也有权对高地的所有人提起这一诉讼，以便禁止他使水不按其通常的、自然的方式流动。

D. 43. 8. 3. 1 ***Celsus 39 digestorum***

Maris communem usum omnibus hominibus, ut aeris, iactasque in id pilas eius esse qui iecerit: sed id concedendum non esse, si deterior litoris marisve usus eo modo futurus sit.

D. 43. 8. 2. 8 ***Ulpianus 68 ad edictum***

Adversus eum, qui molem in mare proiecit, interdictum utile competit ei, cui forte haec res nocitura sit: si autem nemo damnum sentit, tuendus est is, qui in litore aedificat vel molem in mare iacit.

D. 41. 1. 50 ***Pomponius 6 ex Plaut.***

Quamvis quod in litore publico vel in mari exstruxerimus, nostrum fiat, tamen decretum praetoris adhibendum est, ut id facere liceat: immo etiam manu prohibendus est, si cum incommodo ceterorum id faciat: nam civilem eum actionem de faciendo nullam habere non dubito.

D. 1. 8. 10 ***Pomponius 6 ex Plaut.***

Aristo ait, sicut id, quod in mare aedificatum sit, fieret privatum, ita quod mari occupatum sit, fieri publicum.

D. 50. 16. 96pr. ***Celsus 25 digestorum***

Litus est, quousque maximus fluctus a mari pervenit: idque Marcum Tullium aiunt, cum arbiter esset, primum constituisse.

D. 1. 8. 5. 1 ***Gaius 2 rer. cott.***

In mare piscantibus liberum est casam in litore ponere, in qua se recipiant.

D．43，8，3，1 杰尔苏（Celsus）：《学说汇纂》第39卷

大海如空气一样，为全人类所共用。在海上建造的建筑物归建筑者所有；如果这种建筑有害于大海或海滨，则确实不应允许。

D. 43，8，2，8 乌尔比安：《论告示》第68卷

可能遭受损害的人有权使用扩用令状（interdictum utile）反对在海上建造建筑物的人，但若无人遭受损害，在海滨或海上建筑的人应当得到保护。

D. 41，1，50 彭波尼：《普劳提引述》第6卷

虽然我们在公共海滨或海上建筑的东西是我们的，但为使建筑合法需有裁判官的裁决。如果某人建筑会给他人带来损害，则应坚决禁止。因为我不怀疑他对此无提起市民法之诉的权利。

D. 1，8，10 彭波尼：《普劳提引述》第6卷

阿里斯多说：在海上建筑之物为私有物，被大海淹没之物为公物。

D. 50，16，96pr. 杰尔苏：《学说汇纂》第25卷

海滨（litus）是最大海浪所及的地方。人们认为马尔库斯·吐流斯·西赛罗（Marcus Tulius Cicero）当仲裁人（arbiter）时首先提出了这种主张。

D. 1，8，5，1 盖尤斯：《日常事务》第2卷

在海上捕鱼的人，可以在海滨建造可栖身的棚屋。

D. 1. 8. 6pr. ***Marcianus 3 institutionum***

In tantum, ut et soli domini constituantur qui ibi aedificant, sed quamdiu aedificium manet: alioquin aedificio dilapso quasi iure postliminii revertitur locus in pristinam causam, et si alius in eodem loco aedificaverit, eius fiet.

D. 43. 8. 3pr. ***Celsus 39 digestorum***

Litora, in quae populus Romanus imperium habet, populi Romani esse arbitror:

D. 41. 1. 14pr. ***Neratius 5 membr.***

Quod in litore quis aedificaverit, eius erit: nam litora publica non ita sunt, ut ea, quae in patrimonio sunt populi, sed ut ea, quae primum a natura prodita sunt et in nullius adhuc dominium pervenerunt: nec dissimilis condicio eorum est atque piscium et ferarum, quae simul atque adprehensae sunt, sine dubio eius, in cuius potestatem pervenerunt, dominii fiunt.

D. 1. 8. 3 ***Florentinus 6 institutionum***

Item lapilli, gemmae ceteraque, quae in litore invenimus, iure naturali nostra statim fiunt.

D. 1. 8. 4pr. ***Marcianus 3 institutionum***

Nemo igitur ad litus maris accedere prohibetur piscandi causa, dum tamen ullius et aedificiis et monumentis abstineatur, quia non sunt iuris gentium sicut et mare: idque et divus Pius piscatoribus Formianis et Capenatis rescripsit.

D. 1，8，6pr.　马尔西安：《法学阶梯》第 3 卷

在该地*建造房屋的人，于建筑物存在期间为该地的所有人；反之，在建筑物倒塌后，那个地方如同根据复境权恢复其原来的状态，如果他人在同一个地方建筑房屋，此地将为该他人所有。

D. 43，8，3pr.　杰尔苏：《学说汇纂》第 39 卷

我认为罗马人控制的海滨为罗马人所有。

D. 41，1，14pr.　内拉蒂（Neratius）：《羊皮纸书稿》第 5 卷

某人在海滨的建筑之物将归其所有。海滨是公共的，不是国民（populus）的可有物（res in patrimonio），而是源于自然物，至今不属于任何人，其情况与鱼及猛兽一样，鱼和猛兽一旦被捕获，无疑将为捕获者所有。

D. 1，8，3　佛罗伦汀（Florentinus）：《法学阶梯》第 6 卷

同样，在海滨发现的宝石、石头及所有别的物，根据自然法立刻为我们所有。

D. 1，8，4pr.　马尔西安：《法学阶梯》第 3 卷

因此不禁止人们去海边钓鱼，只要人们不侵入房屋、建筑物或纪念性建筑物（monumentum）。因为这些物不像大海那样属于万民法（jus gentium）上之物。比乌（Pius）皇帝给弗尔米阿和卡伯纳的渔民作了如此批复。

---

* 指海滨。——译者注

D. 47. 10. 13. 7 *Ulpianus 57 ad edictum*

Si quis me prohibeat in mari piscari vel everriculum (quod Graece "sagyny" dicitur) ducere, an iniuriarum iudicio possim eum convenire? Sunt qui putent iniuriarum me posse agere: et ita Pomponius et plerique esse huic similem eum, qui in publicum lavare vel in cavea publica sedere vel in quo alio loco agere sedere conversari non patiatur, aut si quis re mea uti me non permittat: nam et hic iniuriarum conveniri potest. conductori autem veteres interdictum dederunt, si forte publice hoc conduxit: nam vis ei prohibenda est, quo minus conductione sua fruatur. si quem tamen ante aedes meas vel ante praetorium meum piscari prohibeam, quid dicendum est? me iniuriarum iudicio teneri an non? et quidem mare commune omnium est et litora, sicuti aer, et est saepissime rescriptum non posse quem piscari prohiberi: sed nec aucupari, nisi quod ingredi quis agrum alienum prohiberi potest. usurpatum tamen et hoc est, tametsi nullo iure, ut quis prohiberi possit ante aedes meas vel praetorium meum piscari: quare si quis prohibeatur, adhuc iniuriarum agi potest. in lacu tamen, qui mei dominii est, utique piscari aliquem prohibere possum.

D. 18. 1. 51 *Paulus 21 ad edictum*

Litora, quae fundo vendito coniuncta sunt, in modum non computantur, quia nullius sunt, sed iure gentium omnibus vacant: nec viae publicae aut loca religiosa vel sacra. itaque ut proficiant venditori, caveri solet, ut viae, item litora et loca publica in modum cedant.

D. 43. 8. 1 *Paulus 64 ad edictum*

In loco publico praetor prohibet aedificare et interdictum proponit.

D. 47，10，13，7 乌尔比安：《论告示》第 57 卷

如果某人禁止我在海上钓鱼或拖希腊人称之为“萨吉纳”的渔网，我可以对之提起侵辱之诉（iniuriarum iudicium）吗？有人认为可以提起该诉讼。彭波尼和很多人认为，阻止我在一个公共场所洗刷、在一个公共地方坐着或在某个别的地方干活、坐着及谈话的人，或若不许我使用我的东西的人，类似前述的那种人，因为他们也可能被提起侵辱之诉。假如某人租借一个公共场所，古代的人便给他以令状，因为应禁止他人以暴力阻止他使用租借之地。然而，如果我禁止某人在我的房前或别墅前钓鱼，人们会说什么呢？我是否被提起侵辱之诉？对此，在批复中常被提及的是大海和海滨像空气一样为大家共用。没有一个人可以被禁止钓鱼，正如没有一个人可以被禁止捕鸟一样，但某人可能被禁止进入他人土地。虽无任何法律根据，但我们采纳这样的规定：某人可能被禁止在我的房前或别墅前钓鱼，因此若某人被禁止那么做，他可以提起侵辱之诉。然而，我确实可以禁止任何一个人在为我所有的湖上钓鱼。

D. 18，1，51 保罗：《论告示》第 21 卷

与被出卖的土地相连接的海滨不被计算在（被出卖的土地）内，因为它们不属于任何人，但从万民法上讲，它们向所有的人开放；公共道路、安魂之地或圣地也不被计算在内。因此，为了有利于出卖人，出卖人和买受人应达成一项协议，规定应将公共道路、海滨和公共场所考虑在被出卖的土地内。

D. 43，8，1 保罗：《论告示》第 64 卷

裁判官禁止在公共场所建筑，并发出了有关令状。

D. 43. 8. 2pr. ***Ulpianus 68 ad edictum***

Praetor ait: "Ne quid in loco publico facias inve eum locum immittas, qua ex re quid illi damni detur, praeterquam quod lege senatus consulto edicto decretove principum tibi concessum est. de eo, quod factum erit, interdictum non dabo."

D. 43. 8. 2. 1 ***Ulpianus 68 ad edictum***

Hoc interdictum prohibitorium est.

D. 43. 8. 2. 2 ***Ulpianus 68 ad edictum***

Et tam publicis utilitatibus quam privatorum per hoc prospicitur. loca enim publica utique privatorum usibus deserviunt, iure scilicet civitatis, non quasi propria cuiusque, et tantum iuris habemus ad optinendum, quantum quilibet ex populo ad prohibendum habet. propter quod si quod forte opus in publico fiet, quod ad privati damnum redundet, prohibitorio interdicto potest conveniri, propter quam rem hoc interdictum propositum est.

D. 43. 8. 2. 10 ***Ulpianus 68 ad edictum***

Merito ait praetor "qua ex re quid illi damni detur": nam quotiensque aliquid in publico fieri permittitur, ita oportet permitti, ut sine iniuria cuiusquam fiat. et ita solet princeps, quotiens aliquid novi operis Instituendum petitur, permittere.

D. 43. 8. 2. 11 ***Ulpianus 68 ad edictum***

Damnum autem pati videtur, qui commodum amittit, quod ex publico consequebatur, qualequale sit.

D. 43，8，2pr. 乌尔比安：《论告示》第68卷

裁判官说："你不得在公共场所（in loco puhlico）进行某一施工，也不得把将给公共场所造成损害之物置于其上，除非法律、元老院决议、告示和皇帝敕令允许你那样做。我将不就已进行的施工发出令状。"

D. 43，8，2，1 乌尔比安：《论告示》第68卷

此令状是禁止性令状。

D. 43，8，2，2 乌尔比安：《论告示》第68卷

此令状对公众和对私人一样有用。因为从市民法上讲，公共场所不是作为每个人自己的【物】* 而为私人使用，我们有权使用它们，每个市民便有权禁止使用它们。因此，如果某一施工在公共场所被进行，结果给私人造成了损害，根据该禁止令状，【受害人】将会就此施工提起诉讼。这种令状就是为此而发布的。

D. 43，8，2，10 乌尔比安：《论告示》第68卷

裁判官说："某物将给公共场所造成损害"，这是正确的。因为当同意在公共场所进行某一施工时，应只许以不造成任何损害的方式进行。这样，每当有人请求从事新的施工时，皇帝通常才予以准许。

D. 43 ，8，2，11 乌尔比安：《论告示》第68卷

失去从公共场所获得任何一种利益的人，被视为遭受了损失（damnum）。

---

* 方括号内的文字系译者为使译文清晰通畅而增加的内容。——译者注

D. 43. 8. 2. 6 ***Ulpianus 68 ad edictum***

Cum quidam velum in maeniano immissum haberet, qui vicini luminibus officiebat, utile interdictum competit: "ne quid in publico immittas, qua ex re luminibus Gaii Seii officias".

D. 43. 8. 2. 12 ***Ulpianus 68 ad edictum***

Proinde si cui prospectus, si cui aditus sit deterior aut angustior, interdicto opus est.

D. 43. 8. 2. 29 ***Ulpianus 68 ad edictum***

Idem ait, si odore solo locus pestilentiosus fiat, non esse ab re de re ea interdicto uti.

D. 43. 8. 2. 21 ***Ulpianus 68 ad edictum***

Viam publicam eam dicimus, cuius etiam solum publicum est: non enim sicuti in privata via, ita et in publica accipimus: viae privatae solum alienum est, ius tantum eundi et agendi nobis competit: viae autem publicae solum publicum est, relictum ad directum certis finibus latitudinis ab eo, qui ius publicandi habuit, ut ea publice iretur commearetur.

D. 41. 3. 45pr. ***Papinianus 10 resp.***

Praescriptio longae possessionis ad optinenda loca iuris gentium publica concedi non solet. quod ita procedit, si quis, aedificio funditus diruto quod in litore posuerat (forte quod aut deposuerat aut dereliquerat aedificium), alterius postea eodem loco extructo, occupantis datam exceptionem opponat, vel si quis, quod in fluminis publici deverticulo solus pluribus annis piscatus sit, alterum eodem iure prohibeat.

D，43，8，2，6 乌尔比安：《论告示》第68卷

当某人在其阳台上支起一顶妨碍邻居采光的帐篷时，（邻居）可使用“你不得在公共场所放置妨碍盖尤斯·色叶乌斯采光之物”的扩用令状。

D. 43，8，2，12 乌尔比安：《论告示》第68卷

因此，如果某人的风景遭到了破坏或其出口被弄窄了，需适用此令状。

D. 43，8，2，29 乌尔比安：《论告示》第68卷

内尔瓦说，如果一个地方仅因气味不好而变成了一个不卫生的地方，不适用此令状。

D. 43，8，2，21 乌尔比安：《论告示》第68卷

我们所说的公共道路，是指土地为公有的道路。因为我们认为，公共道路的土地不像私人道路的土地，私人道路的土地是他人的，我们只享有通行和运输的权利；但是公共道路的土地是公有的，由有权使之成为公有土地的人标出一定的宽度界限，以便公众通行。

D. 41，3，45pr. 帕比尼安（Papinianus）：《解答》第10卷

长期占有时效（praescriptio longae possessionis）通常不许人们占有万民法上的公共场所。因此，如果某人从根本上摧毁或抛弃了他在海滨建造的建筑物，另一个人又在同一个地方建筑，他便不能对建筑者提出那一特定的抗辩；或若某人即使在公共河流的某个地方钓了若干年鱼，他也无权阻止别人享有同样的权利。

1. 6. 2 De fluminibus, et portubus, et fluminibus

D. 1. 8. 4. 1 ***Marcianus 3 institutionum***

Sed flumina paene omnia et portus publica sunt.

D. 43. 12. 1. 1 ***Ulpianus 68 ad edictum***

Flumen a rivo magnitudine discernendum est aut existimatione circumcolentium.

D. 43. 12. 1. 2 ***Ulpianus 68 ad edictum***

Item fluminum quaedam sunt perennia, quaedam torrentia. perenne est, quod semper fluat, aenaos, torrens ho xeimarrous: si tamen aliqua aestate exaruerit, quod alioquin perenne fluebat, non ideo minus perenne est.

D. 43. 12. 1. 3 ***Ulpianus 68 ad edictum***

Fluminum quaedam publica sunt, quaedam non. publicum flumen esse Cassius definit, quod perenne sit: haec sententia Cassii, quam et Celsus probat, videtur esse probabilis.

D. 43. 12. 1. 12 ***Ulpianus 68 ad edictum***

Non autem omne, quod in flumine publico ripave fit, coercet praetor, sed si quid fiat, quo deterior statio et navigatio fiat. ergo hoc interdictum ad ea tantum flumina publica pertinet, quae sunt navigabilia, ad cetera non pertinet. sed Labeo scribit non esse iniquum etiam si quid in eo flumine, quod navigabile non sit, fiat, ut exarescat vel aquae cursus impediatur, utile interdictum competere "ne vis ei fiat, quo minus id opus, quod in alveo fluminis ripave ita factum sit, ut iter cursus fluminis deterior sit fiat, tollere demoliri purgare restituere viri boni arbitratu possit".

1.6.2 河流、港口和水

D. 1，8，4，1 马尔西安：《法学阶梯》第3卷

但是港口及几乎所有的河流都是公有物（res publicae）。

D. 43，12，1，1 乌尔比安：《论告示》第68卷

河流，不论是按其大小还是按其附近居民的观点，都不同于小溪。

D. 43，12，1，2 乌尔比安：《论告示》第69卷

同样，一些河流是河水终年流淌的河流，另一些河流是河水湍急的河流*。总是有水流动的河流是河水终年流淌的河流，希腊人称之为“阿厄纳沃斯”；河水湍急的河流即冬天流动的河流，被希腊人称为“克依玛罗乌斯”。但是另一方面，河水终年流淌的河流若在某个夏天干涸了，它仍是河水终年流淌的河流。

D. 43，12，1，3 乌尔比安：《论告示》第68卷

一些河流是公有的，另一些则不是。卡西将公有河流定义为河水终年流淌的河流。杰尔苏也赞同卡西的这个定义，似乎是可以采纳的。

D. 43，12，1，12 乌尔比安：《论告示》第68卷

后来裁判官不任意处罚在公有河流上或其岸上施工的人，然而要处罚因施工而使船的靠岸和航行变得更加困难的人。因此这种令状只适用于可行船的公有河流，而与别的河流无关。但拉贝奥写道，尽管人们在不能行船的河上施工而使河水干涸或使河道阻塞，但为禁止非法建筑行为，适用上述扩用令状并非不公正。如果有人在河床上或河岸上施工使河道变得更糟，人们便有权按照正直人的决定强迫他去掉、拆除或清除建筑物并将之恢复原状。

---

* 此指“小溪”。——译者注

D. 43. 12. 1. 5 ***Ulpianus 68 ad edictum***

Ripa autem ita recte definietur id, quod flumen continet naturalem rigorem cursus sui tenens: ceterum si quando vel imbribus vel mari vel qua alia ratione ad tempus excrevit, ripas non mutat: nemo denique dixit Nilum, qui incremento suo Aegyptum operit, ripas suas mutare vel ampliare. nam cum ad perpetuam sui mensuram redierit, ripae alvei eius muniendae sunt. si tamen naturaliter creverit, ut perpetuum incrementum nanctus sit, vel alio flumine admixto vel qua alia ratione, dubio procul dicendum est ripas quoque eum mutasse, quemadmodum si alveo mutato alia coepit currere.

D. 43. 12. 3. 1 ***Paulus 16 ad Sab.***

Ripa ea putatur esse, quae plenissimum flumen continet.

D. 43. 12. 3. 2 ***Paulus 16 ad Sab.***

Secundum ripas fluminum loca non omnia publica sunt, cum ripae cedant, ex quo primum a plano vergere incipit usque ad aquam.

D. 1. 8. 5pr. ***Gaius 2 rer. cott.***

Riparum usus publicus est iure gentium sicut ipsius fluminis. itaque navem ad eas appellere, funes ex arboribus ibi natis religare, retia siccare et ex mare reducere, onus aliquid in his reponere cuilibet liberum est, sicuti per ipsum flumen navigare. sed proprietas illorum est, quorum praediis haerent: qua de causa arbores quoque in his natae eorundem sunt.

D. 41. 1. 15 ***Neratius 5 regularum***

Qui autem in ripa fluminis aedificat, non suum facit.

D. 43，12，1，5 乌尔比安：《论告示》第68卷

河岸被定义为河水在其间自然流动的两岸。如果河水有时因暴雨、海水倒灌或其他原因而溢出，河岸不变。从未有人说过尼罗河泛滥淹没了埃及而其河岸将被改变或拓宽，但当河水退至其通常的水位时河的两岸要被加高。然而，如果河水因同另一条河流的河水汇合或因其他原因而不可改变地增加，从而自然地溢出，那么应毫无疑问地说河岸已发生了变化，这就像河水改道而开始流往别处一样。

D. 43，12，3，1 保罗：《论萨宾》第16卷

人们认为，河岸是将河流整个地夹在其间的两岸。

D. 43，12，3，2 保罗：《论萨宾》第16卷

沿河两岸并非所有的东西都是公有的，公有的只是从河岸一直延伸到水边的地方。

D. 1，8，5pr. 盖尤斯：《日常事务》第2卷

从万民法上讲，河岸像河流一样，为大家共用。因此，任何人皆可将船舶停靠在河岸边，把缆绳拴在生长于河岸上的树上，可以晒网，并可以把网从大海中取回，将任何货物置于其上，如同允许沿河流航行一样。但是，河岸的所有权属于河岸与其土地相连的人，因此生长于河岸上的树也属于同一所有人。

D. 41，1，15 内拉蒂：《规则集》第5卷

但是在河岸上建筑的人，不能使建筑物变成其所有物。

D. 8. 3. 17 ***Papirius Iustus 1 de constitutionibus***

Imperatores Antoninus et Verus Augusti rescripserunt aquam de flumine publico pro modo possessionum ad irrigandos agros dividi oportere, nisi proprio iure quis plus sibi datum ostenderit. item rescripserunt aquam ita demum permitti duci, si sine iniuria alterius id fiat.

D. 43. 20. 1pr. ***Ulpianus 70 ad edictum***

Ait praetor: "uti hoc anno aquam, qua de agitur, non vi non clam non precario ab illo duxisti, quo minus ita ducas, vim fieri veto."

D. 43. 20. 1. 27 ***Ulpianus 70 ad edictum***

Labeo putat per hoc interdictum prohiberi quem, ne quid in illo fundo faciat fodiat serat succidat putet aedificet, quare ex re ea aqua, quam ille hoc anno per fundum tuum sine vitio duxit, inquinetur vitietur corrumpatur deteriorve fiat: et similiter de aestiva aqua debere interdici ait.

1.7 De rebus universitatis

D. 1. 8. 6. 1 ***Marcianus 3 institutionum***

Universitatis sunt non singulorum veluti quae in civitatibus sunt theatra et stadia et similia et si qua alia sunt communia civitatium. ideoque nec servus communis civitatis singulorum pro parte intellegitur, sed universitatis et ideo tam contra civem quam pro eo posse servum civitatis torqueri divi fratres rescripserunt. ideo et libertus civitatis non habet necesse veniam edicti petere, si vocet in ius aliquem ex civibus.

D. 8，3，17 帕皮里·尤斯特（Papirius Justus）：《论宪令》第1卷

安东尼（Antoninus）和维鲁（Verus）皇帝批复道："为了灌溉田地，需根据土地面积按比例划分公有河流之水，只要无人提出证据证明其有该多享用水的权利。"类似的批复还有，"人们在不损害他人的情况下可以引水"。

D. 43，20，1pr. 乌尔比安：《论告示》第70卷

裁判官说："只要你在这一年中未以暴力、未秘密地或未不确定地从他人处取水，我就禁止以暴力阻止你取水。"

D. 43，20，1，27 乌尔比安：《论告示》第70卷

拉贝奥认为，通过此令状将禁止你在你的土地上施工、挖掘、播种、砍伐、修枝及建筑，只要你这样做将污染、恶化或改变某人在这一年中正当地通过你的土地导的水。他又说，此令状适用于夏天之水。

1.7 市有物

D. 1，8，6，1 马尔西安：《法学阶梯》第3卷

城市的剧院、体育场和类似之物以及城市的其它共用物，为市所有，而非为私人所有。所以城市的公奴不被视为按份为私人所有，而是为市所有。因此神圣的兄弟俩批复道，为了一个市民的利益或为反对另一个市民，可以拷打城市的公奴；同样，任何一个原是城市公奴的获释奴隶，无需获得告示的许可，便可控告任何一个市民。

D. 50. 16. 15 *Ulpianus 10 ad edictum*

Bona civitatis abusive "publica" dicta sunt: sola enim ea publica sunt, quae populi Romani sunt.

1. 8 De rebus in nostro patrimonio

D. 50. 16. 49 *Ulpianus 59 ad edictum*

"Bonorum" appellatio aut naturalis aut civilis est. naturaliter bona ex eo dicuntur, quod beant, hoc est beatos faciunt: beare est prodesse. in bonis autem nostris computari sciendum est non solum, quae dominii nostri sunt, sed et si bona fide a nobis possideantur vel superficiaria sint. aeque bonis adnumerabitur etiam, si quid est in actionibus petitionibus persecutionibus: nam haec omnia in bonis esse videntur.

D. 50. 16. 39. 1 *Paulus 53 ad edictum*

"Bona" intelleguntur cuiusque, quae deducto aere alieno supersunt.

D. 50. 16. 83 *Iavolenus 5 ex Plaut.*

Proprie "bona" dici non possunt, quae plus incommodi quam commodi habent.

D. 50. 16. 5pr. *Paulus 2 ad edictum*

"Rei" appellatio latior est quam "pecuniae", quia etiam ea, quae extra computationem patrimonii nostri sunt, continet, cum pecuniae significatio ad ea referatur, quae in patrimonio sunt.

D. 50，16，15 乌尔比安:《论告示》第 10 卷

城市的财产（bona civitatis）曾被误称为公有财产（bona publica）：因为只有属于全体罗马人的财产才是公有财产。

1.8 可有物

D. 50，16，49 乌尔比安:《论告示》第 59 卷

"财产"（bona）这个词或是自然法上的，或是市民法上的。财产，根据自然法被说成是使人幸福（即使人变得幸福）的东西，使人幸福即有用。人们应该知道，不仅为我们所有之物被计算在我们的财产内，而且被我们善意占有之物或设定了地上权之物也被计算在我们的财产内；如果某物处于刑事诉讼、民事诉讼或对物诉讼中，同样被列入财产之内，因为这些物似乎都属于财产的范围。

D. 50，16，39，1 保罗:《论告示》第 53 卷

人们认为，就某个人的财产而言，财产是指清偿债务后剩下的财产。

D. 50，16，83 雅沃伦（Javolenus）:《普劳提引述》第 5 卷

不利益多于利益的东西不能被说成是财产。

D. 50，16，5pr. 保罗:《论告示》第 2 卷

"物"（res）这个词的含义比"财产"（pecuniae）的含义广。物包括我们的可有物以外的那些物。而财产的含义同处于可有物状态的那些物有关。

D. 50. 16. 222 ***Hermogenianus 2 iuris epit.***

"Pecuniae" nomine non solum numerata pecunia, sed omnes res tam soli quam mobiles et tam corpora quam iura continentur.

D. 50. 16. 178pr. ***Ulpianus 49 ad Sab.***

"Pecuniae" verbum non solum numeratam pecuniam complectitur, verum omnem omnino pecuniam, hoc est omnia corpora: nam corpora quoque pecuniae appellatione contineri nemo est qui ambiget.

D. 18. 1. 1pr. ***Paulus 33 ad edictum***

Origo emendi vendendique a permutationibus coepit. olim enim non ita erat nummus neque aliud merx, aliud pretium vocabatur, sed unusquisque secundum necessitatem temporum ac rerum utilibus inutilia permutabat, quando plerumque evenit, ut quod alteri superest alteri desit. sed quia non semper nec facile concurrebat, ut, cum tu haberes quod ego desiderarem, invicem haberem quod tu accipere velles, electa materia est, cuius publica ac perpetua aestimatio difficultatibus permutationum aequalitate quantitatis subveniret. eaque materia forma publica percussa usum dominiumque non tam ex substantia praebet quam ex quantitate nec ultra merx utrumque, sed alterum pretium vocatur.

D. 50，16，222　赫尔莫杰尼安（Hermogenianus）：《法律概论》第2卷

“财产”（pecuniae）这一名称不仅包括现金，而且包括像动产和不动产、有体物和权利这样的所有的物。

D. 50，16，178pr.　乌尔比安：《论萨宾》第49卷

“财产”（pecuniae）一词不仅包括现金，而且包括所有的物品，即所有的物体（corpora），因为谁也不会怀疑物体也被包含在财产这个词之内。

D. 18，1，1pr.　保罗：《论告示》第33卷

买卖起源于交换，因为最初没有货币，亦无所谓的商品（merx）和价金（pretium），但是当一些人缺乏另一些人过剩的东西的情况经常发生时，每个人便在必要时根据其对物的需要，以对己无用之物去交换对己有用之物。由于通常不易碰上你有我需要的东西同时我拥有你需要的东西这种情况，因而选择了一种物，其公开的永久的价值解决了等量交换的困难。该物具有公开的标记，它所提供的利益和权利同其本身的质量无关，而与其数量有关。被交换的两个东西：一个被称为商品，另一个被称为价金。

1. 9 De rebus quae pondere numero mensura consistunt

D. 12. 1. 2. 1 ***Paulus 28 ad edictum***

Mutui datio consistit in his rebus, quae pondere numero mensura consistunt, quoniam eorum datione possumus in creditum ire, quia in genere suo functionem recipiunt per solutionem quam specie: nam in ceteris rebus ideo in creditum ire non possumus, quia aliud pro alio invito creditori solvi non potest.

D. 7. 5. 7 ***Gaius 7 ad edictum provinc.***

Si vini olei frumenti usus fructus legatus erit, proprietas ad legatarium transferri debet et ab eo cautio desideranda est, ut, quandoque is mortuus aut capite deminutus sit, eiusdem qualitatis res restituatur, aut aestimatis rebus certae pecuniae nomine cavendum est, quod et commodius est. idem scilicet de ceteris quoque rebus, quae usu continentur, intellegemus.

1. 10 De rebus quae commode dividi possunt aut non possunt

D. 6. 1. 35. 3 ***Paulus 21 ad edictum***

Eorum quoque, quae sine interitu dividi non possunt, partem petere posse constat.

1.9 可称量计数的物

D. 12，1，2，1 保罗：《论告示》第28卷

消费借贷之债存在于能以度、量、衡计算之物上，因为通过交付这些以种类（genus）而非以特定物（species）偿还之物，我们才能设定消费借贷之债。实际上，我们不能在除此以外的其它物上设定消费借贷之债，因为人们不能违背债权人（creditor）的意志向他借一个物而偿还其另一个物。

D. 7，5，7 盖尤斯：《论行省告示》第7卷

如果葡萄酒、油及小麦的用益权（ususfructus）被遗赠，所有权应移转给受遗赠人，而他应担保（cautio）"一旦他死亡或发生人格减等，应归还同等数量和质量之物"；或者在对物作出估价后他应支付一笔保证金。后一种方法较方便。我们认为，含有使用权的上述物也适用同一规则。

1.10 可分物与不可分物

D. 6，1，35，3 保罗：《论告示》第21卷

大家知道，我们还可以就非毁损则不能被分割之物的某一部分提起返还之诉。

D. 30. 26. 2 ***Pomponius 5 ad Sab.***

Cum bonorum parte legata dubium sit, utrum rerum partes an aestimatio debeatur, Sabinus quidem et Cassius aestimationem, Proculus et Nerva rerum partes esse legatas existimaverunt. sed oportet heredi succurri, ut ipse eligat, sive rerum partes sive aestimationem dare maluerit. in his tamen rebus partem dare heres conceditur, quae sine damno dividi possunt: sin autem vel naturaliter indivisae sint vel sine damno divisio earum fieri non potest, aestimatio ab herede omnimodo praestanda est.

1. 11 De rebus quae uno spiritu continentur, ex cohaerentibus, ex distantibus

D. 41. 3. 30pr. ***Pomponius 30 ad Sab.***

Rerum mixtura facta an usucapionem cuiusque praecedentem interrumpit, quaeritur. Tria autem genera sunt corporum, unum, quod continetur uno spiritu et Graece hynwmenon vocatur, ut homo tignum lapis et similia: alterum, quod ex contingentibus, hoc est pluribus inter se cohaerentibus constat, quod sunymmenon vocatur, ut aedificium navis armarium: tertium, quod ex distantibus constat, ut corpora plura non soluta, sed uni nomini subiecta, veluti populus legio grex. primum genus usucapione quaestionem non habet, secundum et tertium habet.

D. 30，26，2　彭波尼：《论萨宾》第5卷

当财产的某一部分被遗赠时，产生的问题是：应被遗赠的是物的实体部分还是其价金？萨宾和卡西认为被遗赠的是物的价金，普罗库勒（Procuius）和内尔瓦（Nerva）却认为被遗赠的是物的实体部分。然而，继承人需受到保护，他是对交付物的实体部分还是对交付其价金有权进行选择？就非毁损便可被分割之物而言，应允许继承人交付物的实体部分；但是，若某些物按其性质是不可分割的，或非毁损则不能被分割，那么继承人绝对应交付物之价金。

1.11　单一物、合成物及聚合物

D. 41，3，30pr.　彭波尼：《论萨宾》第30卷

问题是，若干个物混合（mixtura）是否会使以前的每一个物的取得时效中断？物体（corpus）有三类：第一类，被视为一个单一的物，希腊人称之为“厄诺美隆”，即单一物，如一个奴隶、一根木头、一块石头及类似的物；第二类，是由若干要素构成的物、即由很多个相互连接之物构成的物，希腊人称之为“苏勒美隆”，即合成物，如一栋建筑物、一只船和一个衣柜；第三类是聚合物，它是由若干独立的但从属于一个名称的物构成的物，如人民（populus）、军团（legio）和羊群（grex）。第一类物通过时效取得不存问题，第二类和第三类物通过时效取得则会产生问题。

D. 41. 3. 30. 1 *Pomponius 30 ad Sab.*

Labeo libris epistularum ait, si is, cui ad tegularum vel columnarum usucapionem decem dies superessent, in aedificium eas coniecisset, nihilo minus eum usucapturum, si aedificium possedisset. quid ergo in his, quae non quidem implicantur rebus soli, sed mobilia permanent, ut in anulo gemma? in quo verum est et aurum et gemmam possideri et usucapi, cum utrumque maneat integrum.

D. 41. 3. 30. 2 *Pomponius 30 ad Sab.*

De tertio genere corporum videndum est. non autem grex universus sic capitur usu quomodo singulae res, nec sic quomodo cohaerentes. quid ergo est? etsi ea natura eius est, ut adiectionibus corporum maneat, non item tamen universi gregis ulla est usucapio, sed singulorum animalium sicuti possessio, ita et usucapio. nec si quid emptum immixtum fuerit gregi augendi eius gratia, idcirco possessionis causa mutabitur, ut, si reliquus grex dominii mei sit, haec quoque ovis, sed singulae suam causam habebunt, ita ut, si quae furtivae erunt, sint quidem ex grege, non tamen usucapiantur.

D. 6. 1. 1. 3 *Ulpianus 16 ad edictum*

Per hanc autem actionem non solum singulae res vindicabuntur, sed posse etiam gregem vindicari Pomponius libro lectionum vicensimo quinto scribit. idem et de armento et de equitio ceterisque, quae gregatim habentur, dicendum est. sed enim gregem sufficiet ipsum nostrum esse, licet singula capita nostra non sint: grex enim, non singula corpora vindicabuntur.

D. 41，3，30，1 彭波尼：《论萨宾》第30卷

拉贝奥在《书信集》中写道，如果还差10天就能通过时效取得瓦或圆柱的所有权的人将瓦和圆柱同建筑物连接在一起，且占有了那个建筑物，那么他可以通过时效取得瓦和圆柱的所有权。对于实际上未同不动产（res soli）连接在一起而仍是动产（res mobiles）的那些物（如金戒指上的宝石）该怎么办呢？在此情况下，实际上谁占有了金戒指和宝石，只要它们连接在一起，谁就能通过时效取得它们的所有权。

D. 41，3，30，2 彭波尼：《论萨宾》第30卷

人们应该注意的是第三类物体。如果一群羊既不像单一物（res singulae）那样，也不像合成物（res cohaerentes）那样被通过时效取得，情况会怎样呢？虽然一群羊实质上是通过若干只羊的增加而存在，整个羊群不能被通过时效取得，但基于对单只羊的占有，它可以被通过时效取得。如果为扩大羊群而将购买的羊同羊群合在一起，占有的原因将不会改变，以致若其它羊为我所有，买来的羊也为我所有。但是对每只羊的占有都有其原因。因此若有些羊是在偷来后被放入羊群的，它们便不能被通过时效取得。

D. 6，1，1，3 乌尔比安：《论告示》第16卷

另一方面，通过这种诉讼不仅可以请求返还单一物，而且彭波尼在《各种片段引述》第25卷写道，人们还可以请求返还羊群。需指出的是，马群及其它畜群也适用此规则。虽然单只的羊不是我们的，但只要同一群羊是我们的就够了。因为被请求返还的是羊群而非单只的羊。

1. 12 De rei partibus

D. 19. 1. 17. 7 ***Ulpianus 32 ad edictum***

Labeo generaliter scribit ea, quae perpetui usus causa in aedificiis sunt, aedificii esse, quae vero ad praesens, non esse aedificii, ut puta fistulae temporis quidem causa positae non sunt aedium, verum tamen si perpetuo fuerint positae, aedium sunt.

D. 19. 1. 17. 8 ***Ulpianus 32 ad edictum***

Castella plumbea, putea, opercula puteorum, epitonia fistulis adplumbata (aut quae terra continentur, quamvis non sint adfixa) aedium esse constat.

D. 19. 1. 17. 9 ***Ulpianus 32 ad edictum***

Item constat sigilla, columnas quoque et personas, ex quorum rostris aqua salire solet, villae esse.

D. 19. 1. 17. 10 ***Ulpianus 32 ad edictum***

Ea, quae ex aedificio detracta sunt ut reponantur, aedificii sunt: at quae parata sunt ut imponantur, non sunt aedificii.

D. 50. 16. 242pr. ***Iavolenus 2 ex post. Lab.***

Malum navis esse partem, artemonem autem non esse Labeo ait, quia pleraeque naves sine malo inutiles essent, ideoque pars navis habetur: artemo autem magis adiectamento quam pars navis est.

1.12　物之部分

D. 19，1，17，7　乌尔比安:《论告示》第 32 卷

拉贝奥常写道，永久地用于建筑物上之物是建筑的一部分，被临时用于建筑物上之物则不是。临时安装上去的水管不是房屋的一部分，但若永远安装在上面则属于房屋的一部分。

D. 19，1，17，8　乌尔比安:《论告示》第 32 卷

铅盆、井、井盖或牢固地铅焊到水管上的龙头及埋于地下的装置，人们知道，它们虽未附着于房屋，但属于房屋的一部分。

D. 19，1，17，9　乌尔比安:《论告示》第 32 卷

同样，人们知道，小塑像如同圆柱及嘴里常喷水的兽形雕像一样，是别墅的一部分。

D. 19，1，17，10　乌尔比安:《论告示》第 32 卷

为了保存而从建筑物上取下之物是建筑物的一部分，但为把东西安放到建筑物上而配备的那些物却非建筑物的构成部分。

D. 50，16，242pr.　雅沃伦:《论拉贝奥遗著》第 2 卷

拉贝奥说，船桅是船白组成部分，船帆却不是。因为很多船没有船桅将是无用的，因而它被视为船的组成部分；相反，船帆是从物，而非船的一部分。

D. 50. 16. 242. 2 *Iavolenus 2 ex post. Lab.*

Plumbum, quod tegulis poneretur, aedificii esse ait Labeo: sed id, quod hypaethri tegendi causa poneretur, contra esse.

D. 50. 16. 242. 4 *Iavolenus 2 ex post. Lab.*

Straturam loci alicuius ex tabulis factis, quae aestate tollerentur et hieme ponerentur, aedium esse ait Labeo, quoniam perpetui usus paratae essent: neque ad rem pertinere, quod interim tollerentur.

D. 50. 16. 245pr. *Pomponius 10 epist.*

Statuae adfixae basibus structilibus aut tabulae religatae catenis aut erga parietem adfixae aut si similiter cohaerent lychni, non sunt aedium: ornatus enim aedium causa parantur, non quo aedes perficiantur. idem Labeo ait.

D. 33. 7. 12. 23 *Ulpianus 20 ad Sab.*

Papinianus quoque libro septimo responsorum ait: sigilla et statuae adfixae instrumento domus non continentur, sed domus portio sunt: quae vero non sunt adfixa, instrumento non continentur, inquit: suppellectili enim adnumerantur, excepto horologio aereo, quod non est adfixum: nam et hoc instrumento domus putat contineri, sicut prothyrum domus, si velamen est, inquit, instrumento domus continetur.

D. 50，16，242，2 雅沃伦：《论拉贝奥遗著》第 2 卷

拉贝奥说，被安装到房顶上的铅板是房屋的一部分，为遮盖无覆盖物的凉台而装的铅板却不是。

D. 50，16，242，4 雅沃伦：《论拉贝奥遗著》第 2 卷

拉贝奥说，用若干木板为一个凉台制作的、冬天被安上夏天被取下的遮物构成房屋的一部分，因为它被安上是为了永久使用。不是为了永久使用而有时被安上有时被取下之物，则不构成房屋的一部分。

D. 50，16，245pr. 彭波尼：《书信集》第 10 卷

安放在雕像底座上的、安放在用链条连着的木板上的或沿墙摆放的雕像，或以同样方式放着的灯，都不是房子的一部分，因为它们被放在那里是为了装饰房子，而不是为了完善房子。

D. 33，7，12，23 乌尔比安：《论萨宾》第 20 卷

帕比尼安在《解答》第 7 卷写道，固定的小塑像及雕像不包括在家具内，而是房子的一部分。他说非固定的雕像也不包括在家具内，因为除了非固定的金属钟以外，它们被视为装饰品。因此，他认为钟也被包括在家具内，就像房子的门厅，如果它有一个遮篷，那么遮篷也被包括在家具内。

1. 13 De rebus principalibus, de rebus quae iis accedunt, vel pertinent

D. 33. 7. 8pr. ***Ulpianus 20 ad Sab.***

In instrumento fundi ea esse, quae fructus quaerendi cogendi conservandi gratia parata sunt, Sabinus libris ad Vitellium evidenter enumerat. quaerendi, veluti homines qui agrum colunt, et qui eos exercent praepositive sunt is, quorum in numero sunt vilici et monitores: praeterea boves domiti, et pecora stercorandi causa parata, vasaque utilia culturae, quae sunt aratra ligones sarculi falces putatoriae bidentes et si qua similia dici possunt. cogendi, quemadmodum torcularia corbes falcesque messoriae falces fenariae quali vindemiatorii exceptoriique, in quibus uvae comportantur. conservandi, quasi dolia, licet defossa non sint, et cuppae.

D. 33. 7. 8. 1 ***Ulpianus 20 ad Sab.***

Quibusdam in regionibus accedunt instrumento, si villa cultior est, veluti atrienses scoparii, si etiam virdiaria sint, topiarii, si fundus saltus pastionesque habet, greges pecorum pastores saltuarii.

D. 33. 7. 17. 1 ***Marcianus 7 institutionum***

Instrumento piscatorio contineri Aristo ait naucellas, quae piscium capiendorum causa comparatae sunt: sed et piscatores contineri verius est.

1.13 主物、从物和附属物

D. 33，7，8pr. 乌尔比安：《论萨宾》第20卷

萨宾在《评韦得里》一书中清楚地说明，用于生产、收割、贮藏农产品（fructus）之物被包括在农具（instrumentum fundi）内。生产用的农具，如耕种田地的奴隶或管理他们的奴隶——包括管理者及监工；此外，驯养的牛、生产肥料的家畜及种植用的工具，如犁、锄头、小草锄、修枝用的镰刀、叉子及其它类似的物，也是生产用的农具。收割用的农具，如压榨机、小箱子、收割用的镰刀、割草用的镰刀、装葡萄的筐子及运送葡萄的木桶。虽然木桶不像酒坛那样被放进窖内，但它仍是贮藏用的农具。

D. 33，7，8，1 乌尔比安：《论萨宾》第20卷

在有些地区，如果农场（villa）较大，那么家仆和打扫卫生的人也属于农具；如果还有花园，园丁也是农具；如果土地上有树林、牧场、畜群，那么放牧人及守林人也是农具。

D. 33，7，17，1 马尔西安：《法学阶梯》第7卷

阿里斯多说，为捕鱼而准备的小船被包括在渔具内，但除此外，捕鱼奴隶也属于渔具。

D. 8. 5. 20. 1 *Scaevola 4 digestorum*

Plures ex municipibus, qui diversa praedia possidebant, saltum communem, ut ius compascendi haberent, mercati sunt idque etiam a successoribus eorum est observatum: sed nonnulli ex his, qui hoc ius habebant, praedia sua illa propria venum dederunt. quaero, an in venditione etiam ius illud secutum sit praedia, cum eius voluntatis venditores fuerint, ut et hoc alienarent. respondit id observandum, quod actum inter contrahentes esset: sed si voluntas contrahentium manifesta non sit, et hoc ius ad emptores transire. item quaero, an, cum pars illorum propriorum fundorum legato ad aliquem transmissa sit, aliquid iuris secum huius compascui traxerit. respondit, cum id quoque ius fundi, qui legatus esset, videretur, id quoque cessurum legatario.

1. 14 De fructibus

D. 50. 16. 77 *Paulus 49 ad edictum*

"Frugem" pro reditu appellari, non solum frumentis aut leguminibus, verum et ex vino, silvis caeduis, cretifodinis, lapidicinis capitur, Iulianus scribit. "fruges" omnes esse, quibus homo vescatur, falsum esse: non enim carnem aut aves ferasve aut poma fruges dici. "frumentum" autem id esse, quod arista se teneat, recte gallum definisse: lupinum vero et fabam fruges potius dici, quia non arista, sed siliqua continentur. quae servius apud alfenum in frumento contineri putat.

D. 22. 1. 28pr. *Gaius 2 rer. cott.*

In pecudum fructu etiam fetus est sicut lac et pilus et lana: itaque agni et haedi et vituli statim pleno iure sunt bonae fidei possessoris et fructuarii.

D. 8，5，20，1 斯凯沃拉（Scaevola）：《学说汇纂》第4卷

各自拥有不同土地的自治城中的若干市民，共同购买了一片牧地，因此他们共同享有放牧权，其继承人亦享有这一权利；但是在享有此权利的人中，一些人出卖了他们自己的那份土地，请问，若出卖人想转让这一权利，那么在出卖时该权利是否随土地一起转让？回答是：缔约双方达成的协议应予以遵守，但若缔约双方的意思不明确，该权利便被转让给受让人。我同样要问：如果他们自己的那份土地的某一部分因遗赠被转让给了另一个人，它载有一部分放牧权吗？回答是：由于放牧权被视为附着于被遗赠的土地，因此它也将被转让给受遗赠人。

1.14 孳息

D. 50，16，77 保罗：《论告示》第49卷

尤里安（Julianus）写道："产品"（frux）不仅包括小麦和蔬菜，而且包括葡萄酒、砍伐的树木及从白垩矿或采石场中获得的东西。并非人吃的所有东西都是产品，因为肉、鸟、野兽或水果不是产品。然而他说：加卢（Gallus）正确地定义道，生长在麦穗里的东西是小麦；羽扇豆和蚕豆被说成是豆子，因为它们不是生长在麦穗里，而是生长在豆荚中。阿尔芬（Alfenus）说，塞尔维（Servius）则认为它们被包括在小麦内。

D. 22，1，28pr. 盖尤斯：《日常事务》第2卷

家畜产的幼仔，就像牛奶、鬃毛及羊毛一样，也被包括于其孳息（fructus）内，因此善意占有人和用益权人对羔羊、小山羊及牛犊立刻享有完全的所有权。

D. 22. 1. 28. 1 ***Gaius 2 rer. cott.***

Partus vero ancillae in fructu non est itaque ad dominum proprietatis pertinet: absurdum enim videbatur hominem in fructu esse, cum omnes fructus rerum natura hominum gratia comparaverit.

D. 22. 1. 26 ***Iulianus 6 ex Minicio***

Venationem fructus fundi negavit esse, nisi fructus fundi ex venatione constet.

D. 33. 2. 42 ***Iavolenus 5 ex post. Lab.***

In fructu id esse intellegitur, quod ad usum hominis inductum est: neque enim maturitas naturalis hic spectanda est, sed id tempus, quo magis colono dominove eum fructum tollere expedit. itaque cum olea immatura plus habeat reditus, quam si matura legatur, non potest videri, si immatura lecta est, in fructu non esse.

D. 5. 3. 29 ***Ulpianus 15 ad edictum***

Mercedes plane a colonis acceptae loco sunt fructuum. operae quoque servorum in eadem erunt causa, qua sunt pensiones: item vecturae navium et iumentorum.

D. 50. 16. 121 ***Pomponius 6 ad Quintum Mucium***

Usura pecuniae, quam percipimus, in fructu non est, quia non ex ipso corpore, sed ex alia causa est, id est nova obligatione.

D. 6. 1. 44 ***Gaius 29 ad edictum provinc.***

Fructus pendentes pars fundi videntur.

D. 22，1，28，1　盖尤斯:《日常事务》第2卷

女奴生的孩子（partus）不属于孳息。因为当自然为人生产了物的所有孳息时人却被包括在孳息内，这似乎是荒谬的。

D. 22，1，26　尤里安:《论米尼奇》第6卷

猎物（venatio）不是土地的孳息，除非土地的孳息在于猎物。

D. 33，2，42　雅沃伦:《论拉贝奥遗著》第5卷

孳息被认为是为了人的利益而生产之物。由于应考虑的不是孳息在自然成熟时被采集而是在对佃农（colonus）或所有人（dominus）最有利的时候被采集，因此如果橄榄在未成熟时比在成熟时被摘下具有更大的收益，那么不能认为它们在未成熟时被摘下便不是孳息。

D. 5，3，29　乌尔比安:《论告示》第15卷

显然，佃农所付租金（merces）被包括在孳息内。为获得奴隶的使用权而付的租金（peniso）也处于相同的地位，船及驮兽的运输费也一样。

D. 50，16，121　彭波尼:《论库伊特·穆齐》第6卷

我们所获得的金钱利息（usura pecuniae）不被视为孳息，因为它不是出自物体本身（ex ipso corpore），而是出自别的原因，即出自新生之债（ex nova obligatione）。

D. 6，1，44　盖尤斯:《论行省告示》第29卷

悬挂着的果实（fructus）被视为土地的一部分。

1. 15 De rebus futuris et de rei spe

D. 18. 1. 8pr. ***Pomponius 9 ad Sab.***

Nec emptio nec venditio sine re quae veneat potest intellegi. et tamen fructus et partus futuri recte ementur, ut, cum editus esset partus, iam tunc, cum contractum esset negotium, venditio facta intellegatur: sed si id egerit venditor, ne nascatur aut fiant, ex empto agi posse.

D. 20. 1. 15pr. ***Gaius l. s. de form. hypoth.***

Et quae nondum sunt, futura tamen sunt, hypothecae dari possunt, ut fructus pendentes, partus ancillae, fetus pecorum et ea quae nascuntur sint hypothecae obligata: idque servandum est, sive dominus fundi convenerit aut de usu fructu aut de his quae nascuntur sive is, qui usum fructum habet, sicut Iulianus scribit.

D. 20. 4. 11. 3 ***Gaius l. s. de form. hypoth.***

Si de futura re convenerit, ut hypothecae sit, sicuti est de partu, hoc quaeritur, an ancilla conventionis tempore in bonis fuit debitoris: et in fructibus, si convenit ut sint pignori, aeque quaeritur, an fundus vel ius utendi fruendi conventionis tempore fuerit debitoris.

D. 8. 2. 23. 1 ***Pomponius 33 ad Sab.***

Futuro quoque aedificio, quod nondum est, vel imponi vel adquiri servitus potest.

1.15 未来物与可期待物

D. 18, 1, 8pr. 彭波尼:《论萨宾》第9卷

无被出卖之物便无买卖，这是可以被理解的。然而未来的果实及分娩物（partus）* 也完全可以被购买。一旦分娩物出生，出卖（venditio）便被视为自买卖契约订立时起有效。如果出卖人设法使分娩物不出生或使孳息不产生，他将被提起买卖之诉。

D. 20, 1, 15pr. 盖尤斯:《论抵押规则》单卷本

现在不存在而将来存在之物可以被抵押，例如悬挂的果实、女奴生的孩子、家畜的幼仔及产物。正像尤里安写的那样，不管是土地所有人还是用益权人同意就用益权或产物设定抵押权，上述规定皆适用。

D. 20, 4, 11, 3 盖尤斯:《论抵押规则》单卷本

如果商定以未来之物（res futura）设定抵押权，那么就像以分娩物设定抵押权一样，人们要考虑到女奴在订约时是否是债务财产的一部分；如果商定以孳息设定质权，人们同样要考虑到土地或用益权在订约时是否属债务人。

D. 8, 2, 23, 1 彭波尼:《论萨宾》第33卷

人们可以在一栋尚不存在的建筑物上设定或取得役权。

* 此指女奴生的孩子及动物生产的幼仔。——译者注

D. 18. 1. 8. 1 ***Pomponius 9 ad Sab.***

Aliquando tamen et sine re venditio intellegitur, veluti cum quasi alea emitur. quod fit, cum captum piscium vel avium vel missilium emitur: emptio enim contrahitur etiam si nihil inciderit, quia spei emptio est: et quod missilium nomine eo casu captum est si evictum fuerit, nulla eo nomine ex empto obligatio contrahitur, quia id actum intellegitur.

D. 18，1，8，1　彭波尼：《论萨宾》第9卷

然而，有时“无物的出卖”（sine re venditio）也是可以理解的，比如风险（alea）购买：购买尚未捕获的鱼、尚未猎获的鸟或购买奖券（missilia），尽管什么也未得到，买卖仍有效，因为这是希望之购买（spei emptio）。如果凭奖券取得之物被追夺（evictio），将不产生买卖之债方面的问题，因为买卖被视为已完成。

2
De adquirendo rerum dominio
(J. 2. 1. 11 ~ 48; J. 2. 6 ~ 7; D. 41)

2. 1 De occupatione

D. 41. 2. 1. 1 ***Paulus 54 ad edictum***

Dominiumque rerum ex naturali possessione coepisse Nerva filius ait eiusque rei vestigium remanere in his, quae terra mari caeloque capiuntur: nam haec protinus eorum fiunt, qui primi possessionem eorum adprehenderint. Item bello capta et insula in mari enata et gemmae lapilli margaritae in litoribus inventae eius fiunt, qui primus eorum possessionem nanctus est.

D. 41. 1. 1. 1 ***Gaius 2 rerum cottidinarum***

Omnia igitur animalia, quae terra mari caelo capiuntur, id est ferae bestiae et volucres pisces, capientium fiunt:

D. 41. 1. 3pr. ***Gaius 2 rerum cottidinarum***

Quod enim nullius est, id ratione naturali occupanti conceditur.

2

物之所有权的取得

(J. 2, 1, 11 ~48; J. 2, 6 ~7; D. 41)

2.1 先占

D. 41, 2, 1, 1 保罗:《论告示》第54卷

年青的内尔瓦说，物之所有权始于对物的自然占有（naturalis possessio)，可被自然占有之物为在地上、海上或天空获取之物。因为这些物立即为首先占有它们的人所有。同样，在战争中获得之物、海上产生的岛屿以及在海滨发现的石头、宝石及珍珠，为首先占有它们的人所有。

D. 41, 1, 1, 1 盖尤斯:《日常事务》第2卷

因此，在地上、海上及天空，即野兽、鸟和鱼，为猎获者所有。

D. 41, 1, 3pr. 盖尤斯:《日常事务》第2卷

不属于任何人之物，根据自然理性（ratio naturalis）归先占者所有。

D. 41. 1. 3. 1 ***Gaius 2 rerum cottidinarum***

Nec interest quod ad feras bestias et volucres, utrum in suo fundo quisque capiat an in alieno. plane qui in alienum fundum ingreditur venandi aucupandive gratia, potest a domino, si is providerit, iure prohiberi ne ingrederetur.

2. 2 De rerum hostilium occupatione

D. 41. 1. 51. 1 ***Celsus 2 digestorum***

Et quae res hostiles apud nos sunt, non publicae, sed occupantium fiunt.

D. 49. 14. 31 ***Marcianus 4 institutionum***

Divus Commodus rescripsit obsidum bona sicut captivorum omnimodo in fiscum esse cogenda:

D. 48. 13. 15 ***Modestinus 2 de poen.***

Is, qui praedam ab hostibus captam subripuit, lege peculatus tenetur et in quadruplum damnatur.

D. 41，1，3，1 盖尤斯:《日常事务》第2卷

关于野兽和鸟，某人是在自己的土地上还是在他人土地上猎获它们并不重要。当然，如果某人想在他人土地上猎兽、捕鸟，土地所有人可以合法地禁止他进入其土地。

2.2 敌人之物的占有

D. 41，1，51，1 杰尔苏:《学说汇纂》第2卷

在我们领土上的敌人之物（res hostiles）并不变成公有物，而是归先占者所有。

D. 49，14，31 马尔西安:《法学阶梯》第4卷

柯莫杜斯（Commodus）皇帝批复道，人质的财产就像俘虏的财产一样，应绝对地被收归国库（fiscus）。

D. 48，13，15 莫德斯汀（Modestinus）:《论刑罚》第2卷

盗窃从敌人那里缴获的战利品的人，以盗窃国家财产罪论处，并被判处交纳四倍于被盗物价值的罚金。

2. 3 De thesauris

D. 41. 1. 63pr. *Tryphoninus 7 disp.*

Si is qui in aliena potestate est thensaurum invenerit, in persona eius cui adquirit hoc erit dicendum, ut, si in alieno agro invenerit, partem ei adquirat, si vero in parentis dominive loco invenerit, illius totus sit, si autem in alieno, pars.

D. 41. 1. 63. 1 *Tryphoninus 7 disp.*

Si communis servus in alieno invenerit, utrum pro dominii partibus an semper aequis adquiret? et simile est atque in hereditate vel legato vel quod ab aliis donatum servo traditur, quia et thensaurus donum fortunae creditur, scilicet ut pars, quae inventori cedit, ad socios, pro qua parte servi quisque dominus est, pertineat.

2.3 埋藏物

D. 41，1，63pr. 特里弗宁（Tryphoninus）：《争议集》第7卷

如果他权人发现了一件埋藏物（thesaurus），就他为之取得埋藏物所有权的人而言，如果他在别人土地上发现了埋藏物，他只为那个人取得了部分埋藏物；如果他在其家父或主人的土地上发现了埋藏物，它便全部属于家父或主人。

D. 41，1，63，1 特里弗宁：《争议集》第7卷

如果一个共有的奴隶在他人土地上发现了埋藏物，他是按各共有人对其享有所有权的份额为他们取得了它，还是按等份为他们取得了它？这同他人给予奴隶遗产、遗赠物及赠与物的情况相似。由于埋藏物也被视为天赐之物（donum fortunae），因而给予发现人的那部分，共有人按其对奴隶享有所有权的份额享有之。

2. 4 De fructibus

D. 22. 1. 25pr. ***Iulianus 7 digestorum***

Qui scit fundum sibi cum alio communem esse, fructus, quos ex eo perceperit invito vel ignorante socio, non maiore ex parte suos facit quam ex qua dominus praedii est: nec refert, ipse an socius an uterque eos severit, quia omnis fructus non iure seminis, sed iure soli percipitur: et quemadmodum, si totum fundum alienum quis sciens possideat, nulla ex parte fructus suos faciet, quoquo modo sati fuerint, ita qui communem fundum possidet, non faciet suos fructus pro ea parte, qua fundus ad socium eius pertinebit.

D. 22. 1. 25. 1 ***Iulianus 7 digestorum***

In alieno fundo, quem Titius bona fide mercatus fuerat, frumentum sevi: an Titius bonae fidei emptor perceptos fructus suos faciat? respondi, quod fructus qui ex fundo percipiuntur intellegi debet propius ea accedere, quae servi operis suis adquirunt, quoniam in percipiendis fructibus magis corporis ius ex quo percipiuntur quam seminis, ex quo oriuntur aspicitur: et ideo nemo umquam dubitavit, quin, si in meo fundo frumentum tuum severim, segetes et quod ex messibus collectum fuerit meum fieret. Porro bonae fidei possessor in percipiendis fructibus id iuris habet, quod dominis praediorum tributum est. praeterea cum ad fructuarium pertineant fructus a quolibet sati, quanto magis hoc in bonae fidei possessoribus recipiendum est, qui plus iuris in percipiendis fructibus habent? cum fructuarii quidem non fiant, antequam ab eo percipiantur, ad bonae fidei autem possessorem pertineant, quoquo modo a solo separati fuerint, sicut eius qui vectigalem fundum habet fructus fiunt, simul atque solo separati sunt.

2.4 孳息

D. 22，1，25pr. 尤里安：《学说汇纂》第7卷

知道某块土地为他与另一个人所共有的人，未经其共有人同意或未通知其共有人便将在那块土地上获取的孳息变成他自己的财产，他所获得的部分不得超过其作为土地所有人所享有的份额。是他还是其共有人或他们两者播的种并不重要，因为所有的孳息都不是基于播种权而是基于土地所有权被获得的，就像故意占有他人的整个土地的人不管怎样播种都不能将孳息变成他自己的一样，共有土地的占有人不能将属于其共有人的那部分土地的孳息变成他自己的财产。

D. 22，1，25，1 尤里安：《学说汇纂》第7卷

我在他人土地上播种了小麦，而铁裘斯善意地购买了这块土地，提出的问题是：善意购买人铁裘斯是否可以收取慈息？回答是，从土地上获取的孳息应被视同于奴隶通过其服务获得之物。因为在获取孳息时人们关心的是对土地的权利，而非对种子的权利。没有人怀疑，如果我在我的土地上播种了你的小麦，收获物及出卖收获物的价金将是我的。当然，善意占有人在获取孳息时享有与土地所有人一样的权利。此外，由于不管谁播种，孳息都属于用益权人，因此就在获取孳息方面享有更多权利的善意占有人而言，他应获取更多的孳息。用益权人只能对已收获的孳息享有所有权，而善意占有人就像税地的占有人一样，可以对不管怎样与土地分离的孳息享有所有权。

D. 41. 1. 6pr. ***Florentinus 6 institutionum***

Item quae ex animalibus dominio nostro eodem iure subiectis nata sunt:

D. 6. 1. 5. 2 ***Ulpianus 16 ad edictum***

Idem scribit, si equam meam equus tuus praegnatem fecerit, non esse tuum, sed meum, quod natum est.

D. 47. 2. 62. 8 ***Africanus 8 quaest.***

Locavi tibi fundum, et (ut adsolet) convenit, uti fructus ob mercedem pignori mihi essent. si eos clam deportaveris, furti tecum agere posse aiebat. sed et si tu alii fructus pendentes vendideris et emptor eos deportaverit, consequens erit, ut in furtivam causam eos incidere dicamus. etenim fructus, quamdiu solo cohaereant, fundi esse et ideo colonum, quia voluntate domini eos percipere videatur, suos fructus facere. quod certe in proposito non aeque dicitur: qua enim ratione coloni fieri possint, cum emptor eos suo nomine cogat?

D. 41，1，6pr. 佛罗伦汀：《法学阶梯》第6卷

同样，根据同一规定，从我们所有的动物身上产生之物属于我们。

D. 6，l，5，2 乌尔比安：《论告示》第16卷

彭波尼写道：如果你的雄马使我的雌马受孕，后者产下之马不是你的，而是我的。

D. 47，2，62，8 阿富里坎（Africanus）：《论问题》第8卷

我将一块土地出租给你，就像通常那样，要规定“其孳息将作为交付租金（merces）的担保而质押给我”。如果你秘密地拿走它们，有人说我可以对你提起盗窃之诉。同样，如果你把悬挂着的果实出卖给他人，买受人拿走了它们，它们将被说成是盗窃物。由于孳息在附着于土地时是土地的一部分，因此佃农能将它们变成自己之物。因为佃农被视为在按照土地所有人的意志收取它们。人们对此持怀疑态度，因为当买受人以他自己的名义收取果实时，它们何以能变成佃农的？

2. 5 De nova specie

D. 41. 1. 7. 7 ***Gaius 2 rerum cottidinarum***

Cum quis ex aliena materia speciem aliquam suo nomine fecerit, Nerva et Proculus putant hunc dominum esse qui fecerit, quia quod factum est, antea nullius fuerat. Sabinus et Cassius magis naturalem rationem efficere putant, ut qui materiae dominus fuerit, idem eius quoque, quod ex eadem materia factum sit, dominus esset, quia sine materia nulla species effici possit: veluti si ex auro vel argento vel aere vas aliquod fecero, vel ex tabulis tuis navem aut armarium aut subsellia fecero, vel ex lana tua vestimentum, vel ex vino et melle tuo mulsum, vel ex medicamentis tuis emplastrum aut collyrium, vel ex uvis aut olivis aut spicis tuis vinum vel oleum vel frumentum. est tamen etiam media sententia recte existimantium, si species ad materiam reverti possit, verius esse, quod et Sabinus et Cassius senserunt, si non Possit reverti, verius esse, quod Nervae et Proculo placuit. ut ecce vas conflatum ad rudem massam auri vel argenti vel aeris reverti potest, vinum vero vel oleum vel frumentum ad uvas et olivas et spicas reverti non potest: ac ne mulsum quidem ad mel et vinum vel emplastrum aut collyria ad medicamenta reverti possunt. videntur tamen mihi recte quidam dixisse non debere dubitari, quin alienis spicis excussum frumentum eius sit, cuius et spicae fuerunt: cum enim grana, quae spicis

D. 41. 3. 4. 20 ***Paulus 54 ad edictum***

Si ex lana furtiva vestimentum feceris, verius est, ut substantiam spectemus, et ideo vestis furtiva erit.

2.5 加工

D. 41，1，7，7 盖尤斯：《日常事务》第2卷

当某人以自己名义用他人材料加工某物时，内尔瓦和普罗库勒认为，加工者是加工物的所有人，因为加工物以前不属于任何人。萨宾和卡西却认为，自然理性要求谁是材料的所有人，谁就是加工物的所有人，因为没有材料就不可能有加工物，如像我们以金、银、铜加工一个盆，以你的木板加工一条船、一个衣柜或一条凳子，以你的羊毛加工一件衣服，以你的葡萄酒、蜂蜜配制蜜酒，以你的药材加工药膏，或眼药，或以你的葡萄、橄榄、麦穗加工葡萄酒、油或麦粒。然而还有一种折衷的观点认为，如果加工物能还原成原材料，那么萨宾和卡西的观点较正确；如果不能还原成原材料，那么内尔瓦和普罗库勒的观点较正确。例如，已加工成的一个盆可以被还原成原来的金块、银块或铜块，已加工成的葡萄酒、油、麦粒却不能还原成葡萄、橄榄和麦穗，蜜酒也不能还原成蜂蜜或葡萄酒，药膏或眼药也不能还原成药材。然而有些人说，从他人麦穗中脱下的麦粒属于麦穗的所有人。我认为此观点无疑是正确的，因为包含在麦穗中的麦粒已具有其完整的形状，脱下麦粒的人因不是在加工一件新的物，而只是使已经存在的麦粒暴露出来而已。

D. 41，3，4，20 保罗：《论告示》第54卷

如果你用盗窃的羊毛加工一件衣服，那么鉴于原材料是盗窃之物，那件衣服也是盗窃物。此观点非常正确。

D. 17. 2. 83 *Paulus 1 manual.*

Illud quaerendum est, arbor quae in confinio nata est, item lapis qui per utrumque fundum extenditur an, cum succisa arbor vel lapis exemptus eius sit cuius fundus, pro ea quoque parte singulorum esse debeat, pro qua parte in fundo fuerat? an qua ratione duabus massis duorum dominorum latis tota massa communis est, ita arbor hoc ipso, quo separatur a solo propriamque substantiam in unum corpus redactam accipit, multo magis pro indiviso communis fit, quam massa? sed naturali convenit rationi et postea tantam partem utrumque habere tam in lapide quam in arbore, quantam et in terra habebat.

2. 6 De confusione et commixtione

D. 6. 1. 5pr. *Ulpianus 16 ad edictum*

Idem Pomponius scribit: si frumentum duorum non voluntate eorum confusum sit, competit singulis in rem actio in id, in quantum paret in illo acervo suum cuiusque esse: quod si voluntate eorum commixta sunt, tunc communicata videbuntur et erit communi dividundo actio.

D. 6. 1. 5. 1 *Ulpianus 16 ad edictum*

Idem scribit, si ex melle meo, vino tuo factum sit mulsum, quosdam existimasse id quoque communicari: sed puto verius, ut et ipse significat, eius potius esse qui fecit, quoniam suam speciem pristinam non continet. sed si plumbum cum argento mixtum sit, quia deduci possit, nec communicabitur nec communi dividundo agetur, quia separari potest: agetur autem in rem actio. sed si deduci, inquit, non possit, ut puta si aes et aurum mixtum fuerit, pro parte esse vindicandum: nec quaquam erit dicendum, quod in mulso dictum est, quia utraque materia etsi confusa manet tamen.

D. 17，2，83 保罗：《教科书》第1卷

应提出的问题是：如果一棵树生长在地界上，一块石头位于两块土地上，那么在树被砍掉时或在石头被搬掉时它们按什么比例属于土地所有人？两块土地的所有人是根据它们占据土地的面积按比例对之享有所有权，还是像属于两个所有人的两块金属熔合在一起而变成一个不可分割的共有物一样在它们从地上被砍掉或搬走后具有一个不可分割的物体的性质而被不分份额地共有？符合自然理性的是两个所有人对石头和树享有的份额与树或石头所占的土地面积一致。

2.6 混合与混杂

D. 6，1，5pr. 乌尔比安：《论告示》第16卷

同一个彭波尼写道，如果两个人的麦子非依其意示混杂在一起，那么每个人都有权就他认为在混杂而成的那堆麦子中属于他的那部分提起对物之诉；如果混杂是依其意志发生的，那么混杂的麦子将被视为共有物，且将产生共有物分割之诉。

D. 6，1，5，1 马尔比安：《论告示》第16卷

同一个人还写道，如果用我的蜂蜜和你的葡萄酒配制成蜜酒，一些人认为它也变成了共有物，但我认为更符合实际的是，就像此人所指出的那样，它属于制作者，因为它不能被还原成原来的材料。但是，如果铅与银混合，那么由于它们可以被分开，故不变成共有物，不适用共有物分割之诉，而将适用对物之诉。然而他说，如果不能被区分，例如铜和金混合，某人便应就他自己的那部分提起返还之诉；针对蜜酒所说的原则在此不能被适用，因为虽然这两种物混合在一起，但它们仍保持着原有的性质。

2. 7 De accessionibus

D. 6. 1. 23. 3 ***Paulus 21 ad edictum***

Sed et id, quod in charta mea scribitur aut in tabula pingitur, statim meum fit: licet de pictura quidam contra senserint propter pretium picturae: sed necesse est ei rei cedi, quod sine illa esse non potest.

D. 6. 1. 23. 4 ***Paulus 21 ad edictum***

In omnibus igitur istis, in quibus mea res per praevalentiam alienam rem trahit meamque efficit, si eam rem vindicem, per exceptionem doli mali cogar pretium eius quod accesserit dare.

D. 6. 1. 23. 5 ***Paulus 21 ad edictum***

Item quaecumque aliis iuncta sive adiecta accessionis loco cedunt, ea quamdiu cohaerent dominus vindicare non potest, sed ad exhibendum agere potest, ut separentur et tunc vindicentur: scilicet excepto eo, quod Cassius de ferruminatione scribit. dicit enim, si statuae suae ferruminatione iunctum bracchium sit, unitate maioris partis consumi et quod semel alienum factum sit, etiamsi inde abruptum sit, redire ad priorem dominum non posse. non idem in eo quod adplumbatum sit, quia ferruminatio per eandem materiam facit confusionem, plumbatura non idem efficit.

2.7 添附

D. 6，1，23，3 保罗:《论告示》第21卷

但在我的纸上所写的字或在我的木板上所绘的画立即变成我的。对后一种情况，一些人因木板上的画有价值而有不同意见。但是，没有另一个物便不能存在之物，必须被该另一个物吸收。

D. 6，1，23，4 保罗:《论告示》第21卷

就我的物因其优越性质而吸收了他人之物致使它变成了我的物的情况而言，如果我请求返还该物，我将因欺诈抗辩而被迫交付添附于我的物上的这个物的价金。

D. 6，1，23，5 保罗:《论告示》第21卷

同样，一物连接或增添于他物上为添附（accessio）。只要它们连接在一起，所有权人就不能请求返还，但可以提起“提出之诉”（actio ad exhibendum），使之被分离，然后再请求返还。卡西就焊接所述则属例外。他说，如果一支雕像胳臂通过焊接而同雕像连接在一起，那么它被雕像的大部分构成的整体所吸收，它一旦变成了他人之物，即使被取下，也不能归原所有人所有。被铅焊之物却与此不同，因为焊接产生相同性质的材料的混合，铅焊却不产生同样的效果。

D. 41. 1. 9. 2 ***Gaius 2 rerum cottidinarum***

Sed non uti litterae chartis membranisve cedunt, ita solent picturae tabulis cedere, sed ex diverso placuit tabulas picturae cedere. utique tamen conveniens est domino tabularum adversus eum qui pinxerit, si is tabulas possidebat, utilem actionem dari, qua ita efficaciter experiri poterit, si picturae impensam exsolvat: alioquin nocebit ei doli mali exceptio: utique si bona fide possessor fuerit qui solverit. adversus dominum vero tabularum ei qui pinxerit rectam vindicationem competere dicimus, ut tamen pretium tabularum inferat: alioquin nocebit ei doli mali exceptio.

D. 41. 1. 26. 1 ***Paulus 14 ad Sab.***

Arbor radicitus eruta et in alio posita priusquam coaluerit, prioris domini est, ubi coaluit, agro cedit, et si rursus eruta sit non ad priorem dominum revertitur: nam credibile est alio terrae alimento aliam factam.

D. 41. 1. 9pr. ***Gaius 2 rerum cottidinarum***

Qua ratione autem plantae quae terra coalescunt solo cedunt, eadem ratione frumenta quoque quae sata sunt solo cedere intelleguntur. ceterum sicut is, qui in alieno solo aedificavit, si ab eo dominus soli petat aedificium, defendi potest per exceptionem doli mali, ita eiusdem exceptionis auxilio tutus esse poterit, qui in alienum fundum sua impensa consevit.

D. 6. 1. 23. 7 ***Paulus 21 ad edictum***

Item si quis ex alienis cementis in solo suo aedificaverit, domum quidem vindicare poterit, cementa autem resoluta prior dominus vindicabit, etiam si post tempus usucapionis dissolutum sit aedificium, postquam a bonae fidei emptore possessum sit: nec enim singula cementa usucapiuntur, si domus per temporis spatium nostra fiat.

D. 41, 1, 9, 2 盖尤斯:《日常事务》第2卷

但是画通常不像文字添附于纸或羊皮纸那样添附于木板，相反，占统治地位的观点认为木板添附于画。不过，如果绘画的人占有木板，赋予木板所有人以针对绘画人的扩用诉权（utilis actio）是适当的。因为假如他支付了绘画的费用，他可以请求返还木板，否则，将对他提出欺诈抗辩。当然，假定绘画人是善意占有人，我们认为，他只要支付了木板的价金，便有权对木板所有人直接提起返还之诉；否则，后者将对他提出欺诈抗辩。

D. 41, 1, 26, 1 保罗:《论萨宾》第14卷

如果一棵树被挖出而移植于他人土地上，那么它在生根于地上之前属于原所有人，在生根于地上之后则添附于土地，若被重新挖出，便不再属于原所有人，因为人们认为，它从他人土地上吸取养料，因而变成了该他人的所有物。

D. 41, 1, 9pr. 盖尤斯:《日常事务》第2卷

出于同样的理由，根定着于土地的植物属于土地的一部分，如插种的麦子被视为土地的一部分。正如在他人土地上建筑的人，若被土地所有人请求返还建筑物便可以提出欺诈抗辩一样，以自己的费用在他人土地上插种的人也可以提出同一抗辩。

D. 6, 1, 23, 7 保罗:《论告示》第21卷

同样，如果某人以他人的材料在自己的土地上建筑，他可以请求确认房屋的所有权，然而原材料的所有人将有权请求返还从建筑物上拆下的材料，尽管建筑物是在被善意购买人占有并在取得时效期间经过后被拆除的。事实上，单个的材料不能被通过时效取得，但整个房屋将因取得时效期间的经过而变成我们的。

D. 41. 1. 7. 1 ***Gaius 2 rerum cottidinarum***

Praeterea quod per alluvionem agro nostro flumen adicit, iure gentium nobis adquiritur. per alluvionem autem id videtur adici, quod ita paulatim adicitur, ut intellegere non possimus, quantum quoquo momento temporis adiciatur.

D. 41. 1. 7. 2 ***Gaius 2 rerum cottidinarum***

Quod si vis fluminis partem aliquam ex tuo praedio detraxerit et meo praedio attulerit, palam est eam tuam permanere. plane si longiore tempore fundo meo haeserit arboresque, quas secum traxerit, in meum fundum radices egerint, ex eo tempore videtur meo fundo adquisita esse.

2. 8 De alveo derelicto et de insula in flumine nata

D. 41. 1. 29 ***Paulus 16 ad Sab.***

Inter eos, qui secundum unam ripam praedia habent, insula in flumine nata non pro indiviso communis fit, sed regionibus quoque divisis: quantum enim ante cuiusque eorum ripam est, tantum, veluti linea in directum per insulam transducta, quisque eorum in ea habebit certis regionibus.

D. 41，1，7，1 盖尤斯：《日常事务》第 2 卷

此外，河流的冲积地（alluvio）添附于我们的土地，根据万民法，它立即为我们取得。冲积地的添附被认为是逐渐的增添，以至于在发生增添时我们不能发觉其数量。

D. 41，1，7，2 盖尤斯：《日常事务》第 2 卷

如果你的一部分土地被河水冲走而添附于我的土地，显然，那部分土地* 仍然是你的。当然，如果它添附于我的土地已很长时间，且长于其上的树的根长到了我的土地上，从那时起它便被视为我的土地的一部分。

2.8 河水不再流经的河床及河中产生的岛屿

D. 41，1，29 保罗：《论萨宾》第 16 卷

河中产生的岛屿为河沿岸的土地的所有人所共有。它不是不分份额的共有物，而是按份共有物，因为在岛屿和与之相对应的每个人河岸边的土地之间要各划一条直线，每个人按划定的界线享有岛屿的所有权。

* 即“冲刷地”（avulsio）。——译者注

D. 41. 1. 30. 2 ***Pomponius 34 ad Sab.***

Tribus modis insula in flumine fit, uno, cum agrum, qui alvei non fuit, amnis circumfluit, altero, cum locum, qui alvei esset, siccum relinquit et circumfluere coepit, tertio, cum paulatim colluendo locum eminentem supra alveum fecit et eum alluendo auxit. duobus posterioribus modis privata insula fit eius, cuius ager propior fuerit, cum primum extitit: nam et natura fluminis haec est, ut cursu suo mutato alvei causam mutet. nec quicquam intersit, utrum de alvei dumtaxat solo mutato an de eo, quod superfusum solo et terrae sit, quaeratur, utrumque enim eiusdem generis est. primo autem illo modo causa proprietatis non mutatur.

D. 41. 1. 56pr. ***Proculus 8 epist.***

Insula est enata in flumine contra frontem agri mei, ita ut nihil excederet longitudo regionem praedii mei: postea aucta est paulatim et processit contra frontes et superioris vicini et inferioris: quaero, quod adcrevit utrum meum sit, quoniam meo adiunctum est, an eius iuris sit, cuius esset, si initio ea nata eius longitudinis fuisset. Proculus respondit: flumen istud, in quo insulam contra frontem agri tui enatam esse scripsisti ita, ut non excederet longitudinem agri tui, si alluvionis ius habet et insula initio propior fundo tuo fuit quam eius, qui trans flumen habebat, tota tua facta est, et quod postea ei insulae alluvione accessit, id tuum est, etiamsi ita accessit, ut procederet insula contra frontes vicinorum superioris atque inferioris, vel etiam ut propior esset fundo eius, qui trans flumen habet.

D. 41，1，30，2　彭波尼:《论萨宾》第 34 卷

河中岛屿的形成有三种方式：第一，当河水围绕非河床的土地流动时；第二，以前是河床的地方河水干涸，后来又有水围绕它流动；第三，河水中的物质逐渐沉淀，形成一个高出河床的地方，且冲积物使之增大。在后两种情况下，岛屿仅属于在岛屿最初出现时其土地距岛屿最近的人，因为河水的变化使河床发生了变化。是河床的变化还是河床与土地的变化并不重要，因为这两种情况是相同的。但就第一种情况而言，所有权的（取得）原因不变。

D. 41，1，56pr.　普罗库勒:《书信集》第 8 卷

在我的土地对面的河中产生了一个岛屿，其长度一点也没超过我的土地长度，后来它逐渐增大，并延伸到我上、下游邻居土地的对面。我的问题是：那个增加的部分因增添到了我的土地上应属于我，还是若岛屿从产生时起就一直是目前这个长度而按法律规定它本应是的那样？普罗库勒回答说：如果你根据对冲积地的规定写道河中产生的岛屿未超过你的土地的长度且产生的岛屿距你的土地比距河对岸的土地所有人的土地近，那么整个岛屿将属于你。后来，冲积地增添到岛屿上，使岛屿延伸到了上、下游邻居土地的对面，或使它距河对岸的土地所有人的土地更近，那么岛屿的增大部分仍是你的。

D. 41. 1. 56. 1 ***Proculus 8 epist.***

Item quaero, si, cum propior ripae meae enata est insula et postea totum flumen fluere inter me et insulam coepit relicto suo alveo, quo maior amnis fluerat, numquid dubites, quin etiam insula mea maneat et nihilo minus eius soli, quod flumen reliquit, pars fiat mea? rogo, quid sentias scribas mihi. Proculus respondit: si, cum propior fundo tuo initio fuisset insula, flumen relicto alveo maiore, qui inter eam insulam fuerat et eum fundum vicini, qui trans flumen erat, fluere coepit inter eam insulam et fundum tuum, nihilo minus insula tua manet. set alveus, qui fuit inter eam insulam et fundum vicini, medius dividi debet, ita ut pars propior insulae tuae tua, pars autem propior agro vicini eius esse intellegatur. intellego, ut et cum ex altera parte insulae alveus fluminis exaruerit, desisse insulam esse, sed quo facilius res intellegeretur, agrum, qui insula fuerat, insulam appellant.

D. 41. 1. 12pr. ***Callistratus 2 institutionum***

Lacus et stagna licet interdum crescant, interdum exarescant, suos tamen terminos retinent ideoque in his ius alluvionis non adgnoscitur.

2. 9 Ex lege

C. 8. 10. 4 ***Imp. Philippus A. et Philippus C. Victori***

Si. ut proponis. socius aedificii ad refectionem eius sumptus conferre detractat. non necessarie extra ordinem tibi subveniri desideras. etenim si solus aedificaveris nec intra quattuor mensuum tempora cum centesimis nummus pro portione socii erogatus restitutus fuerit vel. quominus id fieret. per socium id stetisse constiterit. ius dominii pro solido vindicare vel obtinere iuxta placitum antiquitus poteris. *<a. 245 pp. Iiii k. April. Philippo a. Et Titiano conss.>*

D. 41，1，56，1 普罗库勒：《书信集》第8卷

我的另一个问题是：如果那个岛屿在产生时更靠近我的土地一侧的河岸，后来整个河水开始在我的土地与岛屿之间流淌，而不再流经曾一直是主河道的河床，你会怀疑那个岛屿仍然是我的且河水不再流经的那部分土地也变成了我的吗？请将你的想法告诉我。普罗库勒回答说：如果岛屿最初离你的土地较近，后来河水不再流经岛屿与河对岸邻居土地之间的河床，而开始在岛屿与你的土地之间流淌，那么岛屿仍然属于你，但岛屿与邻居土地之间的那片河床应从中分为两半，靠近你的岛屿的那部分被视为你的，靠近邻居土地的那部分被视为他的。我认为，当岛屿另一边的河床干涸时，那个岛屿不再是岛屿，但是把过去一直是岛屿的那块土地仍称为“岛屿”，这更容易为人所理解。

D. 41，1，12pr. 卡里斯特拉特（Callistratus）：《法学阶梯》第2卷

虽然湖泊和水潭有时扩大有时缩小，但它们仍保持其界限。因此，关于冲积地的规定不能适用于它们。

2.9 法定取得

C. 8，10，4 菲力普·奥古斯都和菲力普·凯撒皇帝致维托勒

如果像你提出的那样，你的建筑物的共有人拒绝支付重建建筑物的费用，那么你没有必要请求允许你提起特殊的市民法之诉。因为如果只是你进行了建筑，在四个月之内你的共有人未将其应负担的费用及费用的百分之四的利息付给你，且未付这些费用是他的原因，那么你可以请求确认整个建筑物的所有权，即可以获得该建筑物。（菲力普·奥古斯都和铁赤亚鲁斯执政，公元245年）

C. 8. 4. 7 ***Impp. Valentinianus Theodosius et Arcadius AAA. ad Messianum comitem rerum privatarum***

Si quis in tantam furoris pervenit audaciam, ut possessionem rerum apud fiscum vel apud homines quoslibet constitutarum ante eventum iudicialis arbitrii violenter invaserit, dominus quidem constitutus possessionem quam abstulit restituat possessori et dominium eiusdem rei amittat: sin vero alienarum rerum possessionem invasit, non solum eam possidentibus reddat, verum etiam aestimationem earundem rerum restituere compellatur. *D. XVII k. Iulianus Treviris Timasio et Promoto conss.* <*a. 389*>

D. 39. 4. 11. 2 ***Paulus 5 sent.***

Dominus navis si illicite aliquid in nave vel ipse vel vectores imposuerint, navis quoque fisco vindicatur: quod si absente domino id a magistro vel gubernatore aut proreta nautave aliquo id factum sit, ipsi quidem capite puniuntur commissis mercibus, navis autem domino restituitur.

C. 11. 43. 1pr. ***Imp. Constantinus A. ad Maximilianum consularem aquarum***

Possessores, per quorum fines formarum meatus transeunt, ab extraordinariis oneribus volumus esse immunes, ut eorum opera aquarum ductus sordibus oppleti mundentur, nec ad aliud superindictae rei onus isdem possessoribus attinendis, ne circa res alias occupati repurgium formarum facere non occurrAnt.

C. 11. 43. 1. 1 ***Imp. Constantinus A. ad Maximilianum consularem aquarum***

Quod si neglexerint, amissione possessionum multabuntur: nam fiscus eius praedium obtinebit, cuius neglegentia perniciem formae congesserit. *D. xv k. iun. Gallicano et Symmacho conss.* <*a. 330*>

C. 8，4，7 瓦伦丁尼安（Valentinianus）、狄奥多西（Theodosius）和阿卡丢（Arcadius）皇帝致私人财产管理人默西亚鲁斯

如果某人在判决前贸然以暴力侵占国库或其他任何人占有之物，那么即使他是那些物的所有人，他也必须将之返还占有人，并丧失所有权。然而，如果他侵犯了他人之物的占有，那么他不仅应将物返还占有人，而且要偿付物之价金。（蒂玛西奥和普罗摩托执政，公元389年，于特勒韦立斯）

D. 39，4，11，2 保罗：《论判决》第5卷

如果船舶的所有人或乘客在船上非法地放置某物，船将被没收。如果船长、船的总管、舵手或某个海员趁船舶所有人不在而将某物非法置于船上，他们将被判处死刑，船上的货物将被没收，而船将被返还给所有人。

C. 11，43，1pr. 康斯坦丁（Constantinus）皇帝致前执政官马西米利亚鲁斯管水官

我们希望水渠经过其地界的土地占有人被免除负担特别税，以便使他们清理被污物堵塞的水渠。这些占有人不应承担其它负担，以便使他们很好地负责清理水渠。

C. 11，43，1，1 康斯坦丁皇帝致前执政官马西米利亚鲁斯管水官

如果他们忽视了这一点，将被判决丧失其土地的所有权，这些土地将归国库所有。因为他们的粗心将有害于水渠。（卡里卡诺和西马康执政，公元330年）

2. 10 Ex litis aestimatione

D. 6. 2. 7. 1 ***Ulpianus 16 ad edictum***

Si lis fuerit aestimata, similis est venditioni: et ait Iulianus libro vicensimo secundo digestorum, si optulit reus aestimationem litis, publicianam competere.

D. 6. 1. 46pr. ***Paulus 10 ad Sab.***

Eius rei, quae per in rem actionem petita tanti aestimata est, quanti in litem actor iuraverit, dominium statim ad possessorem pertinet: transegisse enim cum eo et decidisse videor eo pretio, quod ipse constituit.

D. 50. 17. 11 ***Pomponius 5 ad Sab.***

Id quod nostrum est sine facto nostro ad alium transferri non potest.

2. 11 De rerum traditione

C. 2. 3. 20 ***Idem Diocl. Et Maxim. AA. et cc. Martiali***

Traditionibus et usucapionibus dominia rerum, non nudis pactis transferuntur. *pp. k. Ian. Aa. Conss. <a. 293>*

D. 41. 1. 43. 1 ***Gaius 7 ad edictum provinciale***

Incorporales res traditionem et usucapionem non recipere manifestum est.

2.10 诉讼取得

D. 6, 2, 7, 1 乌尔比安:《论告示》第16卷

尤里安在《学说汇纂》第22卷说道，如果争议标的之估价额等于其出售的价额，而被告支付了争议标的之估价额，那么将适用普布利西安之诉。

D. 6, 1, 46pr. 保罗:《论萨宾》第10卷

就通过对物之诉被请求返还的物而言，如果占有人支付了原告在诉讼中通过发誓确定的金钱数额，该物的所有权立即属于占有人。因为我们认为占有人已同原告和解，并已同意原告确定的金钱数额。

D. 50, 17, 11 彭波尼:《论萨宾》第5卷

若无我们的行为，为我们所有之物便不能被转让给他人。

2.11 转让

C. 2, 3, 20 戴克里先(Diocletianus)和马克西米安(Maximianus)皇帝致马尔赤亚勒

物之所有权通过交付及时效取得被移转，而非通过单纯的简约(nudum pactum)被移转。(上述皇帝执政，公元293年)

D. 41, 1, 43, 1 盖尤斯:《论行省告示》第7卷

显然，无体物不许被转让、被通过时效取得。

2. 11. 1 Animus tradendi

D. 41. 1. 9. 3 ***Gaius 2 rerum cottidinarum***

Hae quoque res, quae traditione nostrae fiunt, iure gentium nobis adquiruntur: nihil enim tam conveniens est naturali aequitati quam voluntatem domini volentis rem suam in alium transferre ratam haberi.

D. 41. 1. 35 ***Ulpianus 7 disp.***

Si procurator meus vel tutor pupilli rem suam quasi meam vel pupilli alii tradiderint, non recessit ab eis dominium et nulla est alienatio, quia nemo errans rem suam amittit.

D. 22. 6. 9. 4 ***Paulus L. s. de iuris et facti ignorantia***

Qui ignoravit dominum esse rei venditorem, plus in re est, quam in existimatione mentis: et ideo, tametsi existimet se non a domino emere, tamen, si a domino ei tradatur, dominus efficitur.

2. 11. 2 Modus tradendi

D. 41. 2. 33 ***Pomponius 32 ad Sab.***

Fundi venditor etiamsi mandaverit alicui, ut emptorem in vacuam possessionem induceret, priusquam id fieret, non recte emptor per se in possessionem veniet. item si amicus venditoris mortuo eo, priusquam id sciret, aut non prohibentibus heredibus id fecerit, recte possessio tradita erit. sed si id fecerit, cum sciret dominum mortuum aut cum sciret heredes id facere nolle, contra erit.

2.11.1 交付之意思

D. 41, 1, 9, 3 盖尤斯:《日常事务》第2卷

根据万民法，交付给我们的物为我们所有。因为没有什么比尊重想将其物转让给另一个人的所有权人的意志（voluntas）更符合自然的公平（naturalis aequitas）。

D. 41, 1, 35 乌尔比安:《争议集》第7卷

如果我的代理人或未适婚人的监护人（tutor）将他自己之物当成我的物或未适婚人的物而交付给另一个人，那么他并未丧失物的所有权，且什么也未转让。因为没有一个人会因其错误（error）而失去其物。

D. 22, 6, 9, 4 保罗:《论法律不知和事实不知》单卷本

如果一个人不知道物之出卖人就是所有人，那么事实胜于意念（existimatio mentis）。因此，虽然他以为他从一个非所有人处购买了物，但若所有人将物交付给他，他便成为物之所有人。

2.11.2 交付之方式

D. 41, 2, 33 彭波尼:《论萨宾》第32卷

尽管土地出卖人（venditor）可能已委托人将土地的单纯占有（vacua possessio）给予买受人（emptor），但在此情况发生以前，买受人不能强行占有土地。如果在出卖人死亡时其朋友不知其死亡或经其继承人（heres）同意而合法地转让了占有，便适用同样的规定；然而，如果他知道所有人死亡或知道继承人不希望他这样做，则不适用上述规定。

D. 41. 2. 51 *Iavolenus 5 ex post. Lab.*

Quarundam rerum animo possessionem apisci nos ait Labeo: veluti si acervum lignorum emero et eum venditor tollere me iusserit, simul atque custodiam posuissem, traditus mihi videtur. Idem iuris esse vino vendito, cum universae amphorae vini simul essent. sed videamus, inquit, ne haec ipsa corporis traditio sit, quia nihil interest, utrum mihi an et cuilibet iusserim custodia tradatur. in eo puto hanc quaestionem consistere, an, etiamsi corpore acervus aut amphorae adprehensae non sunt, nihilo minus traditae videantur: nihil video interesse, utrum ipse acervum an mandato meo aliquis custodiat: utrubique animi quodam genere possessio erit aestimanda.

D. 18. 1. 74 *Papinianus 1 def.*

Clavibus traditis ita mercium in horreis conditarum possessio tradita videtur, si claves apud horrea traditae sint: quo facto confestim emptor dominium et possessionem adipiscitur, etsi non aperuerit horrea: quod si venditoris merces non fuerunt, usucapio confestim inchoabitur.

D. 46. 3. 79 *Iavolenus 10 epist.*

Pecuniam, quam mihi debes, aut aliam rem si in conspectu meo ponere te iubeam, efficitur, ut et tu statim libereris et mea esse incipiat: nam tum, quod a nullo corporaliter eius rei possessio detinetur, adquisita mihi et quodammodo manu longa tradita existimanda est.

D. 41，2，51　雅沃伦：《论拉贝奥遗著》第5卷

拉贝奥说：我们以占有之意思（animus）取得对某些物的占有，例如，我买了一堆木头，出卖人要我将它运走，一旦我看管它，它便被视为已交付给我。当很多葡萄酒集中在一起时，这一规则同样适用于葡萄酒的出卖。但是（他说）我们知道这本身确实是一种实物交付（corporis traditio）。为什么由我看管还是由我指定的人看管并不重要？我认为此问题的关键在于：那堆木头或那些酒罐本身并未被运走，而它们却被视为已交付。是我本人看管那堆木头还是我指定的人看管那堆木头皆无任何区别，因为在两种情况下占有都必须有占有之意思。

D. 18，1，74　帕比尼安：《论定义》第1卷

只要钥匙在仓库附近被交出，在钥匙被交出时仓库中的货物的占有即被视为已交付，买受人立刻取得所有权和占有，尽管他尚未打开仓库。如果货物不是出卖人的，取得时效（usucapio）立即开始进行。

D. 46，3，79　雅沃伦：《书信集》第10卷

如果我要求你把欠我的钱或别的物放在我能看见的地方，结果便是：你立即被解除债务，而物却变成了我的。因为在此情况下没有别的人对那个物进行事实上的占有，故应认为它已被我取得，且已被通过长手（manu longa）交付。

D. 41. 2. 18. 2 ***Celsus 23 digestorum***

Si venditorem quod emerim deponere in mea domo iusserim, possidere me certum est, quamquam id nemo dum attigerit: aut si vicinum mihi fundum mercato venditor in mea turre demonstret vacuamque se possessionem tradere dicat, non minus possidere coepi, quam si pedem finibus intulissem.

D. 41. 2. 1. 21 ***Paulus 54 ad edictum***

Si iusserim venditorem procuratori rem tradere, cum ea in praesentia sit, videri mihi traditam priscus ait, idemque esse, si nummos debitorem iusserim alii dare. non est enim corpore et tactu necesse adprehendere possessionem, sed etiam oculis et affectu argumento esse eas res, quae propter magnitudinem ponderis moveri non possunt, ut columnas, nam pro traditis eas haberi, si in re praesenti consenserint: et vina tradita videri, cum claves cellae vinariae emptori traditae fuerint.

D. 41. 1. 9. 5 ***Gaius l. 2 rer cott***

Interdum etiam sine traditione nuda voluntas domini sufficit ad rem transferendam, veluti si rem, quam commodavi aut locavi tibi aut apud te deposui, vendidero tibi: licet enim ex ea causa tibi eam non tradiderim, eo tamen, quod patior eam ex causa emptionis apud te esse, tuam efficio.

C. 8. 53. 1 ***Impp. Severus et Antoninus AA. Lucio***

Emptionum mancipiorum instrumentis donatis et tarditis et ipsorum mancipiorum traditionem factam intellegis: et ideo potes adversus donatorem in rem actionem exercere. *pp. VI k. Iulianus Faustino et Rufino conss.* < *a. 210* >

D. 41, 2, 18, 2 杰尔苏:《学说汇纂》第23卷

如果我要求出卖人将我购买之物放在我家里，显然我已占有它，尽管还无人接触过它。如果我购买了一块邻地（vicinus fundus），出卖人在我的塔楼上将它指给我看，并说将单纯占有（vacua possessio）转让给我，那么我便像已进入地界（finis）一样，马上可以占有它。

D, 41, 2, 1, 21 保罗:《论告示》第54卷

普里斯库（Priscus）说，如果我要求出卖人将物交付给我的代理人（procurator）而该物又在场，它便被视为已交付给我。如果我要求债务人将钱交付给第三人，此规则同样适用。因为没有必要取得对物的事实上的占有。就太重而不能移动之物而言，比如柱子，只要它们在场，通过查看及表明占有之意思便可以取得对它们的占有。因为若双方都同意在物前为交付，便视为已交付。酒店的钥匙被交给买受人，葡萄酒即被视为已交付。

D, 41, 1, 9, 5 盖尤斯:《日常事务》第2卷

有时候，虽未交付而仅有交付的意愿，对所有权的转让而言即足矣，例如我把已经借给你的物、或者出租给你的物、或者寄存在你那里的物卖给你。虽然，由于那些契约的存在使得我并未实施交付，但是，由于我同意依买卖该物归属于你，现在这个物变成你的了。

C. 8, 53, 1 塞维鲁（Severus）和安东尼致鲁秋斯

在购买奴隶的文书被赠与交付以后，你知道，奴隶本身已被赠与和交付。因此你可以对赠与人（donator）提起对物之诉。（法乌斯蒂鲁斯和鲁菲努斯执政，公元210年）

C. 8. 53. 28 ***Impp. Honorius et Theodosius AA. Monaxio pp.***

Quisquis rem aliquam donando vel in dotem dando vel vendendo usum fructum eius retinuerit, etiamsi stipulatus non fuerit, eam continuo tradidisse credatur, ne quid amplius requiratur, quo magis videatur facta traditio, sed omnimodo idem sit in his causis usum fructum retinere, quod tradere. *D. prid id. Mart. Constantinopoli Honorio A. xi et Constantio ii conss. <a. 417>*

D. 24. 1. 3. 12 ***Ulpianus 32 ad Sab.***

Sed si debitorem suum ei solvere iusserit, hic quaeritur, an nummi fiant eius debitorque liberetur. et Celsus libro quinto decimo digestorum scribit videndum esse, ne dici possit et debitorem liberatum et nummos factos mariti, non uxoris: nam et si donatio iure civili non impediretur, eum rei gestae ordinem futurum, ut pecunia ad te a debitore tuo, deinde a te ad mulierem perveniret: nam celeritate coniungendarum inter se actionum unam actionem occultari, ceterum debitorem creditori dare, creditorem uxori. nec novum aut mirum esse, quod per alium accipias, te accipere: nam et si is, qui creditoris tui se procuratorem esse simulaverit, a debitore tuo iubente te pecuniam acceperit, et furti actionem te habere constat et ipsam pecuniam tuam esse.

D. 47. 2. 44pr. ***Pomponius 19 ad Sab.***

Si iussu debitoris ab alio falsus procurator creditoris accepit, debitori iste tenetur furti et nummi debitoris erunt.

C. 8，53，28 奥诺里（Honorius）和狄奥多西致大区长官莫拉克修斯

某人在赠与某物、将其作为嫁资或将其出卖时保留了它的用益权，那么，即使未订立要式口约，也被推定为立即进行了交付，他不得请求返还，以便维持已为之交付。［奥诺里（第11次）和康斯坦丁（第2次）执政，公元417年于君士坦丁堡］

D. 24，1，3，12 乌尔比安：《论萨宾》第32卷

但是，如果他命令其债务人（debitor）向她付款，产生的问题是；那些钱是否会变成她的，债务人是否会被解除债务？杰尔苏在其《学说汇纂》第15卷写道，应注意，不能说债务人已被解除债务而那些钱已是丈夫的而非妻子的。因为，如果那一赠与不为市民法所禁止的话，结果可能是：那笔钱由你的债务人交付给你，然后再由你交付给你妻子。在这两种行为之间相隔时间很短，因此一个行为被掩盖起来。但是债务人要向债权人（creditor）为交付，后者再向其妻子为交付。你通过他人接受某物并非奇闻怪事，因此，如果某人冒充你的代理人并根据你的指示从你的债务人处接受了钱，人们知道，你有权提起盗窃之诉，而这笔钱将属于你。

D. 47，2，44pr. 彭波尼：《论萨宾》第19卷

如果债权人的一个假代理人（falsus procurator）根据债务人的指示从第三人处接受交付的钱，他便被视为在盗窃债务人的财产，那些钱将属于债务人。

2. 11. 3 Causa tradendi

D. 41. 1. 31pr. ***Paulus 31 ad edictum***

Numquam nuda traditio transfert dominium, sed ita, si venditio aut aliqua iusta causa praecesserit, propter quam traditio sequeretur.

D. 41. 1. 36 ***Iulianus 13 digestorum***

Cum in corpus quidem quod traditur consentiamus, in causis vero dissentiamus, non animadverto, cur inefficax sit traditio, veluti si ego credam me ex testamento tibi obligatum esse, ut fundum tradam, tu existimes ex stipulatu tibi eum deberi. nam et si pecuniam numeratam tibi tradam donandi gratia, tu eam quasi creditam accipias, constat proprietatem ad te transire nec impedimento esse, quod circa causam dandi atque accipiendi dissenserimus.

D. 47. 2. 43pr. ***Ulpianus 41 ad Sab.***

Falsus creditor (hoc est is, qui se simulat creditorem) si quid acceperit, furtum facit nec nummi eius fient.

D. 41. 1. 20pr. ***Ulpianus 29 ad Sab.***

Traditio nihil amplius transferre debet vel potest ad eum qui accipit, quam est apud eum qui tradit. si igitur quis dominium in fundo habuit, id tradendo transfert, si non habuit, ad eum qui accipit nihil transfert.

2.11.3 交付之原因

D. 41，1，31pr. 保罗：《论告示》第 31 卷

单纯交付（nuda traditio）永远不会使所有权移转；若先有出卖或其它正当原因（justa causa）而后据此为交付，则会使所有权移转。

D. 41，1，36 尤里安：《学说汇纂》第 13 卷

当我们同意物的交付而对交付的原因有异议时，我认为交付无效没有道理。譬如，我认为根据遗嘱我有义务将一块土地交付给你，而你却认为它是根据要式口约被交付给你的；又如我将一笔现金赠与你，而你却将之作为贷款接受。虽然我们对交付和接受交付的原因有异议，但这并不妨碍我将所有权移转给你。

D. 47，2，43pr. 乌尔比安：《论萨宾》第 41 卷

如果一个假债权人（即假装是债权人的人）接受了交付的钱，那么他是在盗窃，那些钱不能变成他的。

D. 41，1，20pr. 乌尔比安：《论萨宾》第 29 卷

交付（traditio）只应或只能使属于转让人的权利被移转给受让人。因此，如果某人对一块土地享有所有权，他便因交付而移转了所有权；如果他无所有权，便未将任何东西移转给受让人。

D. 41. 1. 20. 1 *Ulpianus 29 ad Sab.*

Quotiens autem dominium transfertur, ad eum qui accipit tale transfertur, quale fuit apud eum qui tradit: si servus fuit fundus, cum servitutibus transit, si liber, uti fuit: et si forte servitutes debebantur fundo qui traditus est, cum iure servitutium debitarum transfertur. si quis igitur fundum dixerit liberum, cum traderet, eum qui servus sit, nihil iuri servitutis fundi detrahit, verumtamen obligat se debebitque praestare quod dixit.

2. 11. 4 Per aliam personam

D. 41. 1. 20. 2 *Ulpianus 29 ad Sab.*

Si ego et Titius rem emerimus eaque Titio et quasi meo procuratori tradita sit, puto mihi quoque quaesitum dominium, quia placet per liberam personam omnium rerum possessionem quaeri posse et per hanc dominium.

D. 41. 1. 43. 2 *Gaius 7 ad edictum provinciale*

Cum servus, in quo alterius usus fructus est, hominem emit et ei traditus sit, antequam pretium solvat, in pendenti est, cui proprietatem adquisierit: et cum ex peculio, quod ad fructuarium pertinet, solverit, intellegitur fructuarii homo fuisse: cum vero ex eo peculio, quod proprietarium sequitur, solverit, proprietarii ex post facto fuisse videtur.

D. 41. 1. 23pr. *Ulpianus 43 ad Sab.*

Qui bona fide alicui servit, sive servus alienus est sive homo liber est, quidquid ex re eius cui servit adquirit, ei adquirit, cui bona fide servit. sed et si quid ex operis suis adquisierit, simili modo ei adquirit: nam et operae quodammodo ex re eius cui servit habentur, quia iure operas ei exhibere debet, cui bona fide servit.

D. 41, 1, 20, 1 乌尔比安:《论萨宾》第 29 卷

所有权在被转让时要像处于转让人手中时的状态一样被移转给受让人。如果土地负有消极地役权，它要同该地役权一起被移转；如果它没有负担，便要在无负担的状态下被移转；如果它负有积极地役权，便要同其负担的役权一起被移转。因此，若某人在转让负有役权的土地时说该土地无负担，那么他非但不能除去该土地上的役权反而要对其所说的承担赔偿责任。

2.11.4 通过中间人取得

D. 41, 1, 20, 2 乌尔比安:《论萨宾》第 29 卷

如果我和铁裘斯购买了某物，此物被交付给被视为我的代理人的铁裘斯，那么我认为我也取得了所有权。因为人们承认任何物的占有皆可通过自由人取得，所有权亦可通过他取得。

D. 41, 1, 43, 2 盖尤斯:《论行省告示》第 7 卷

某人享有用益权的奴隶购买了一个奴隶，该奴隶已被交付，在交付价金前他为谁取得了所有权的问题悬而未决。当他以属于用益权人所有的特有产交付价金时，该奴隶被视为归用益权人所有；当他以所有权人所有的特有产交付价金时，该奴隶被视为归所有权人所有。

D. 41, 1, 23pr. 乌尔比安:《论萨宾》第 43 卷

当一个人（或是他人的奴隶或是自由人）善意地为一个人服务时，他以接受其服务的人之物取得的物是为接受其善意服务的人取得的。因此，如果他以其劳动取得了某物，那么他同样是为那个人取得的。因为其劳动被视为接受其服务之人的物的一部分，根据法律规定，他应向接受其善意服务的人提供劳动。

2. 12 De usucapione

(J. 2. 6; D. 41. 3-10; C. 7. 26-39)

D. 41. 3. 4pr. ***Paulus 54 ad edictum***

Sequitur de usucapione dicere. et hoc ordine eundum est, ut videamus, quis potest usucapere et quas res et quanto tempore.

D. 41. 3. 1 ***Gaius 21 ad edictum provinciale***

Bono publico usucapio introducta est, ne scilicet quarundam rerum diu et fere semper incerta dominia essent, cum sufficeret dominis ad inquirendas res suas statuti temporis spatium.

D. 41. 3. 3 ***Modestinus 5 pand.***

Usucapio est adiectio dominii per continuationem possessionis temporis lege definiti.

D. 41. 3. 2 ***Paulus 54 ad edictum***

Usurpatio est usucapionis interruptio: oratores autem usurpationem frequentem usum vocant.

2. 12. 1 Qui usucapere potest

D. 41. 3. 4. 1 ***Paulus 54 ad edictum***

Usucapere potest scilicet pater familias. filius familias et maxime miles in castris adquisitum usucapiet.

2.12 时效取得

（J. 2，6；D. 41，3～10；C. 7，26～39）

D. 41，3，4pr. 保罗：《论告示》第54卷

我们的下一个任务将是讨论时效取得（usucapio）。讨论应按下列顺序进行，即我们必须考虑谁能通过时效取得所有权，他可以通过时效取得哪些物的所有权，以及通过时效取得所有权需要多长时间。

D. 41，3，1 盖尤斯：《论行省告示》第21卷

为了公共利益（bonum publicum）创设了取得时效。以便使某些物的所有权不致长期地并几乎是永久地处于不确定状态，因为法律规定的取得时效期间对所有人寻找其物是足够的。

D. 41，3，3 莫德斯汀：《学说汇纂》第5卷

时效取得，即通过在法定期间内持续的占有取得所有权。

D. 41，3，2 保罗：《论告示》第54卷

时效中断（usurpatio），即取得时效的中断。然而，辩护士们（oratores）也经常将“使用权”（usus）称为“usurpatio”。

2.12.1 能通过时效取得所有权的人

D. 41，3，4，1 保罗：《论告示》第54卷

显然，家父（paterfamilias）可以通过时效取得财产所有权，服兵役的家子（filiusfamilias）也可以通过时效取得其在服役期间获得之物的所有权。

D. 41. 3. 4. 2 ***Paulus 54 ad edictum***

Pupillus si tutore auctore coeperit possidere, usucapit: si non tutore auctore possideat et animum possidendi habeat, dicemus posse eum usucapere.

2. 12. 2 Res habilis

D. 41. 3. 4. 6 ***Paulus 54 ad edictum***

Quod autem dicit lex atinia, ut res furtiva non usucapiatur, nisi in potestatem eius, cui subrepta est, revertatur, sic acceptum est, ut in domini potestatem debeat reverti, non in eius utique, cui subreptum est. igitur creditori subrepta et ei, cui commodata est, in potestatem domini redire debet.

D. 41. 3. 4. 19 ***Paulus 54 ad edictum***

Lana ovium furtivarum si quidem apud furem detonsa est, usucapi non potest, si vero apud bonae fidei emptorem, contra: quoniam in fructu est, nec usucapi debet, sed statim emptoris fit. Idem in agnis dicendum, si consumpti sint, quod verum est.

D. 48. 11. 8pr. ***Paulus 54 ad edictum***

Quod contra legem repetundarum proconsuli vel praetori donatum est, non poterit usu capi.

D. 41. 2. 21. 1 ***Iavolenus 7 ex Cass.***

Quod ex naufragio expulsum est, usucapi non potest, quoniam non est in derelicto, sed in deperdito.

D. 41, 3, 4, 2　保罗:《论告示》第54卷

如果未达适婚年龄之被监护人（pupillus）经监护人同意（auctoritas）开始占有某物，那么他可以通过时效取得物之所有权。但是我们必须指出，如果他未经监护人同意而以占有之意思（animus possidendi）占有某物，那么他同样可以通过时效取得物之所有权。

2.12.2　不能通过时效取得的物

D. 41, 3, 4, 6　保罗:《论告示》第54卷

"阿提尼亚法"说：盗窃物只有回到失去其物的人的支配下才能被通过时效取得。这被解释为应回到所有权人的支配下，而非回到物从其处被偷走的那个人的支配下。因此，从债权人及借用人处被盗走之物，只有回到所有权人的支配下才能被通过时效取得。

D. 41, 3, 4, 19　保罗:《论告示》第54卷

盗窃之羊的毛若为盗贼剪下，不能被通过时效取得：若被善意购买人剪下，情况则有所不同，因为剪下的羊毛属于孳息，不应被通过时效取得，而立刻变成该购买人的。就羔羊而言，如果它们已被消费掉（consumpti），应适用同一规则。那是正确的。

D. 48, 11, 8pr.　保罗:《论告示》第54卷

违反"尤里亚受贿法"而赠与行省总督（proconsul）和裁判官之物，不能被通过时效取得。

D. 41, 2, 21, 1　雅沃伦:《论卡西》第7卷

因船舶遇难而被抛掉之物不能被通过时效取得，因为它不是抛弃物而是遗失物。

D. 41. 3. 10. 1 ***Ulpianus 16 ad edictum***

Hoc iure utimur, ut servitutes per se nusquam longo tempore capi possint, cum aedificiis possint.

D. 41. 3. 4. 26 ***Paulus 54 ad edictum***

Si viam habeam per tuum fundum et tu me ab ea vi expuleris, per longum tempus non utendo amittam viam, quia nec possideri intellegitur ius incorporale, nec de via quis, id est mero iure, detruditur.

D. 41. 3. 4. 28 ***Paulus 54 ad edictum***

Libertatem servitutium usucapi posse verius est, quia eam usucapionem sustulit lex Scribonia, quae servitutem constituebat, non etiam eam, quae libertatem praestat sublata servitute. itaque si, cum tibi servitutem deberem, ne mihi puta liceret altius aedificare, et per statutum tempus altius aedificatum habuero, sublata erit servitus.

D. 41, 3, 10, 1 乌尔比安:《论告示》第16卷

根据法学原理，役权本身绝不可能被通过时效取得，但它可以同建筑物一起被通过时效取得。

D. 41, 3, 4, 26 保罗:《论告示》第54卷

如果我有一项通过你的土地的道路通行权，我在通过你的土地时被你暴力驱逐出来，经过很长时间我也没有行使这个权利，那么我将丧失道路通行权，因为既不能认为人们可以占有一项抽象的权利，也不应当认为人们可以被从道路通行权即一项纯粹的权利上被剥夺了行使的可能。

D. 41, 3, 4, 28 保罗:《论告示》第54卷

相反，更正确的观点是，【供役地】的役权负担可以通过时效制度解除，因为《斯克里波尼亚法》（Lex Scribonia）取消了通过时效取得役权的规定，但是没有【取消】通过时效制度消灭役权从而使得供役地产生无役权负担的状态。因此，如果我对你有一项役权负担，例如我不能加高我的建筑物，但是我加高了它并且法定的【导致役权消灭的时效】期限届满，役权将消灭。

2. 12. 3 Tempus

C. 7. 31. 1pr. ***Imp. Iustiniauns A. Iohanni pp***

Cum nostri animi vigilantia ex iure quiritum nomen et substantiam sustulerit et communes exceptiones in omni loco valeant, id est decem vel viginti vel triginta annorum vel si quae sunt aliae maioris aevi continentes prolixitatem, satis inutile est usucapionem in italicis quidem solis rebus admittere, in provincialibus autem recludere. sed et si quis res alienas, italicas tamen, bona fide possidebat per biennium, miseri rerum domini excludebantur et nullus eis ad eas reservabatur regressus. quae et nescientibus dominis procedebant: quo nihil inhumanius erat, si homo absens et nesciens tam angusto tempore suis cadebat possessionibus.

C. 7. 31. 1. 1

Ideo per praesentem legem et in italicis solis rebus, quae immobiles sunt vel esse intelleguntur, sicut annalem exceptionem, ita et usucapionem transformandam esse censemus, ut tantummodo et hic decem vel viginti annorum vel triginta et aliarum exceptionum tempora currant, huiusmodi angustiis penitus semotis. *D. xv k. Nov. Constantinopoli post consulatum Lampadii et Orestis vv. Cc.* <*a. 531*>

D. 41. 3. 31. 5 ***Paulus 32 ad Sab.***

Vacuum tempus, quod ante aditam hereditatem vel post aditam intercessit, ad usucapionem heredi procedit.

2.12.3 期间

C. 7, 31, 1pr. 优士丁尼皇帝致大区长官乔万尼

在我们经过慎重考虑废除了“根据市民法”（ex iure quiritum）这样的称呼和规定之后，10年、20年、30年或更长时效期间将适用于一切地方。只许对意大利本土之物适用时效取得而不许对各行省之物适用时效取得是无效的。然而，若某人善意占有他人的意大利土地满2年，不知情的可怜的所有人便失去其物而无追索权，那么这是极不人道的，因为一个不在而又不知情的人经过如此短的时间便丧失了物之所有权。

C. 7, 31, 1, 1 优士丁尼皇帝致大区长官乔万尼

因此，通过此谕令我们规定还要改革有关意大利本土之不动产的取得时效，就像改革1年的取得时效一样，以便对这些物也只适用10年、20年、30年或更长的时效期间。（兰巴蒂和奥雷斯特执政，公元531年，于君士坦丁堡）

D. 41, 3, 31, 5 保罗：《论萨宾》第32卷

接受遗产之前或接受遗产之后经过的时间，要被计算在继承人的取得时效期间内。

2. 12. 4 Possessio

D. 41. 2. 5 ***Paulus 63 ad edictum***

Si ex stipulatione tibi Stichum debeam et non tradam eum, tu autem nanctus fueris possessionem, praedo es: aeque si vendidero nec tradidero rem, si non voluntate mea nanctus sis possessionem, non pro emptore possides, sed praedo es.

2. 12. 5 Bona fides

D. 50. 16. 109 ***Modestinus 5 pand.***

"Bonae fidei emptor" esse videtur, qui ignoravit eam rem alienam esse, aut putavit eum qui vendidit ius vendendi habere, puta procuratorem aut tutorem esse.

D. 41. 3. 32. 1 ***Pomponius 32 ad Sab.***

Si quis id, quod possidet, non putat sibi per leges licere usucapere, dicendum est, etiamsi erret, non procedere tamen eius usucapionem, vel quia non bona fide videatur possidere vel quia in iure erranti non procedat usucapio.

D. 41. 3. 10pr. ***Ulpianus 16 ad edictum***

Si aliena res bona fide empta sit, quaeritur, ut usucapio currat, utrum emptionis initium ut bonam fidem habeat exigimus, an traditionis. et optinuit Sabini et Cassii sententia traditionis initium spectandum.

2.12.4 占有

D. 41，2，5 保罗：《论告示》第63卷

如果根据要式口约，我应当向你交付斯梯库斯却没有交付，你却取得了对他的占有，那么你是一个强盗。同样，若我出卖一件物而未交付，你未经我同意便取得对它的占有，那么你不是作为买受人占有它，而是一个强盗。

2.12.5 善意

D. 50，16，109 莫德斯汀：《学说汇纂》第5卷

善意购买人被认为是不知此物为他人之物或以为出卖人有权出卖此物的人，如认为出卖人是代理人或监护人的人。

D. 41，3，32，1 彭波尼：《论萨宾》第32卷

如果某人认为法律不许他通过时效取得其占有之物，那么应该指出，虽然他认识错误，但取得时效不进行或是因其占有未被视为善意占有，或是因对在法律方面认识错误的人而言取得时效不进行。

D. 41，3，10pr. 乌尔比安：《论告示》第16卷

如果他人之物被善意购买，便产生这样的问题：为了取得时效的进行，我们需要在购买开始时具有善意还是在交付开始时具有善意？占统治地位的萨宾和卡西的观点是在交付开始时具有善意。

2. 12. 6 Iusta causa

D. 41. 4. 2pr. ***Paulus 54 ad edictum***

Pro emptore possidet, qui re vera emit, nec sufficit tantum in ea opinione esse eum, ut putet se pro emptore possidere, sed debet etiam subesse causa emptionis. si tamen existimans me debere tibi ignoranti tradam, usucapies. quare ergo et si putem me vendidisse et tradam, non capies usu? scilicet quia in ceteris contractibus sufficit traditionis tempus, sic denique si sciens stipuler rem alienam, usucapiam, si, cum traditur mihi, existimem illius esse: at in emptione et illud tempus inspicitur, quo contrahitur: igitur et bona fide emisse debet et possessionem bona fide adeptus esse.

D. 41. 4. 2. 6 ***Paulus 54 ad edictum***

Cum Stichum emissem, dama per ignorantiam mihi pro eo traditus est. Priscus ait usu me eum non capturum, quia id, quod emptum non sit, pro emptore usucapi non potest: sed si fundus emptus sit et ampliores fines possessi sint, totum longo tempore capi, quoniam universitas eius possideatur, non singulae partes.

D. 41. 6. 1pr. ***Paulus 54 ad edictum***

Pro donato is usucapit, cui donationis causa res tradita est: nec sufficit opinari, sed et donatum esse oportet.

D. 41. 8. 2 ***Paulus 54 ad edictum***

Si possideam aliquam rem, quam putabam mihi legatam, cum non esset, pro legato non usucapiam:

2.12.6 正当理由

D. 41，4，2pr. 保罗:《论告示》第54卷

某人作为真正购买某物的买受人占有物，他仅认为自己已作为买受人占有物是不够的，还必须有购买的原因（causa emptionis）。然而，如果我以为我是债务人而将某物交付给不知情的你，你将通过时效取得该物的所有权。那么，为什么我认为我已将某物卖给你并已将它交付给你而你却不能通过时效取得它呢？这是因为关于时效取得在其它合同中只要有交付时间就够了，以至于如果我知道我在为一件他人之物订立要式口约，那么只要在交付时我认为它属于交付人我便可通过时效取得它；然而在购买合同中还需要注意订立合同的时间，因此一个人必须善意地购买并善意地取得占有。

D. 41. 4，2，6 保罗:《论告示》第54卷

我购买的是斯梯库斯，交付给我的却是达玛，而我不知此事。普里斯库（Priscus）说：我不能通过时效取得她，因为购买人不能通过时效取得其未购买之物。但是，若一块土地被购买，且被占有的部分大于被购买的部分，那么整块土地便可因长期占有而被通过时效取得，因为被占有的是整块土地而非其若干单独的部分。

D. 41，6，1pr. 保罗:《论告示》第54卷

物因“赠与”而被交付给他的人，可以“赠与”为由对物实行时效取得；光认为物是赠与他的不够，还必须有赠与的事实。

D. 41，8，2 保罗:《论告示》第54卷

如果我占有某物并一直认为它是遗赠给我的，而它并未被遗赠给我，那么我不能以遗赠为由对它实行时效取得。

D. 41. 9. 1pr. ***Ulpianus 31 ad Sab.***

Titulus est usucapionis et quidem iustissimus, qui appellatur pro dote, ut, qui in dotem rem accipiat, usucapere possit spatio sollemni, quo solent, qui pro emptore usucapiunt.

D. 41. 8. 7 ***Iavolenus 7 ex Cass.***

Nemo potest legatorum nomine usucapere nisi is, cum quo testamenti factio est, quia ea possessio ex iure testamenti proficiscitur.

D. 41. 4. 11 ***Africanus 7 quaest.***

Quod volgo traditum est eum, qui existimat se quid emisse nec emerit, non posse pro emptore usucapere, hactenus verum esse ait, si nullam iustam causam eius erroris emptor habeat: nam si forte servus vel procurator, cui emendam rem mandasset, persuaserit ei se emisse atque ita tradiderit, magis esse, ut usucapio sequatur.

2.13 De rebus quae alienari non possunt

C. 4. 40. 3 ***Impp. Arcadius et Honorius AA. ad senatum et pop***

Quia nonnunquam in diversis litoribus distrahi publici canonis frumenta dicuntur, vendentes et ementes sciant capitali poenae se esse subdendos et in fraudem publicam commercia contracta damnari. *D. xvii k. Mart. Caesario et Attico conss. < a. 397 >*

D. 41, 9, 1pr. 乌尔比安:《论萨宾》第31卷

一个极为正当的时效取得理由被称为“以嫁资名义”。将某物作为“嫁资”接受的人就像买受人一样，在与买受人相同的法定取得时效期间届满后可以通过时效取得“嫁资”的所有权。

D. 41, 8, 7 雅沃伦:《论卡西》第7卷

只有具有遗嘱能力(testamenti factio)*的人，才能以遗赠为由通过时效取得物之所有权，因为这种占有源于遗嘱法(jus testamenti)。

D. 41, 4, 11 阿富里坎:《论问题》第7卷

通常认为，自以为已购买某物而实际上并未购买的人，不能作为买受人对物实行时效取得。尤里安说，若买受人的那一认识错误缺乏正当理由，这一观点便是正确的；若他所指派的购物奴隶或代理人使他相信他已购买某物并将物交付给他，那么更为正确的观点是将适用时效取得。

2.13 不能转让的物

C. 4, 40, 3 阿卡丢和奥诺里皇帝致元老院和人民

据说在沿海各地有人假冒国家定价出售麦子，出卖及购买它们的人应该知道他们将被判处死刑，冒犯国家权力进行交易将受到制裁。(凯撒和阿迪阔执政，公元397年)

---

* 遗嘱能力包括主动遗嘱能力和被动遗嘱能力。前者指立遗嘱的能力，后者指根据遗嘱接受遗产或遗赠的能力。此指被动遗嘱能力。——译者注

C. 11. 56. 1 *Impp. Leo et Anthemius AA. Nicostrato pp.*

In illis, quae metrocomiae communi vocabulo nuncupantur, hoc adiciendum necessario nostra putavit humanitas, ut nulli extraneo illic quoquo modo possidendi licentia tribuatur: sed si quis ex isdem vicanis loca sui iuris alienare voluerit, non licere ei nisi ad habitatorem adscriptum eidem metrocomiae per qualemcumque contractum terrarum suarum dominium possessionemque transferre: sciente persona extranea, quod, si contra vetitum se huic negotio immiscere vel illic possidere temptaverit, quicumque contractus initus fuerit, carebit effectu et contractu soluto, si quid praestitum est, hoc tantum reddetur. *D. k. sept. Anthemio a. ii cons. <a. 468>*

D. 2. 14. 61 *Pomponius 9 ad Sab.*

Nemo paciscendo efficere potest, ne sibi locum suum dedicare liceat aut ne sibi in suo sepelire mortuum liceat aut ne vicino invito praedium alienet.

C. 4. 54. 9pr. *Imp. Iustinuanus A. Iohanni pp.*

Si quis ita paciscatur in venditionis vel alienationis contractu, ut novo domino nullo modo liceat in loco vendito vel alio modo sibi concesso monumentum extruere vel alio modo humani iuris eum eximere, sancimus, licet hoc apud veteres dubitabatur, tale pactum ex nostra lege esse fovendum et immutilatum permanere

C. 4. 54. 9. 1

Forsitan enim multum eius intererat, ne ei vicinus non solum quem nollet adgregetur, sed et pro quo specialiter interdictum est. cum etenim venditor vel aliter alienator non alia lege suum ius transferre passus est nisi tali fretus conventione, quomodo ferendum est aliquam captionem ex varia pati eum interpretatione? *D. xv k. Nov. Constantinopoli post consulatum Lampadii et Orestis vv. Cc. <a. 531>*

C. 11，56，1 利奥（Leo）皇帝和安特米（Anthemius）皇帝致大区长官尼柯斯特拉图斯

就被通称为都市的土地而言，我们决定还需补充规定：外人（extraneus）无权以任何方式占有它。如果一个自由民想转让其享有权利的土地，那么除非他将之转让给此地的在册居民，否则通过任何一种契约转让其土地所有权和占有都是非法的。外人应知道，如果他故意违反这一禁令而完成上述交易或占有该土地，那么缔结的契约是无效的，契约要被解除，且只返还其交付的价金。［安特米皇帝执政（第2次），公元468年］

D. 2，14，61 彭波尼：《论萨宾》第9卷

没有一个人可以订立如下简约：不许他捐献其土地，不许他将死者埋葬于其土地上，或未经邻居同意他不得转让其土地。

C. 4，54，9pr. 优士丁尼皇帝致大区长官乔万尼

如果某人在一个出卖或转让合同中规定“新的土地所有人不得在出卖或转让给他的土地上加高某一建筑物，或根据人法不得以其它方式拆除它”。那么我们规定，虽然古代法学家对此简约一直持怀疑态度，但它应被我们的法律不加修改地吸收。

D. 4，54，9，1 优士丁尼皇帝致大区长官乔万尼

作为买受人的邻居不仅不能实现不希望他做的事情，而且不能从事禁止他做的事情，这对出卖人或许很重要。因此，假定出卖人或其他转让人并未转让其所有权，若不借助于此协议，我为什么应容忍他将因不同解释而遭受某种损害呢？（兰巴蒂和奥雷斯特执政，公元531年，于君士坦丁堡）

3
Quemadmodum dominium amittitur

3. 1 De rei derelictione

D. 47. 2. 43. 11 ***Ulpianus 41 ad Sab.***

Si iactum ex nave factum alius tulerit, an furti teneatur? quaestio in eo est, an pro derelicto habitum sit. et si quidem derelinquentis animo iactavit, quod plerumque credendum est, cum sciat periturum, qui invenit suum fecit nec furti tenetur. si vero non hoc animo, sed hoc, ut, si salvum fuerit, haberet: ei qui invenit auferendum est, et si scit hoc qui invenit et animo furandi tenet, furti tenetur. enimvero si hoc animo, ut salvum faceret domino, furti non tenetur. quod si putans simpliciter iactatum, furti similiter non tenetur.

C. 7. 32. 4 ***Impp. Diocl. et Maxim. AA. Nepotianae***

Licet possessio nudo animo adquiri non possit, tamen solo animo retineri potest. si igitur desertam praediorum possessionem non derelinquendi adfectione transacto tempore non coluisti, sed ex metus necessitate culturam eorum distulisti, praeiudicium tibi ex transmissi temporis iniuria generari non potest. *PP. K. Aug. ipsis iiii et iii aa. conss. <a. 290>*

3

所有权的丧失

3.1 物的抛弃

D. 47，2，43，11 乌尔比安：《论萨宾》第 41 卷

如果某人拾得从船上抛掉之物，产生的问题是：他是否被视为在盗窃？这取决于抛物者是否想抛弃此物。假如抛物者以抛弃之意思抛掉它，通常认为，拾得物的人不是在盗窃，而是变成了该物的所有人。但是，要是抛物者非以抛弃之意思而是以拥有之意思抛掉它，拾得者必须返还该物；倘若他知道此物是他人之物而以盗窃之意思拿走它，便被视为在盗窃；若他以替物之所有人保管物之意思拿走它，则不被视为在盗窃。

C. 7，32，4 戴克里先和马克西米安皇帝致耐波迪雅内

尽管占有不能仅靠心素（且还需要对物的实际持有）而取得，但是占有可以因为心素而保留。如果你在一定的确定时间里没有耕作你所占有的荒地，其原因不是为了抛弃这些土地，而是你因为缺乏必要的安全推迟了耕作，那么，即使该确定期间届满，但是因为缺乏正当理由而不会对你造成不利。（奥古斯都执政，公元 290 年）

D. 41. 7. 2. 1 ***Paulus 54 ad edictum***

Sed Proculus non desinere eam rem domini esse, nisi ab alio possessa fuerit: Iulianus desinere quidem omittentis esse, non fieri autem alterius, nisi possessa fuerit, et recte.

D. 41. 7. 1 ***Ulpianus 12 ad edictum***

Si res pro derelicto habita sit, statim nostra esse desinit et occupantis statim fit, quia isdem modis res desinunt esse nostrae, quibus adquiruntur.

D. 47. 2. 43. 5 ***Ulpianus 41 ad Sab.***

Quod si dominus id dereliquit, furtum non fit eius, etiamsi ego furandi animum habuero: nec enim furtum fit, nisi sit cui fiat: in proposito autem nulli fit, quippe cum placeat Sabini et Cassii sententia existimantium statim nostram esse desinere rem, quam derelinquimus.

D. 6. 1. 67 ***Scaevola 1 resp.***

A tutore pupilli domum mercatus ad eius refectionem fabrum induxit: is pecuniam invenit: quaeritur ad quem pertineat. respondi, si non thensauri fuerunt, sed pecunia forte perdita vel per errorem ab eo ad quem pertinebat non ablata, nihilo minus eius eam esse, cuius fuerat.

D. 47. 2. 43. 9 ***Ulpianus 41 ad Sab.***

Quid ergo, si ehuretra quae dicunt petat? nec hic videtur furtum facere, etsi non probe petat aliquid.

D. 41，7，2，1 保罗:《论告示》第54卷

普罗库勒说：如果此物未被他人占有，便仍属于所有人。尤里安却说：它肯定不再属于抛弃它的人，但只有被他人占有，才成为他人之物。这一观点是正确的。

D. 41，7，1 乌尔比安:《论告示》第12卷

如果某物被作为抛弃物，它便不再是我们的，而立即成为占有人的。这样，我们失去了物的所有权，他人却取得了该物的所有权。

D. 47，2，43，5 乌尔比安:《论萨宾》第41卷

如果所有人抛弃了某物，那么，即使我们以盗窃之意思拿走它，也不构成盗窃。因为没有物之所有人便不可能存在盗窃，而在上述情况下物不属于任何人。萨宾和卡西认为，某物一旦被我们抛弃，就不再是我们的。

D. 6，1，67 斯凯沃拉:《解答》第1卷

向未适婚人的监护人购买了一栋房屋的人，雇一工匠修理此房，工匠在房内发现了一笔钱，产生的问题是：这笔钱属于谁？回答是：如果发现的不是埋藏物而是一笔被遗失的或被所有人放错了地方的钱，那么它仍属于原所有人。

D. 47，2，43，9 乌尔比安:《论萨宾》第41卷

如果拾得者要求失者付给一笔酬金，即付给一笔发现遗失物的酬金，结果会怎样呢？虽然其要求不正当，但他不被视为在盗窃。

D. 41. 1. 9. 8 ***Gaius 2 rer. cott.***

Alia causa est earum rerum, quae in tempestate maris levandae navis causa eiciuntur: hae enim dominorum permanent, quia non eo animo eiciuntur, quod quis eas habere non vult, sed quo magis cum ipsa nave periculum maris effugiat. qua de causa si quis eas fluctibus expulsas vel etiam in ipso mari nanctus lucrandi animo abstulerit, furtum committit.

3. 2 Quando alienatio revocata sit

C. 8. 54. 2 ***Impp. Diocl. et Maxim. Aa. Aurelio zenoni***

Si praediorum proprietatem dono dedisti ita, ut post mortem eius qui accepit ad te rediret, donatio valet, cum etiam ad tempus certum vel incertum ea fieri potest, lege scilicet quae ei imposita est conservanda. *PP. v id. mart. Maximo ii et Aquilino conss. <a. 286>*

C. 8. 54. 1 ***Impp. Valer. Et Gallien. Aa. Gamicae***

Si doceas, ut adfirmas, nepti tuae ea lege a te esse donatum, ut certa tibi alimenta praeberet, vindicationem etiam hoc casu utilem eo. quod legi illa obtemperare noluerit, impetrare potes, id est actionem, qua dominium pristinum restituatur tibi. *PP. vi k. dec. Tusco et Basso conss. <a. 258>*

D. 41, 1, 9, 8 盖尤斯:《日常事务》第2卷

因在海上遇到风暴，为减轻船只的负载而被抛掉之物的情况系另一种情况，这些物仍属于原所有人，因为某人抛掉它们是为了使船只避免在海上遇到危险，而并无弃之不要之意思。因此，如果某人在海边或在海上发现了它们，为获利而将之拿走，便是在盗窃。

3.2 转让的撤销

C. 8, 54, 2 戴克里先和马克西米安皇帝致芝诺

如果你将你的物的所有权赠与他人而使之在接受赠与的人死亡之后再回到你手中，那么该赠与是有效的。同时，人们还可以进行定期或不定期的赠与，但必须遵守有关法律。(阿奎利鲁斯和马克西姆斯第2次执政，公元286年)

C. 8, 54, 1 瓦勒里安(Valerianus)和加利恩(Gallienus)皇帝致卡米卡

如果像你所说的那样，你能证明根据协议某物已由你赠与你的侄女，而她应给你特定的赡养费(alimenta)，在此情况下，如果她未遵守协议，你便可因此提起扩用的返还所有物之诉(rei vindicatio utilis)，通过此诉讼，物之原所有权(dominium pristinum)将被返还给你。(吐斯库斯和巴苏斯执政，公元258年)

3. 3 Res a re publica distractae vel publicatae

D. 21. 2. 11pr. ***Paulus 6 resp.***

Lucius Titius praedia in Germania trans Renum emit et partem pretii intulit: cum in residuam quantitatem heres emptoris conveniretur, quaestionem rettulit dicens has possessiones ex praecepto principali partim distractas, partim veteranis in praemia adsignatas: quaero, an huius rei periculum ad venditorem pertinere possit. Paulus respondit futuros casus evictionis post contractam emptionem ad venditorem non pertinere et ideo secundum ea quae proponuntur pretium praediorum peti posse.

D. 8. 3. 23. 2 ***Paulus 15 ad Sab.***

Si fundus serviens vel is cui servitus debetur publicaretur, utroque casu durant servitutes, quia cum sua condicione quisque fundus publicaretur.

3.3 由于共和国的需要或者没收的原因而出售的物

D. 21，2，11pr. 保罗：《解答》第6卷

鲁秋斯·铁裘斯购买了莱茵河对岸的德国土地，并交付了部分价款，买受人的继承人在同意交付剩余价金时却提了一个相反的问题，他说，根据皇帝敕令，这些土地只是被部分出卖，另一部分是奖励给老兵（vetranus）的。我提出的问题是：这种情况产生的风险（periculum）是否会由出卖人承担？保罗回答说，在签订购买合同之后出卖人对发生追夺（evictio）的各种未来的情况不负责任。根据上述情况，出卖人可以请求支付土地的全部价金。

D. 8，3，23，2 保罗：《论萨宾》第15卷

如果一块供役地或需役地被没收，役权依然存在。因为土地在被没收后，其所处的（供役地或需役地）状态不变。

4
De rei vindicatione
(J. 4. 6. 1; J. 4. 17. 2; D. 6. 1; C. 3. 32)

4. 1 Quid vindicari possit

D. 6. 1. 1. 1 ***Ulpianus 16 ad edictum***

Quae specialis in rem actio locum habet in omnibus rebus mobilibus, tam animalibus quam his quae anima carent, et in his quae solo continentur.

D. 6. 1. 23. 1 ***Paulus 21 ad edictum***

Loca sacra, item religiosa, quasi nostra in rem actione peti non possunt.

D. 6. 1. 1. 3 ***Ulpianus 16 ad edictum***

Per hanc autem actionem non solum singulae res vindicabuntur, sed posse etiam gregem vindicari Pomponius libro lectionum vicensimo quinto scribit. idem et de armento et de equitio ceterisquem quae gregatim habentur, dicendum est. sed enim gregem sufficiet ipsum nostrum esse, licet singula capita nostra non sint: grex enim, non singula corpora vindicabuntur.

4
物的返还
(J. 4, 6, 1; J. 4, 17, 2; D. 6, 1; C. 3, 32)

4.1 可返还的物

D. 6, 1, 1, 1 乌尔比安:《论告示》第 16 卷

这种专门的对物诉讼既适用于所有的动产【或是生物*, 或是非生物】, 又适用于不动产。

D. 6, 1, 23, 1 保罗:《论告示》第 21 卷

圣地(loca sacra)同神息地一样, 我们不能将之作为我们的所有物而提起对物之诉。

D. 6, 1, 1, 3 乌尔比安:《论告示》第 16 卷

通过本诉, 不但可以要求返还单个物, 而且可以要求返还一羊群: 这是彭波尼在《诸课程》第 25 卷中的论述。

---

* 包括奴隶。——译者注

D. 6. 1. 56 *Iulianus 78 digestorum*

Vindicatio non ut gregis, ita et peculii recepta est, sed res singulas is, cui legatum peculium est, petet.

D. 6. 1. 3. 1 *Ulpianus 16 ad edictum*

Armamenta navis singula erunt vindicanda: scapha quoque separatim vindicabitur.

D. 6. 1. 49pr. *Celsus 18 digestorum*

Solum partem esse aedium existimo nec alioquin subiacere uti mare navibus.

D. 6. 1. 49. 1 *Celsus 18 digestorum*

Meum est, quod ex re mea superest, cuius vindicandi ius habeo.

D. 6. 1. 3. 2 *Ulpianus 16 ad edictum*

Pomponius scribit, si quid quod eiusdem naturae est ita confusum est atque commixtum, ut deduci et separari non possint, non totum sed pro parte esse vindicandum. ut puta meum et tuum argentum in massam redactum est: erit nobis commune, et unusquisque pro rata ponderis quod in massa habemus vindicabimus, etsi incertum sit, quantum quisque ponderis in massa habet.

D. 6. 1. 5pr. *Ulpianus 16 ad edictum*

Idem Pomponius scribit: si frumentum duorum non voluntate eorum confusum sit, competit singulis in rem actio in id, in quantum paret in illo acervo suum cuiusque esse: quod si voluntate eorum commixta sunt, tunc communicata videbuntur et erit communi dividundo actio.

D. 6，1，56 尤里安：《学说汇纂》第78卷

就像不许就整个畜群提起返还所有物之诉一样，不能就特有产提起返还所有物之诉，但接受特有产遗赠的一方可以就特有产中的单个的物提起返还所有物之诉。

D. 6，1，3，1 乌尔比安：《论告示》第16卷

船上的设备得被一件一件地请求返还，船上的小艇也将被单独请求返还。

D. 6，1，49 pr. 杰尔苏：《学说汇纂》第18卷

我认为宅基地是房屋的一部分，否则它就不会像大海处于船下那样而处于房屋之下。

D. 6，1，49，1 杰尔苏：《学说汇纂》第18卷

从我所有的物中剩下之物是我的，我有权请求返还。

D. 6，1，3，2 乌尔比安：《论告示》第16卷

彭波尼写道，如果具有相同性质之物混合或混杂以致不能区分和分离，那么不得就整个物而只能就物的某部分提起返还之诉，比如我的银子同你的银子熔成了一块银子，它将为我们共有。我们每个人都将按照各自银子的重量请求返还各自的那一份，尽管我们不能确切地知道各自的那份实际上有多重。

D. 6，1，5pr. 乌尔比安：《论告示》第16卷

同一个彭波尼写道，如果两个人的麦子非依其意示混杂在一起，那么每个人都有权就他认为在混杂而成的那堆麦子中属于他的那部分提起对物之诉；如果混杂是依其意志发生的，那么混杂的麦子将被视为共有物，且将产生共有物分割之诉。

D. 6. 1. 76. 1 ***Gaius 7 ad edictum provinciale***

Incertae partis vindicatio datur, si iusta causa interveniat. Iusta autem causa esse potest, si forte legi falcidiae locus sit in testamento, propter incertam detractionem ex legatis, quae vix apud iudicem examinatur: iustam enim habet ignorantiam legatarius, cui homo legatus est, quotam partem vindicare debeat: itaque talis dabitur actio. eadem et de ceteris rebus intellegemus.

D. 6. 1. 76pr. ***Gaius 7 ad edictum provinciale***

Quae de tota re vindicanda dicta sunt, eadem et de parte intellegenda sunt, officioque iudicis continetur pro modo partis ea quoque restitui iubere, quae simul cum ipsa parte restitui debent.

4. 2 De actore

D. 6. 1. 23pr. ***Paulus 21 ad edictum***

In rem actio competit ei, qui aut iure gentium aut iure civili dominium adquisiit.

4. 3 Onus probandi

C. 4. 19. 2 ***Imp. Ant. A. Auluzano***

Possessiones, quas ad te pertinere dicis, more iudiciorum persequere. nec enim possessori incumbit necessitas probandi eas ad se pertinere, cum te in probatione cessante dominium apud eum remaneat. *PP. xv k. Dec. Laeto et Cereale conss.* <*a. 215*>

D. 6，1，76，1 盖尤斯：《论行省告示》第7卷

若有正当理由，则允许就物的未确定部分提起返还之诉。若在执行某一遗嘱时有关遗赠的扣除部分不确定，此事又几乎不在法官面前被讨论，因而将适用《法尔其第法》（Lex Falcidia），那么该理由就是正当的。因此，接受被遗赠奴隶的受遗赠人，在不知道自己应当请求返还的部分的数量时有正当理由的，他有权提起返还之诉。这一规则也同样适用于其它情况。

D. 6，1，76pr. 盖尤斯：《论行省告示》第7卷

我们就请求返还整个物所说的那些规则，应被理解为同样地适用于请求返还物的一部分。法官的职责在于命令被部分返还之物的孳息也要被返还。

4.2 诉讼

D.6，1，23pr. 保罗：《论告示》第21卷

依万民法或者市民法取得物之所有权的人有权提起对物之诉。

4.3 举证责任

C. 4，19，2 安东尼皇帝致阿乌鲁扎诺

你说占有之物归你所有，你可以提起该诉讼，因为占有人没有责任证明占有之物归他所有。因此，如果你不能证明物之所有权属于你，所有权便属于他。（勒托和切勒阿莱执政，公元215年）

D. 6. 1. 24 ***Gaius 7 ad edictum provinciale***

Is qui destinavit rem petere animadvertere debet, an aliquo interdicto possit nancisci possessionem, quia longe commodius est ipsum possidere et adversarium ad onera petitoris compellere quam alio possidente petere.

4. 4 De reo, de possessione eius et si dolo desiit possidere

D. 6. 1. 9 ***Ulpianus 16 ad edictum***

Officium autem iudicis in hac actione in hoc erit, ut iudex inspiciat, an reus possideat: nec ad rem pertinebit, ex qua causa possideat: ubi enim probavi rem meam esse, necesse habebit possessor restituere, qui non obiecit aliquam exceptionem. quidam tamen, ut pegasus, eam solam possessionem putaverunt hanc actionem complecti, quae locum habet in interdicto uti possidetis vel utrubi. denique ait ab eo, apud quem deposita est vel commodata vel qui conduxerit aut qui legatorum servandorum causa vel dotis ventrisve nomine in possessione esset vel cui damni infecti nomine non cavebatur, quia hi omnes non possident, vindicari non posse. puto autem ab omnibus, qui tenent et habent restituendi facultatem, peti posse.

D. 6. 1. 36pr. ***Gaius 7 ad edictum provinciale***

Qui petitorio iudicio utitur, ne frustra experiatur, requirere debet, an is, cum quo instituat actionem, possessor sit vel dolo desiit possidere.

D. 6，1，24 盖尤斯：《论行省告示》第7卷

决定请求返还某物的人应考虑是否可通过某个令状取得对该物的占有，因为通过令状占有并让对方承担原告的负担远比对占有物的对方提起诉讼容易。

4.4 被告，占有人或者故意停止占有之人

D. 6，1，9 乌尔比安：《论告示》第16卷

在这种诉讼中，法官的职责是查明被告是否占有物。占有的原因是什么无关紧要，因为一旦我证明此物是我的，占有人就得把它归还我，除非他提出抗辩（exceptio）。然而有些人，如贝加苏（Pegasus），认为这种诉讼只是同保护不动产占有令状（interdictum uti possidetis）或保护动产占有令状（interdictum utruhi）所涉及的占有相关。所以他说，人们不能向物的保管人、借用人、承租人、因保管作为嫁资的遗赠物及给予胎儿的遗赠物或因未获得潜在损害担保而持有物的人请求返还，因为他们都未占有物。但是我认为，人们可以向持有物并有能力返还的人请求返还。

D. 6，1，36pr. 盖尤斯：《论行省告示》第7卷

提起返还之诉的人，为避免徒劳，应查清被他起诉的那一方“是否是占有人或是否以欺诈方式停止占有”。

D. 6. 1. 27. 3 ***Paulus 21 ad edictum***

Sed et is, qui ante litem contestatam dolo desiit rem possidere, tenetur in rem actione: idque ex senatus consulto [iuventiano] colligi potest, quo cautum est, ut diximus, ut dolus praeteritus in hereditatis petitionem veniat: cum enim in hereditatis petitione, quae et ipsa in rem est, dolus praeteritus fertur, non est absurdum per consequentias et in speciali in rem actione dolum praeteritum deduci.

D. 6. 1. 27pr. ***Paulus 21 ad edictum***

Sin autem cum a Titio petere vellem, aliquis dixerit se possidere et ideo liti se optulit, et hoc ipsum in re agenda testatione probavero, omnimodo condemnandus est.

D. 4. 3. 39 ***Gaius 27 ad edictum provinciale***

Si te Titio optuleris de ea re quam non possidebas in hoc ut alius usucapiat, et iudicatum solvi satisdederis: quamvis absolutus sis, de dolo malo tamen teneberis: et ita Sabino placet.

D. 6. 1. 25 ***Ulpianus 70 ad edictum***

Is qui se optulit rei defensioni sine causa, cum non possideret nec dolo fecisset, quo minus possideret: si actor ignoret, non est absolvendus, ut Marcellus ait: quae sententia vera est. sed hoc post litem contestatam: ceterum ante iudicium acceptum non decipit actorem qui se negat possidere, cum vere non possideret: nec videtur se liti optulisse qui discessit.

D. 6, 1, 27, 3　保罗:《论告示》第21卷

但是，在争讼期前以欺诈方式停止对物的占有的人要被提起对物之诉。这可以从元老院的一个决议推断出来。正像我们所说的那样，元老院的决议规定，在遗产继承之诉（hereditatis petitio）中，过去的欺诈（dolus praeteritus）应予考虑。实际上，遗产继承之诉本身就是一种对物之诉。如果在该诉讼中过去的欺诈是一个应考虑的因素，那么在就任何一个特定物提起的对物之诉中过去的欺诈也是一个应考虑的因素，这不无道理。

D. 6, 1, 27pr.　保罗:《论告示》第21卷

但是，如果当我对铁裘斯提起返还某物之诉时第三人说他已占有该物并作为占有人参加诉讼，那么在诉讼中当我以证据证明该第三人提供的情况是假的时，不管怎样，他应被判决承担责任。

D, 4, 3, 39　盖尤斯:《论行省告示》第27卷

如果铁裘斯就你未占有之物提起诉讼，你为了让他人能通过时效取得该物而应诉，且已对判决的执行提供了担保，那么尽管你被免于承担责任，但你仍将对欺诈（dolus）负责。萨宾赞同此观点。

D. 6, 1, 25　乌尔比安:《论告示》第70卷

正如马尔切勒（Marcellus）所说，一个人既未占有某物，又未以欺诈方式停止对某物的占有，无正当理由而作为物的占有人参加诉讼，若原告不知道这些事实，便不应免除其责任。此观点是正确的。上述规定适用于争讼期之后（post litem contestatam），因为在案件受理前未占有物而否认其占有的一方并未欺骗原告；如果他拒绝到庭，便不能认为他已作为占有人参加诉讼。

D. 6. 1. 7 ***Paulus 11 ad edictum***

Si is, qui optulit se fundi vindicationi, damnatus est, nihilo minus a possessore recte petitur, sicut pedius ait.

D. 50. 17. 156pr. ***Ulpianus 70 ad edictum***

Invitus nemo rem cogitur defendere.

D. 6. 1. 80 ***Furius Anthianus 1 ad edictum***

In rem actionem pati non compellimur, quia licet alicui dicere se non possidere, ita ut, si possit adversarius convincere rem ab adversario possideri, transferat ad se possessionem per iudicem, licet suam esse non adprobaverit.

D. 6. 1. 27. 1 ***Paulus 21 ad edictum***

Possidere autem aliquis debet utique et litis contestatae tempore et quo res iudicatur. quod si litis contestationis tempore possedit, cum autem res iudicatur sine dolo malo amisit possessionem, absolvendus est possessor. item si litis contestatae temporis non possedit, quo autem iudicatur possidet, probanda est Proculi sententia, ut omnimodo condemnetur: ergo et fructuum nomine ex quo coepit possidere damnabitur.

D. 50. 17. 131 ***Paulus 22 ad edictum***

Qui dolo desierit possidere, pro possidente damnatur, quia pro possessione dolus est.

D. 6, 1, 7 保罗:《论告示》第 11 卷

如果某人为占有土地而作为占有人参加土地返还之诉(fundi vindicatia),他将被判决承担责任。正如佩蒂(Pedius)所说,尽管如此,返还土地之诉还可以对实际占有人提起。

D. 50, 17, 156pr. 乌尔比安:《论告示》第 70 卷

不得迫使任何人违背其意志为某事辩护。

D. 6, 1, 80 富里·安第安(Furius Anthianus):《论告示》第 1 卷

在对物之诉中我们并非被迫应诉,因为任何人都可以声明他未占有物,以致如果一方能证明物被另一方占有,他便可通过法官(judex)将物之占有移转于他,尽管他未证明此物是他的。

D. 6, 1, 27, 1 保罗:《论告示》第 21 卷

但是,某人在争讼期和审判时都须占有物。如果占有人在争讼期占有物,在审判时失去对物的占有而无欺诈,那么他应被免于承担责任。同样,若他在争讼期未占有物而在审判时占有物,普罗库勒的观点便应被采纳,即他完全应被判决承担返还责任。因此,他还将被判决返还其自占有时起所获得的孳息。

D. 50, 17, 131 保罗:《论告示》第 22 卷

以欺诈方式停止占有的人将像占有人一样被判决承担返还责任,因为以欺诈方式停止占有与占有无异。

4.5 Restituere

D. 50. 16. 35 ***Paulus 17 ad edictum***

"Restituere" autem is intellegitur, qui simul et causam actori reddit, quam is habiturus esset, si statim iudicii accepti tempore res ei reddita fuisset, id est et usucapionis causam et fructuum.

D. 50. 16. 246. 1 Pomponius *16* epist.

Restituit non tantum, qui solum corpus, sed etiam qui omnem rem condicionemque reddita causa praestet: et tota restitutio iuris est interpretatio.

4.5.1 Fructus et omnis res quae accedit

D. 6. 1. 15. 1 ***Ulpianus 16 ad edictum***

Si quis rem ex necessitate distraxit, fortassis huic officio iudicis succurretur. ut pretium dumtaxat debeat restituere. nam et si fructus perceptos distraxit, ne corrumpantur, aeque non amplius quam pretium praestabit.

D. 6. 1. 15. 2 ***Ulpianus 16 ad edictum***

Item si forte ager fuit qui petitus est et militibus adsignatus est modico honoris gratia possessori dato, an hoc restituere debeat? et puto praestaturum.

C. 4. 9. 3 ***Impp. Diocl. et Maxim. AA. et cc. Galatiae***

Mala fide possidens de proprietate victus extantibus fructibus vindicatione, consumptis vero condictione conventus horum restitutioni parere compellitur. *S. vi id. Febr. Cc. Conss. <a. 294>*

4.5 返还

D. 50，16，35 保罗：《论告示》第17卷

然而，如果某人在争讼期就将争议之物返还原告，同时将物按取得时的法律状况包括取得的孳息返还给原告，他便被视为进行了完全返还。

D. 50，16，246，1 彭波尼：《书信集》第16卷

返还之人不仅要返还实体物而且要返还完整的物及其所有的添附物；是否全部返还取决于法律的解释。

4.5.1 孳息和各种添附物

D. 6，1，15，1 乌尔比安：《论告示》第16卷

如果某人出于无奈而出卖了他人之物，那么通过法官的判决或许可以获得救济，即他只返还物之价金：如果他出卖了获取的孳息，便应返还孳息的价金。

D. 6，1，15，2 乌尔比安：《论告示》第16卷

同样，如果有人通过诉讼，要求返还最初以奖赏的名义付少量的钱而交付给服兵役者包括退役者的土地，那么被要求者是否应当返还这片土地？我认为应当进行返还。

C. 4，9，3 戴克里先和马克西米安皇帝致卡拉茨娅

丧失所有权的恶意占有人，在被提起返还之诉之后必须返还现存的孳息及已消费掉的孳息。（上述皇帝执政，公元294年）

C. 3. 32. 22 ***Impp. Diocl. et Maxim. AA. et cc. Diodoto***

Certum est mala fide possessores omnes fructus solere cum ipsa re praestare, bona fide vero extantes, post litis autem contestationem universos. *D. Iii k. Nov. Cc. Conss.* <*a. 294*>

D. 6. 1. 20 ***Gaius 7 ad edictum provinciale***

Praeterea restituere debet possessor et quae post acceptum iudicium per eum non ex re sua adquisivit: in quo hereditates quoque legataque, quae per eum servum obvenerunt, continentur. nec enim sufficit corpus ipsum restitui, sed opus est, ut et causa rei restituatur, id est ut omne habeat petitor, quod habiturus foret, si eo tempore, quo iudicium accipiebatur, restitutus illi homo fuisset. itaque partus ancillae restitui debet, quamvis postea editus sit, quam matrem eius, post acceptum scilicet iudicium, possessor usuceperit: quo casu etiam de partu, sicut de matre, et traditio et cautio de dolo necessaria est.

D. 6. 1. 33 ***Paulus 21 ad edictum***

Fructus non modo percepti, sed et qui percipi honeste potuerunt aestimandi sunt: et ideo si dolo aut culpa possessoris res petita perierit, veriorem putat Pomponius Trebatii opinionem putantis eo usque fructuum rationem habendam, quo usque haberetur, si non perisset, id est ad rei iudicandae tempus: quod et Iuliano placet. hac ratione si nudae proprietatis dominus petierit et inter moras usus fructus amissus sit, ex eo tempore, quo ad proprietatem usus fructus reversus est, ratio fructuum habetur.

D.3，32，22　上述皇帝致迪奥多托

毫无疑问，恶意占有人通常必须返还同一物所产生的全部孳息，而善意占有人只需返还现存的孳息及在争讼期后产生的全部孳息。(上述皇帝执政，公元294年)

D.6，1，20　盖尤斯：《论行省告示》第7卷

此外，占有人必须返还在争讼期后通过奴隶获得的并非属于他的那些物，包括通过占有的奴隶获得的遗产及遗赠物。不仅物本身要被返还，而且由该物产生的利益（causa)，即在奴隶于争讼期被返还的情况下原告本应享有的一切物，也要被返还。因此，女奴所生之子必须被返还，尽管他是在占有人于争讼期后以通过时效取得其母所有权后出生的。在此情况下，女奴之子就像其奴隶母亲一样必须被返还，且须有欺诈担保（cautio de dolo)。

D.6，1，33　保罗：《论告示》第21卷

人们不仅应计算既得孳息，而且还应计算实际上可得的孳息。因此彭波尼认为特雷巴蒂的观点较正确。特雷巴蒂认为，如果被请求返还之物因占有人的故意或过失而灭失，那么应给予原告的孳息为直到判决时若该物不灭失原告本应得到的孳息。尤里安也赞同此观点。按此原则，如果空虚所有权人提出返还请求，同时被告又丧失了用益权，那么给予原告的孳息从用益权回归所有权时起计算。

D. 6. 1. 62pr. *Papinianus 6 quaest.*

Si navis a malae fidei possessore petatur, et fructus aestimandi sunt, ut in taberna et area quae locari solent. quod non est ei contrarium, quod de pecunia deposita, quam heres non attingit, usuras praestare non cogitur: nam etsi maxime vectura sicut usura non natura pervenit, sed iure percipitur, tamen ideo vectura desiderari potest, quoniam periculum navis possessor petitori praestare non debet, cum pecunia periculo dantis faeneretur.

D. 6. 1. 62. 1 *Papinianus 6 quaest.*

Generaliter autem cum de fructibus aestimandis quaeritur, constat animadverti debere, non an malae fidei possessor fruitus sit, sed an petitor frui potuerit, si ei possidere licuisset. quam sententiam Iulianus quoque probat.

D. 6. 1. 34pr. *Iulianus 7 digestorum*

Idem est et si per alluvionem pars fundo accesserit.

4. 5. 2 Sumptus

D. 6. 1. 27. 5 *Paulus 21 ad edictum*

In rem petitam si possessor ante litem contestatam sumptus fecit, per doli mali exceptionem ratio eorum haberi debet, si perseveret actor petere rem suam non redditis sumptibus. idem est etiam, si noxali iudicio servum defendit et damnatus praestitit pecuniam, aut in area quae fuit petitoris per errorem insulam aedificavit: nisi tamen paratus sit petitor pati tollere eum aedificium. quod et in area uxori donata per iudicem, qui de dote cognoscit, faciendum dixerunt. sed si puerum meum, cum possideres, erudisses, non idem observandum Proculus existimat, quia neque carere servo meo debeam nec potest remedium idem adhiberi, quod in area diximus:

D. 6，1，62pr. 帕比尼安：《论问题》第6卷

如果一艘船从一个恶意占有人处被请求返还，那么其孳息应被估价，就像通常被出租的商店及场地一样。这同继承人未接触被保管的钱则不必支付利息的规定并不冲突。由于租金就像利息一样不是自然生产的，而是根据法律关系取得的，所以船舶的租金可以被请求交付。因占有人不必向原告承担船舶的风险责任，因此在钱被贷出时，贷出方要承担风险责任。

D. 6，1，62，1 帕比尼安：《论问题》第6卷

通常，当提出孳息的计算问题时，人们知道，应考虑的不是恶意占有人获得的孳息，而是原告（petitor）如能占有物而本来可以获得的孳息。尤里安也赞同此观点。

D. 6，1，34pr. 尤里安：《学说汇纂》第7卷

如果冲积地与土地连接在一起，适用同一规则。

4.5.2 费用

D. 6，1，27，5 保罗：《论告示》第21卷

在争讼期前，如果占有人负担了被请求返还之物的费用（sumptus），原告不偿付此费用而要求返还其物，占有人便可通过欺诈抗辩请求归还由他负担的费用；倘若占有人参加损害之诉为奴隶辩护，判决后他便应付赔偿金；若他错误地在属于原告所有的土地上建造楼房，那么只要原告不同意其拆掉建筑之物，便适用同样的规则。有些人说，这一规则也应适用于有关法官确定作为嫁资的土地归为妻子所有的情况。然而，普罗库勒认为，如果你教育已为你占有的我的奴隶，该规则不应被遵守，因为你不能剥夺我的奴隶。因此我们所说的有关土地的补救措施（remedium）在此不能适用。

D. 6. 1. 48 ***Papinianus 2 resp.***

Sumptus in praedium, quod alienum esse apparuit, a bona fide possessore facti neque ab eo qui praedium donavit neque a domino peti possunt, verum exceptione doli posita per officium iudicis aequitatis ratione servantur, scilicet si fructuum ante litem contestatam perceptorum summam excedant: etenim admissa compensatione superfluum sumptum meliore praedio facto dominus restituere cogitur.

D. 6. 1. 38 ***Celsus 3 digestorum***

In fundo alieno, quem imprudens emeras, aedificasti aut conseruisti, deinde evincitur: bonus iudex varie ex personis causisque constituet. finge et dominum eadem facturum fuisse: reddat impensam, ut fundum recipiat, usque eo dumtaxat, quo pretiosior factus est, et si plus pretio fundi accessit, solum quod impensum est. finge pauperem, qui, si reddere id cogatur, laribus sepulchris avitis carendum habeat: sufficit tibi permitti tollere ex his rebus quae possis, dum ita ne deterior sit fundus, quam si initio non foret aedificatum. constituimus vero, ut, si paratus est dominus tantum dare, quantum habiturus est possessor his rebus ablatis, fiat ei potestas: neque malitiis indulgendum est, si tectorium puta, quod induxeris, picturasque corradere velis, nihil laturus nisi ut officias. finge eam personam esse domini, quae receptum fundum mox vendere sit: nisi reddit, quantum prima parte reddi oportere diximus, eo deducto tu condemnandus es.

D. 6，1，48 帕比尼安:《解答》第 2 卷

善意占有人支付了后来发现是属于他人所有的土地的费用，他既不能向赠与他土地的人也不能向土地所有人请求返还该费用。但是，如果他支付的费用超过了争讼期前他所接收的孳息，那么他可以提出欺诈抗辩，由法官按公平（aequitas）原则处理，从而获得保护。因允许抵消（compensatio），故所有人必须偿付超过改良土地所得孳息的费用。

D. 6，1，38 杰尔苏:《学说汇纂》第 3 卷

你在粗心地购买的他人土地上建筑或植树，后来它被所有人收回。一个好的法官将根据不同的人和情况作出判决。假如所有人本来要做你所做的事，为收回土地他必须偿付你的费用，但其数额仅限于土地的增值部分；如果土地的增值部分超过了你花费的费用，他只支付你所花费的费用。假若所有人是一个穷人，若迫使他偿付那笔费用将使之丧失其家庭的神像及祖先的坟墓，那么只允许你拆走你能拆走的那些物，只要这样做不会使土地的状况比建筑前的状况更糟。我们认为，如果所有人准备支付占有人将拆走的那些物的价金，他有权这么做。占有人不得恶意拆走那些物，比如，你想拆走你建造的房顶或拿走画无别的目的，只是为了造成损害。如果所有人一收回土地就将它出卖，如果他未支付前述的他必须支付的费用，便应从判决由你负担的费用中减去这笔费用。

C. 3. 32. 5. 1 ***Idem A. Herasiano***

Eius autem quod impendit rationem haberi non posse merito rescriptum est, cum malae fidei possessores eius quod in rem alienam impendunt, non eorum negotium gerentes quorum res est, nullam habeant repetitionem, nisi necessarios sumptus fecerint: sin autem utiles, licentia eis permittitur sine laesione prioris status rei eos auferre. *PP. II id. Fedr. Gordiano A. et Aviola conss. < a. 239 >*

4. 5. 3 Si res deterior facta sit

D. 6. 1. 13 ***Ulpianus 16 ad edictum***

Non solum autem rem restitui, verum et si deterior res sit facta, rationem iudex habere debebit: finge enim debilitatum hominem vel verberatum vel vulneratum restitui: utique ratio per iudicem habebitur, quanto deterior sit factus. quamquam et legis aquiliae actione conveniri possessor possit: unde quaeritur an non alias iudex aestimare damnum debeat, quam si remittatur actio legis aquiliae. et Labeo putat cavere petitorem oportere lege aquilia non acturum, quae sententia vera est.

D. 6. 1. 36. 1 ***Gaius 7 ad edictum provinciale***

Qui in rem convenitur, etiam culpae nomine condemnatur. culpae autem reus est possessor, qui per insidiosa loca servum misit, si is periit, et qui servum a se petitum in harena esse concessit, et is mortuus sit: sed et qui fugitivum a se petitum non custodit, si is fugit, et qui navem a se petitam adverso tempore navigatum misit, si ea naufragio perempta est.

C. 3，32，5，1 高尔迪安（Gordianus）皇帝致赫拉西亚鲁斯（Herasianus）

有人曾正确地批复道，恶意占有人不能像他人事务的管理人那样请求偿付花费于他人之物上的费用，除非它们是必需费用（necessarius sumptus）。然而，若是有益费（utilis sumptus），则允许扣除它们，只要这样做不会改变物原来的状态。（高尔迪安皇帝和阿威沃拉执政，公元239年）

4.5.3 物是否遭受到损害

D. 6，1，13 乌尔比安：《论告示》第16卷

法官不仅要考虑物被归还，而且还要考虑物是否遭受了损害。假如被归还的是一个被折磨得虚弱了的、受过拷打的或受了伤的奴隶（homo），法官将考虑其价值的减少，尽管占有人还可能被提起阿奎利亚法之诉（legis Aquiliae actio）。由此产生的问题是：是否只有放弃阿奎利亚法之诉法官才应对这一损失并予以估价？拉贝奥认为，原告应担保他将不根据“阿奎利亚法”（Lex Aquilia）提起诉讼。此观点是正确的。

D. 6，1，36，1 盖尤斯：《论行省告示》第7卷

被提起对物之诉的人将因其过错（culpa）而被判决承担责任。如果占有人将一个被请求返还的奴隶派往危险的地方，该奴隶死了；允许被请求返还的奴隶在露天剧场角斗，该奴隶被杀死了；未看守被请求返还的逃亡奴隶，该奴隶逃跑了；或正当天气不好的时候派被请求返还的船出海，该船在海难中沉没了，他便有过错。

D. 6. 1. 17pr. ***Ulpianus 16 ad edictum***

Iulianus libro sexto digestorum scribit, si hominem, qui Maevii erat, emero a Titio, deinde cum eum Maevius a me peteret, eundem vendidero eumque emptor occiderit, aequum esse me pretium Maevio restituere.

D. 6. 1. 15. 3 ***Ulpianus 16 ad edictum***

Si servus petitus vel animal aliud demortuum sit sine dolo malo et culpa possessoris, pretium non esse praestandum plerique aiunt: sed est verius, si forte distracturus erat petitor si accepisset, moram passo debere praestari: nam si ei restituisset, distraxisset et pretium esset lucratus.

D. 6. 1. 10 ***Paulus 21 ad edictum***

Si res mobilis petita sit, ubi restitui debeat, scilicet si praesens non sit? et non malum est, si bonae fidei possessor sit is cum quo agitur, aut ibi restitui ubi res sit: aut ubi agitur: sed sumptibus petitoris, qui extra cibaria in iter vel navigationem faciendi sunt.

D. 6. 1. 12 ***Paulus 21 ad edictum***

Si vero malae fidei sit possessor, qui in alio loco eam rem nactus sit, idem statui debet: si vero ab eo loco, ubi lis contestata est, eam substractam alio transtulerit, illic restituere debet, unde subtraxit, sumptibus suis.

D. 6，1，17pr.　乌尔比安：《论告示》第16卷

尤里安在《学说汇纂》第6卷中写道：如果我从提茨尤那里买了一个属于麦维尤的人，随后，在麦维尤通过诉讼向我提出返还要求时，我已经卖掉了这个人且买主已经将其杀死，那么，公平的做法是我要把因卖此人而获得的价金返还给麦维尤。

D. 6，1，15，3　乌尔比安：《论告示》第16卷

如果被请求返还的奴隶或其它动物非因占有人的故意及过失而死亡，很多法学家说，他不应偿付价金。但更符合实际的是，倘若原告得到了它，便会卖掉它，因此被告应对交付迟延（mora）负责。因为如果他返还了它，原告本来可以卖掉它而赚回价金。

D. 6，1，10　保罗：《论告示》第21卷

如果就一件动产提起返还之诉，它却不在现场，那么它应在何处被返还？假如被告是一个善意占有人，该物可以在物之所在地或诉讼进行地被返还，但在此情况下，除食物外，有关陆上或水上的必需费用应由原告负担。这是一条不坏的规则。

D. 6，1，12　保罗：《论告示》第21卷

如果被告是在另一个地方取得物的恶意占有人，应适用同样的规则。但如果他将物从诉讼进行地搬运至别的地方，他必须以自己的费用将之运回原地。

4. 5. 4 Manu militari

D. 6. 1. 68 ***Ulpianus 51 ad edictum***

Qui restituere iussus iudici non paret contendens non posse restituere, si quidem habeat rem, manu militari officio iudicis ab eo possessio transfertur et fructuum dumtaxat omnisque causae nomine condemnatio fit. si vero non potest restituere, si quidem dolo fecit quo minus possit, is, quantum adversarius in litem sine ulla taxatione in infinitum iuraverit, damnandus est. si vero nec potest restituere nec dolo fecit quo minus possit, non pluris quam quanti res est, id est quanti adversarii interfuit, condemnandus est. haec sententia generalis est et ad omnia, sive interdicta, sive actiones in rem sive in personam sunt, ex quibus arbitratu iudicis quid restituitur, locum habet.

4. 5. 5 Res sine dolo amissa

D. 6. 1. 63 ***Papinianus 12 quaest.***

Si culpa, non fraude quis possessionem amiserit, quoniam pati debet aestimationem, audiendus erit a iudice, si desideret, ut adversarius actione sua cedat: cum tamen praetor auxilium quandoque laturus sit quolibet alio possidente, nulla captione adficietur. ipso quoque, qui litis aestimationem perceperit, possidente debet adiuvari: nec facile audiendus erit ille, si velit postea pecuniam, quam ex sententia iudicis periculo iudicati recepit, restituere.

4.5.4 强制剥夺

D. 6，1，68 乌尔比安：《论告示》第51卷

被责令返还某物的一方拒不服从法官命令，并坚持说他不能返还，如果他占有该物，那么法官将根据职权强制剥夺其占有，并将判决他返还被占有物所生的孳息和一切利益。若不能返还是其故意设法造成的，判决他赔偿的数额应是对方宣誓确定的数额，此数额无最高额的限制；如果不能返还并非其故意所致，判决他赔偿的数额便不得超过物的价值额，即对方的利益额。这是一条总的原则，它适用于法官责令返还某物的一切令状、对物之诉和对人之诉。

4.5.5 因诈欺而丧失的物

D. 6，1，63 帕比尼安：《论问题》第12卷

如果某人因其过失（culpa）而非因其欺诈（fraus）丧失了占有，那么由于他应偿付丧失了占有之物的估价金（aestimatio），因而若他请求对方把诉权转让给他，其请求应得到法官的同意。因裁判官将随时向他提供帮助，故不论谁占有物，他都不会遭受损失。当接受补偿的价金的人占有物时他必须得到帮助，若前者后来想退还其冒着案件终决的危险而依法官判决接受的价金，其要求不应被接受。

D. 6. 1. 58pr. ***Paulus 3 epit. Alf. dig.***

A quo servus petebatur et eiusdem servi nomine cum eo furti agebatur, quaerebat, si utroque iudicio condemnatus esset, quid se facere oporteret. si prius servus ab eo evictus esset, respondit, non oportere iudicem cogere, ut eum traderet, nisi ei satisdatum esset, quod pro eo homine iudicium accepisset, si quid ob eam rem datum esset, id recte praestari. sed si prius de furto iudicium factum esset et hominem noxae dedisset, deinde de ipso homine secundum petitorem iudicium factum esset, non debere ob eam rem iudicem, quod hominem non traderet, litem aestimare, quoniam nihil eius culpa neque dolo contigisset, quo minus hominem traderet.

D. 6，1，58pr.　保罗：《阿尔芬学说汇纂摘要》第3卷

被提起返还奴隶之诉及因该奴隶盗窃而被起诉的人问：如果他在这两个诉讼中都被判决承担责任，他该怎么办？回答是：假如第一个诉讼是返还奴隶之诉，法官不能迫使他交出奴隶，除非法官向他保证"若根据另一个诉讼的判决，他应交付赔偿金，而他将被免于承担该赔偿责任"。然而，如果第一个诉讼是盗窃之诉，他已对该奴隶实行损害投偿，而另一个原告仍就同一个奴隶提起返还之诉，那么法官不能因被告未返还奴隶而判其交付一笔赔偿金，因为就未返还奴隶而言，被告既无故意又无过失。

5
De ceteris in rem actionibus
(J. 4. 6. 2)

D. 7. 6. 5pr. *Ulpianus 17 ad edictum*

Uti frui ius sibi esse solus potest intendere, qui habet usum fructum, dominus autem fundi non potest, quia qui habet proprietatem, utendi fruendi ius separatum non habet: nec enim potest ei suus fundus servire: de suo enim, non de alieno iure quemque agere oportet. quamquam enim actio negativa domino competat adversus fructuarium, magis tamen de suo iure agere videtur quam alieno, cum invito se negat ius esse utendi fructuario vel sibi ius esse prohibendi. quod si forte qui agit dominus proprietatis non sit, quamvis fructuarius ius utendi non habet, vincet tamen iure, quo possessores sunt potiores, licet nullum ius habeAnt.

5

他物权之诉

（J. 4，6，2）

D. 7，6，5pr. 乌尔比安：《论告示》第17卷

只有享有用益权的人才能提起用益权之诉。土地所有人不能提起该诉讼，因为享有所有权的人并非单独享有物之用益权。事实上，一个人的土地不能成为对他自己有利的役权的客体。每个人都必须根据他自己的权利而非他人的权利提起诉讼。所有权人实际上可以对用益权人提起排除妨碍之诉（actio negatoria）。当他认为用益权人无权违背其意志使用物或认为他有权限制他时，他被视为在根据他自己的权利而非他人的权利提起诉讼。若发生提起诉讼的人非物之所有人的情况，那么尽管用益权人无用益权，但根据占有人即使无任何权利也将受到优待的法律规定，他仍将胜诉。

D. 8. 5. 8. 5 *Ulpianus 17 ad edictum*

Aristo Cerellio Vitali respondit non putare se ex taberna casiaria fumum in superiora aedificia iure immitti posse, nisi ei rei servitutem talem admittit. Idemque ait: et ex superiore in inferiora non aquam, non quid aliud immitti licet: in suo enim alii hactenus facere licet, quatenus nihil in alienum immittat, fumi autem sicut aquae esse immissionem: posse igitur superiorem cum inferiore agere ius illi non esse id ita facere. alfenum denique scribere ait posse ita agi ius illi non esse in suo lapidem caedere, ut in meum fundum fragmenta cadant. dicit igitur Aristo eum, qui tabernam casiariam a minturnensibus conduxit, a superiore prohiberi posse fumum immittere, sed minturnenses ei ex conducto teneri: agique sic posse dicit cum eo, qui eum fumum immittat, ius ei non esse fumum immittere. ergo per contrarium agi poterit ius esse fumum immittere: quod et ipsum videtur Aristo probare. sed et interdictum uti possidetis poterit locum habere, si quis prohibeatur, qualiter velit, suo uti.

D. 8. 5. 8. 6 *Ulpianus 17 ad edictum*

Apud Pomponium dubitatur libro quadragensimo primo lectionum, an quis possit ita agere licere fumum non gravem, puta ex foco, in suo facere aut non licere. et ait magis non posse agi, sicut agi non potest ius esse in suo ignem facere aut sedere aut lavare.

D. 8，5，8，5 乌尔比安:《论告示》第17卷

阿里斯多回答切雷流斯·韦达里斯（Cerellius Vitalis）说：只要上面的建筑物有排烟役权负担，奶酪作坊的烟就可以被合法地排往位于其上的建筑物。他还认为，将水或别的物从高地排放到低地上并非合法，因为一个人只许在他自己的财产上从事活动，而不能将某物排放到他人财产上。排烟就像排水一样，因而高地的所有人可以对低地的所有人提起诉讼，主张后者无权排烟。最后他说，阿尔芬写道人们可以提起诉讼主张一个人无权在其土地劈石而将碎石掉到我的土地上。因此阿里斯多认为，向敏吐纳家租了一个奶酪作坊的人可能被位于其上的人阻止排烟，但是敏吐纳家应基于租赁之诉向他承担责任。他说，人们可以对排烟之人提起诉讼，主张他无权排烟；反之，人们也可以提起有权排烟之诉。阿里斯多也赞同此观点。然而，如果一个人按其愿望使用他自己的财产而受到妨碍，他可使用保护不动产占有令状（interdictum uti possidetis）。

D. 8，5，8，6 乌尔比安:《论告示》第17卷

彭波尼在《各种片段引述》第41卷提出一个问题，即一个人是否可以提起诉讼以主张他有权在自己的土地上制造非大量的烟，如因生火而产生的烟？他说，占统治地位的观点认为不能提起该诉讼，就像一个人不能提起诉讼以主张他有权在自己的土地上升火、坐或洗刷一样。

6
Finium regundorum
(J. 4. 6. 20; J. 4. 17. 6; D. 10. 1; C. 3. 39)

D. 10. 1. 1 ***Paulus 23 ad edictum***

Finium regundorum actio in personam est, licet pro vindicatione rei est.

D. 10. 1. 4. 10 ***Paulus 23 ad edictum***

Hoc iudicium locum habet in confinio praediorum rusticorum: nam in confinio praediorum urbanorum displicuit, neque enim confines hi, sed magis vicini dicuntur et ea communibus parietibus plerumque disterminantur. et ideo et si in agris aedificia iuncta sint, locus huic actioni non erit: et in urbe hortorum latitudo contingere potest, ut etiam finium regundorum agi possit.

D. 10. 1. 4. 8 ***Paulus 23 ad edictum***

Non solum autem inter duos fundos, verum etiam inter tres pluresve fundos accipi iudicium finium regundorum potest: ut puta singuli plurium fundorum confines sunt, trium forte vel quattuor.

6

调整地界之诉

(J. 4，6，20；10，1；J. 4，17，6；
D. 10，1；C. 3，39)

D. 10，1，1 保罗:《论告示》第 23 卷

调整地界之诉（finium regundorum actio）是对人之诉，尽管其目的是要求归还物。

D. 10，1，4，10 保罗:《论告示》第 23 卷

这种诉讼（iudicium）用于调整乡村土地的地界，而非用于调整城市土地的地界，因为在城市人们常谈及的不是土地的邻接而是房地产的相邻，且城市的土地一般被共有的墙分开。因此，虽然在农村，房屋邻接在一起，但不能适用该诉讼；在城市可能宽阔的花园，以致为调整地界也可能提起该诉讼。

D. 10，1，4，8 保罗:《论告示》第 23 卷

此外，调整地界之诉不仅可用于调整两块土地之间的地界，而且还可以用于调整三块或更多块土地之间的地界，比如，有很多块土地，也许是三块或四块，共有一条地界。

D. 10. 1. 4. 9 ***Paulus 23 ad edictum***

Finium regundorum actio et in agris vectigalibus et inter eos qui usum fructum habent vel fructuarium et dominum proprietatis vicini fundi et inter eos qui iure pignoris possident competere potest.

D. 10. 1. 8. 1 ***Ulpianus 6 opin.***

Ad officium de finibus cognoscentis pertinet mensores mittere et per eos dirimere ipsam finium quaestionem, ut aequum est, si ita res exigit, oculisque suis subiectis locis.

D. 10. 1. 2. 1 ***Ulpianus 19 ad edictum***

Iudici finium regundorum permittitur, ut, ubi non possit dirimere fines, adiudicatione controversiam dirimat: et si forte amovendae veteris obscuritatis gratia per aliam regionem fines dirigere iudex velit, potest hoc facere per adiudicationem et condemnationem.

D. 10. 1. 3 ***Gaius 7 ad edictum provinciale***

Quo casu opus est, ut ex alterutrius praedio alii adiudicandum sit, quo nomine is cui adiudicatur in vicem pro eo quod ei adiudicatur certa pecunia condemnandus est.

D. 10. 1. 4. 1 ***Paulus 23 ad edictum***

In iudicio finium regundorum etiam eius ratio fit quod interest. quid enim si quis aliquam utilitatem ex eo loco percepit, quem vicini esse appareat? non inique damnatio eo nomine fiet. sed et si mensor ab altero solo conductus sit, condemnatio erit facienda eius, qui non conduxit, in partem mercedis.

D. 10，1，4，9 保罗：《论告示》第23卷

调整地界之诉还可以适用于税地（ager vectigalis），并可在享有土地用益权的人之间、用益权人与邻地所有人之间以及根据质权而占有土地的人之间适用。

D. 10，1，8，1 乌尔比安：《意见集》第6卷

被指定参与调整地界之诉的法官的职责是：委派土地测量员，并通过他们公正地解决地界争端；如果情况需要，他应亲自检查土地。

D. 10，1，2，1 乌尔比安：《论告示》第19卷

被任命调整地界的法官无法识别地界时，允许他通过分析判决（adiudicatio）解决（controversia）。若为消除旧的模糊不清，法官想另划地界，他可通过分析判决和判决承担财产责任为之。

D. 10，1，3 盖尤斯：《论行省告示》第7卷

在那种情况下，在两人中一人的土地的某一部分得被判给另一个人。鉴于此，土地被判给他的那个人，应被判决支付一笔特定数额的钱，以作为对判给他的土地的补偿。

D. 10，1，4，1 保罗：《论告示》第23卷

在调整地界之诉中，还要考虑到与土地有关的利益。既然如此，如果某人从后来被发现是邻居的土地上获取了某种利益，该怎么办呢？他因此被判决承担返还责任并非不公平，但若土地测量员仅受一方邀请，未邀请他的一方应被判决支付一笔酬金（merces）。

D. 10. 1. 4. 2 ***Paulus 23 ad edictum***

Post litem autem contestatam etiam fructus venient in hoc iudicio: nam et culpa et dolus exinde praestantur: sed ante iudicium percepti non omnimodo hoc in iudicium venient: aut enim bona fide percepit, et lucrari eum oportet, si eos consumpsit, aut mala fide, et condici oportet.

D. 10. 1. 8pr. ***Ulpianus 6 opin.***

Si irruptione fluminis fines agri confudit inundatio ideoque usurpandi quibusdam loca, in quibus ius non habent, occasionem praestat, praeses provinciae alieno eos abstinere et domino suum restitui terminosque per mensorem declarari iubet.

D. 10，1，4，2 保罗:《论告示》第23卷

在争讼期之后，孳息也将被包括在此诉讼内，因为从那时起某人取得孳息被视为具有故意或过失。但在诉讼前获得的孳息不能被包括在此诉讼内。因为若某人善意取得它们，孳息属于取得者，他有权使用它们；若恶意取得它们，孳息需通过请求给付的对人之诉（condictio）被请求返还。

D. 10，1，8pr. 乌尔比安:《意见集》第6卷

如果河决口，河水泛滥模糊了地界，致使一些人乘机侵占了他们无权享有的土地，那么行省长官（praeses provinciae）将命令"每个人不得染指别人的土地，要将自己侵占的土地返还所有人，并通过土地测量员（mensor）明确土地的界线"。

7
De operis novi nunciatione et de remissionibus

(D. 39. 1; D. 43. 25; C. 8. 10)

7. 1 Opus novum

D. 39. 1. 1pr. ***Ulpianus 52 ad edictum***

Hoc edicto promittitur, ut, sive iure sive iniuria opus fieret, per nuntiationem inhiberetur, deinde remitteretur prohibitio hactenus, quatenus prohibendi ius is qui nuntiasset non haberet.

D. 39. 1. 1. 1 ***Ulpianus 52 ad edictum***

Hoc autem edictum remediumque operis novi nuntiationis adversus futura opera inductum est, non adversus praeterita, hoc est adversus ea quae nondum facta sunt, ne fiant: nam si quid operis fuerit factum, quod fieri non debuit, cessat edictum de operis novi nuntiatione et erit transeundum ad interdictum "quod vi aut clam factum erit ut restituatur", et "quod in loco sacro religiosove" et "quod in flumine publico ripave publica factum erit": nam his interdictis restituetur, si quid illicite factum est.

D. 39. 1. 1. 11 ***Ulpianus 52 ad edictum***

Opus novum facere videtur, qui aut aedificando aut detrahendo aliquid pristinam faciem operis mutat.

7

新施工警告与撤销

（D. 39，1；D. 43，25；C. 8，10）

7.1 新施工

D. 39，1，1pr. 乌尔比安:《论告示》第52卷

以此告示保证：如果一项施工不管是被合法地进行还是被非法地进行都为警告所禁止，那么禁止将在发出警告的人无权禁止的范围内被取消。

D. 39，1，1，1 乌尔比安:《论告示》第52卷

此告示和由新施工警告（operis novi nuntiatio）构成的补救措施，针对的是未来的施工而非已完成的施工，即尚未进行而不希望进行的施工。因此，如果有些不应进行的施工已被进行，便不适用关于新施工警告的告示，而应求助于“暴力或欺瞒令状”（interdictum quod vi aut clam）、“将在圣地或安魂之地进行的施工恢复原状的令状”及“将在公有河流上或其岸上进行的施工恢复原状的令状”。因为通过这些令状非法进行的施工将被恢复原状。

D. 39，1，1，11 乌尔比安:《论告示》第52卷

某人通过建造或拆除某一部分的方式，改变了建筑物的原有结构，被认为是在从事新施工。

D. 39. 1. 1. 12 ***Ulpianus 52 ad edictum***

Hoc autem edictum non omnia opera complectitur, sed ea sola, quae solo coniuncta sunt, quorum aedificatio vel demolitio videtur opus novum continere. idcirco placuit, si quis messem faciat, arborem succidat, vineam putet, quamquam opus faciat, tamen ad hoc edictum non pertinere, quia ad ea opera, quae in solo fiunt, pertinet hoc edictum.

D. 39. 1. 1. 13 ***Ulpianus 52 ad edictum***

Si quis aedificium vetus fulciat, an opus novum nuntiare ei possumus, videamus. et magis est, ne possimus: hic enim non opus novum facit, sed veteri sustinendo remedium adhibet.

7. 2 Actor

D. 39. 1. 1. 16 ***Ulpianus 52 ad edictum***

Nuntiatio fit aut iuris nostri conservandi causa aut damni depellendi aut publici iuris tuendi gratia.

D. 39. 1. 1. 17 ***Ulpianus 52 ad edictum***

Nuntiamus autem, quia ius aliquid prohibendi habemus: vel ut damni infecti caveatur nobis ab eo, qui forte in publico vel in privato quid molitur: aut si quid contra leges edictave principum, quae ad modum aedificiorum facta sunt, fiet, vel in sacro vel in loco religioso, vel in publico ripave fluminis, quibus ex causis et interdicta proponuntur.

D. 39，1，1，12 乌尔比安：《论告示》第52卷

这种告示并不包括所有的施工。只有建筑或拆除定着于土地上之物的施工才被视为新施工。因此人们知道，如果一个人收割庄稼、砍伐树木或修剪葡萄园，那么尽管他在从事一项工作，但该项工作不属于此告示的范围，因为该告示涉及的是在土地上进行的前述施工。

D. 39，1，1，13 乌尔比安：《论告示》第52卷

如果一个人在支撑一个古建筑物，让我们想想，我们是否可以向他发出一个新施工警告？较符合实际的是我们不能，因为此人不是在进行新的施工，而是在采用一种补救办法支撑那个建筑物。

7.2 原告

D. 39，1，1，16 乌尔比安：《论告示》第52卷

发出这种警告，或是为了保护我们的权利（ius），或是为防止损害（damnum）的发生，或是为了维护公众的权利（publicum ius）。

D. 39，1，1，17 乌尔比安：《论告示》第52卷

我们发出警告，或因我们享有某种禁止权（ius prohibendi），比如为了从公开地或秘密地从事某一施工的人那里获得潜在损害担保；或因某一施工被进行将违反为调整建筑而颁布的法律、皇帝的敕令；或因某一施工将在圣地、安魂之地、公共场所或河岸上被进行。在后一种情况下还可以发布令状。

D. 39. 1. 5. 11 ***Ulpianus 52 ad edictum***

Si quis rivos vel cloacas velit reficere vel purgare, operis novi nuntiatio merito prohibetur, cum publicae salutis et securitatis intersit et cloacas et rivos purgari.

D. 39. 1. 5. 12 ***Ulpianus 52 ad edictum***

Praeterea generaliter praetor cetera quoque opera excepit, quorum mora periculum aliquod allatura est: nam in his quoque contemnendam putavit operis novi nuntiationem. quis enim dubitat multo melius esse omitti operis novi nuntiationem, quam impediri operis necessarii urguentem extructionem? totiens autem haec pars locum habet, quotiens dilatio periculum allatura est.

D. 39. 1. 1. 19 ***Ulpianus 52 ad edictum***

Iuris nostri conservandi aut damni depellendi causa opus novum nuntiare potest is ad quem res pertinet.

D. 43. 25. 1. 3 ***Ulpianus 71 ad edictum***

Ius habet opus novum nuntiandi, qui aut dominium aut servitutem habet.

D. 39. 1. 3. 4 ***Ulpianus 52 ad edictum***

Si in publico aliquid fiat, omnes cives opus novum nuntiare possunt:

D. 39. 1. 4 ***Paulus 48 ad edictum***

Nam rei publicae interest quam plurimos ad defendendam suam causam admittere.

D. 39，1，5，11 乌尔比安:《论告示》第52卷

如果有人想修理或清理水管或下水道，禁止向他发出新施工警告是完全正确的，因为清理水管和下水道涉及公众在健康和安全方面的利益。

D. 39，1，5，12 乌尔比安:《论告示》第52卷

此外，裁判官通常还将施工迟延将产生某种危险的其他施工排除在外，因为他认为对这些施工也不应适用新施工警告。实际上谁会怀疑禁止发出新施工警告比阻止进行迫切需要进行的施工好得多呢？然而，只有施工迟延会引起危险，才适用此规定。

D. 39，1，1，19 乌尔比安:《论告示》第52卷

为了保护我们的权利或为了防止损害，物之所有人可以发出新施工警告。

D. 43，25，1，3 乌尔比安:《论告示》第71卷

享有所有权或役权的人有权发出新施工警告。

D. 39，1，3，4 乌尔比安:《论告示》第52卷

若某一施工在公共场所被进行，每个市民皆可发出新施工警告。

D. 39，1，4 保罗:《论告示》第48卷

因涉及公众利益，故允许尽可能多的人保护该利益。

D. 39. 1. 5. 3 ***Ulpianus 52 ad edictum***

Nuntiari autem non utique domino oportet: sufficit enim in re praesenti nuntiari ei, qui in re praesenti fuerit, usque adeo, ut etiam fabris vel opificibus, qui eo loci operantur, opus novum nuntiari possit. et generaliter ei nuntiari opus novum potest, qui in re praesenti fuit domini operisve nomine, neque refert, quis sit iste vel cuius condicionis qui in re praesenti fuit: nam et si servo nuntietur vel mulieri vel puero vel puellae, tenet nuntiatio: sufficit enim in re praesenti operis novi nuntiationem factam sic, ut domino possit renuntiari.

7. 3 Adversarium

D. 39. 1. 1. 6 ***Ulpianus 52 ad edictum***

In operis autem novi nuntiatione possessorem adversarium facimus.

7. 4 Modus nuntiandi

D. 39. 1. 1. 2 ***Ulpianus 52 ad edictum***

Nuntiatio ex hoc edicto non habet necessariam praetoris aditionem: potest enim nuntiare quis et si eum non adierit.

D. 39. 1. 8. 2 ***Paulus 48 ad edictum***

Si, cum possem te iure prohibere, nuntiavero tibi opus novum, non alias aedificandi ius habebis, quam si satisdederis.

D. 39, 1, 5, 3 乌尔比安:《论告示》第52卷

无需向所有权人发出警告，向在施工现场的人发出警告即可，以致可以向在施工现场劳动的建筑者或工匠发出新施工警告。通常可以向以主人名义或以施工名义呆在施工现场的人发出新施工警告，此人的身份和地位并不重要，因为即使向一个奴隶、一个女人、一个未达适婚年龄的男孩或女孩发出警告也是有效的，只要新施工警告在施工现场被发布便可以被传达给他们的主人（dominus）。

7.3 相对方

D. 39, 1, 1, 6 乌尔比安:《论告示》第52卷

然而，通过新施工警告，我们使对方处于占有人的地位。

7.4 警告的方式

D. 39, 1, 1, 2 乌尔比安:《论告示》第52卷

根据此告示，发出新施工警告不必求助于裁判官，因为一个人即使不求助于裁判官，也可发出该警告。

D. 39, 1, 8, 2 保罗:《论告示》第48卷

如果我可以合法地禁止你施工，我将向你发出新施工警告。你只有提供了担保，才有权进行建筑。

7. 5 Quod factum est, restituas

D. 39. 1. 20. 3 ***Ulpianus 71 ad edictum***

Ait praetor: "quod factum est, restituas." quod factum est, iubet restitui, neque interest, iure factum sit an non: sive iure factum est sive non iure factum est, interdictum locum habebit.

D. 43. 25. 1. 2 ***Ulpianus 71 ad edictum***

Et verba praetoris ostendunt remissionem ibi demum factam, ubi nuntiatio non tenet, et nuntiationem ibi demum voluisse praetorem tenere, ubi ius est nuntianti prohibere, ne se invito fiat. ceterum sive satisdatio interveniat sive non, remissio facta hoc tantum remittit, in quo non tenuit nuntiatio. plane si satisdatum est, exinde remissio facta est, non est necessaria remissio.

D. 39. 1. 1. 7 ***Ulpianus 52 ad edictum***

Sed si is, cui opus novum nuntiatum est, ante remissionem aedificaverit, deinde coeperit agere ius sibi esse ita aedificatum habere, praetor actionem ei negare debet et interdictum in eum de opere restituendo reddere.

D. 39. 1. 20. 6 ***Ulpianus 71 ad edictum***

Hoc interdictum perpetuo datur et heredi ceterisque successoribus competit.

7.5 将已进行的施工恢复原状

D. 39, 1, 20, 3 乌尔比安:《论告示》第71卷

裁判官说:“你必须将已进行的施工恢复原状。”他命令将已进行的施工恢复原状，该施工是否被合法地进行并不重要。无论施工被合法地进行还是被非法地进行，此令状皆适用。

D. 43, 25, 1, 2 乌尔比安:《论告示》第71卷

裁判官的话表明：新施工警告一旦被撤销，便失去其效力；新施工警告在发出警告的人有权禁止违背其意志施工的场合有效。此外，不管施工者是否提供了担保（satisdatio），新施工警告的撤销只导致其失效。显然，如果施工者已提供了担保，便无必要撤销新施工警告。

D. 39, 1, 1, 7 乌尔比安:《论告示》第52卷

但是，若接到新施工警告的人在警告被撤销前进行建筑，后来为确认他有权保持其建筑之物提起诉讼，那么裁判官应驳回其起诉，并向他发出将施工恢复原状的令状。

D. 39, 1, 20, 6 乌尔比安:《论告示》第71卷

此令状不因时间的经过而失去效力。继承人（heres）及其他接受遗产的人可使用此令状。

D. 39. 1. 22 ***Marcellus 15 digestorum***

Cui opus novum nuntiatum est, ante remissam nuntiationem opere facto decessit: debet heres eius patientiam destruendi operis adversario praestare: nam et in restituendo huiusmodi opere eius, qui contra edictum fecit, poena versatur, porro autem in poenam heres non succedit.

D. 39. 1. 23 ***Iavolenus 7 epist.***

Is, cui opus novum nuntiatum erat, vendidit praedium: emptor aedificavit: emptorem an venditorem teneri putas, quod adversus edictum factum sit? respondit: cum operis novi nuntiatio facta est, si quid aedificatum est, emptor, id est dominus praediorum tenetur, quia nuntiatio operis non personae fit et is demum obligatus est, qui eum locum possidet, in quem opus novum nuntiatum est.

D. 39，1，22 马尔切勒:《学说汇纂》第15卷

被发出新施工警告的人于施工后、警告被撤销前死亡，其继承人必须容忍对方拆除施工物，因为违反告示不进行施工的人应承担的责任是将已进行的施工恢复原状，当然，其继承人不会继承该责任。

D. 39，1，23 雅沃伦:《书信集》第7卷

被发出新施工警告的人将土地出卖，买受人进行了建筑，你认为因违反告示进行施工而必须承担责任的是出卖人还是买受人？回答是：如果在新施工警告被发出时已进行了建筑，那么买受人（即土地所有人）必须承担责任。因为发出新施工警告不是针对某人而是针对在土地上进行的施工。因此占有施工土地的人最终将承担责任。

8
De damno infecto
(D. 39. 2)

8. 1 Damnum nondum factum

D. 39. 2. 2 *Gaius 28 ad edictum provinciale*

Damnum infectum est damnum nondum factum, quod futurum veremur.

D. 39. 2. 7. 1 *Ulpianus 53 ad edictum*

Hoc edictum prospicit damno nondum facto, cum ceterae actiones ad damna, quae contigerunt, sarcienda pertineant, ut in legis aquiliae actione et aliis. de damno vero facto nihil edicto cavetur: cum enim animalia, quae noxam commiserunt, non ultra nos solent onerare, quam ut noxae ea dedamus, multo magis ea, quae anima carent, ultra nos non deberent onerare, praesertim cum res quidem animales, quae damnum dederint, ipsae extent, aedes autem, si ruina sua damnum dederunt, desierint extare.

8
潜在损害
(D. 39，2)

8.1 尚未发生的损害

D. 39，2，2 盖尤斯:《论行省告示》第28卷

潜在损害（damnum infectum）是尚未发生而担心将来会发生的损害。

D. 39，2，7，1 乌尔比安:《论告示》第53卷

此告示涉及尚未发生的损害，而其它诉讼，如阿奎利亚法之诉及别的诉讼，涉及对已发生的损害的赔偿。在此告示中对已发生的损害未作规定，因为我们对动物致人损害承担的责任通常至多为损害投偿。特别是鉴于致人损害的动物本身继续存在，而因倒塌引起损害的房屋却不复存在的事实，我们对非动物引起的损害所承担的责任不应超过类似的限度。

D. 39. 2. 26 ***Ulpianus 81 ad edictum***

Proculus ait, cum quis iure quid in suo faceret, quamvis promisisset promisisset damni infecti vicino, non tamen eum teneri ea stipulatione: veluti si iuxta mea aedificia habeas aedificia eaque iure tuo altius tollas, aut si in vicino tuo agro cuniculo vel fossa aquam meam avoces: quamvis enim et hic aquam mihi abducas et illic luminibus officias, tamen ex ea stipulatione actionem mihi non competere, scilicet quia non debeat videri is damnum facere, qui eo veluti lucro, quo adhuc utebatur, prohibetur, multumque interesse, utrum damnum quis faciat, an lucro, quod adhuc faciebat, uti prohibeatur. mihi videtur vera esse Proculi sententia.

D. 39. 2. 19. 1 ***Gaius ad ed. pretoris urbanis de damno inf.***

Sive aedium vitio sive operis, quod vel in aedibus vel in loco urbano aut rustico, privato publicove fiat, damni aliquid futurum sit, curat praetor, ut timenti damnum caveatur.

D. 39. 2. 24. 2 ***Ulpianus 81 ad edictum***

Sed ut ne quid aedium loci operisve vitio damnum factum sit, stipulatio interponitur de eo sine satisdatione: quae non solum ad totas aedes, sed etiam ad partem aedium pertinet. vitium autem aedium et loci esse Labeo ait, quod accidens extrinsecus infirmiores eas facit: denique nemo dixit palustris loci vel harenosi nomine quasi vitiosi committi stipulationem, quia naturale vitium est: et ideo nec ea stipulatio interponitur neque interposita committetur.

D. 39，2，26 乌尔比安：《论告示》第81卷

普罗库勒说：当某人合法地在他自己的土地上施工时，尽管他已向其邻居就潜在损害作出允诺，然而他不会受到这一要式口约（stipulatio）的约束。比如，你有一建筑物位于我的建筑物旁，你有权加高它；或你通过你土地上的水渠将我的水引到你的土地上。在后一种情况下你减少了我的水，在前一情况下你阻挡了我的光线。然而，依此要式口约我却没有诉权，因为妨碍他人享受迄今为止一直享受的利益的人不被视为在致人损害。在致人损害与妨碍享受迄今为止一直享受的利益之间存在重大区别。我认为普罗库勒的这一观点是正确的。

D. 39，2，19，1 盖尤斯：《论内事裁判官告示》关于潜在损害一章

如果因为房屋的瑕疵（vitium）或在房上、在城市或乡村的公共的或私人的土地上施工的瑕疵将引起某种损害，裁判官便将设法使担心遭受损害的人获得要式口约。

D. 39，2，24，2 乌尔比安：《论告示》第81卷

但为防止因房屋、场地或施工的瑕疵而发生损害，创立了无担保之要式口约（stipulatio sine satisdatione）。此要式口约不仅适用于整个房屋，而且适用于房屋的某一部分。拉贝奥说，房屋、土地的瑕疵是由外界引起的使房屋变得不太牢固的瑕疵。从未有人认为可将沼泽地或沙质地作为有瑕疵的地方而订立一个要式口约，因为这种“瑕疵”是自然瑕疵（naturale vitium），因而不能订立那种要式口约，若订立了，也是无效的。

D. 39. 2. 24. 9 ***Ulpianus 81 ad edictum***

Item apud vivianum relatum est, si ex agro vicini arbores vi tempestatis confractae in meum agrum deciderint eoque facto vitibus meis vel segetibus nocent vel aedificia demoliunt, stipulationem istam, in qua haec comprehenduntur "si quid arborum locive vitio acciderit", non esse utilem, quia non arborum vitio, sed vi ventorum damnum mihi datum est. plane si vetustate arborum hoc fiebat, possumus dicere vitio arborum damnum mihi dari.

D. 43. 23. 1. 14 ***Ulpianus 71 ad edictum***

Sed et damni infecti cautionem pollicetur, si quid operis vitio factum est: nam sicuti reficere cloacas et purgare permittendum fuit, ita dicendum, ne damnum aedibus alienis detur.

8. 2 Cui competit stipulatio

D. 39. 2. 18pr. ***Paulus 48 ad edictum***

Damni infecti stipulatio competit non tantum ei, cuius in bonis res est, sed etiam cuius periculo res est.

D. 39. 2. 13. 3 ***Ulpianus 53 ad edictum***

Qui damni infecti caveri sibi postulat, prius de calumnia iurare debet: quisquis igitur iuraverit de calumnia, admittitur ad stipulationem, et non inquiretur, utrum intersit eius an non, vicinas aedes habeat an non habeat. totum tamen hoc iurisdictioni praetoriae subiciendum, cui cavendum sit, cui non.

D. 39，2，24，9 乌尔比安：《论告示》第81卷

韦维安（Vivianus）同样写道：如果树从邻居土地上被暴风刮倒在我的土地上并因此给我的葡萄树或庄稼造成了损害或毁坏了我的建筑物，那么我不能适用其内容为“因树或场地的瑕疵而引起损害”的要式口约，因为我的损害非因树之瑕疵引起，而是风力所致。但是，若损害是因树的枯老而发生的，我们便可以说损害是由树的瑕疵引起的。

D. 43，23，1，14 乌尔比安：《论告示》第71卷

但是，如果施工的瑕疵将导致某种损害的发生，那么他还应允诺作出潜在损害之要式口约（damni infecti cautio），因为就像应允许修理和清理下水道一样，为的是不给他人的房屋造成损害。

8.2 要求对潜在损害提供要式口约担保的主体

D. 39，2，18pr. 保罗：《论告示》第48卷

（要求作出）潜在损害之要式口约（damni infecti stipulatio）（的权利）不仅属于物之所有人，而且属于承担损害风险的人。

D. 39，2，13，3 乌尔比安：《论告示》第53卷

要求向他提供潜在损害之要式口约的人，首先必须就虚假指控（calumnia）进行宣誓，作了这种宣誓的人才被允许获得该要式口约；他对邻居的房屋是否享有某种利益的问题将不被问及。然而，是否应给予某人要式口约，将由裁判官裁决。

8. 3 Cui competit cautio

D. 39. 2. 9. 4 ***Ulpianus 53 ad edictum***

Quaesitum est, si solum sit alterius, superficies alterius, superficiarius utrum repromittere damni infecti an satisdare debeat. et Iulianus scribit, quotiens superficiaria insula vitiosa est, dominum et de soli et de aedificii vitio repromittere aut eum, ad quem superficies pertinet, de utroque satisdare: quod si uterque cesset, vicinum in possessionem mittendum.

D. 39. 2. 9. 5 ***Ulpianus 53 ad edictum***

Celsus certe scribit, si aedium tuarum usus fructus Titiae est, damni infecti aut dominum repromittere aut Titiam satisdare debere. quod si in possessionem missus fuerit is, cui damni infecti cavendum fuit, Titiam uti frui prohibebit. idem ait eum quoque fructuarium, qui non reficit, a domino uti frui prohibendum: ergo et si de damno infecto non cavet dominusque compulsus est repromittere, prohiberi debet frui.

D. 39. 2. 24. 1a ***Ulpianus 81 ad edictum***

Adicitur in hac stipulatione et heredum nomen vel successorum eorumque, ad quos ea res pertinet. successores autem non solum qui in universa bona succedunt, sed et hi, qui in rei tantum dominium successerint, his verbis continentur.

8.3 缔结为潜在损害提供担保的要式口约的主体

D. 39，2，9，4 乌尔比安:《论告示》第53卷

如果土地属于一个人而地上权属于另一个人，那么产生的问题是：是地上权人应订立潜在损害之要式口约，还是所有权人应订立该要式口约？尤里安写道，当建筑在他人土地上的房屋有瑕疵时，所有权人应就土地及建筑物的瑕疵订立潜在损害之要式口约，或地上权人应对这两种瑕疵订立该要式口约，如果双方都没那么做，邻居便应被特准占有它们。

D. 39，2，9，5 乌尔比安:《论告示》第53卷

然而杰尔苏写道，如果你的房屋的用益权属于铁茨娅，那么对潜在损害或是所有权人必须订立要式口约或是铁茨娅必须订立要式口约。但是，若潜在损害之要式口约应被提供给他的人被特准占有房屋，他便将禁止铁茨娅行使用益权。他又说道，未修理房屋的用益权人将被所有权人禁止行使用益权。因此，如果用益权人未提供潜在损害之要式口约，所有权人便将被迫作出该要式口约，而前者应被禁止行使用益权。

D. 39，2，24，1a 乌尔比安:《论告示》第81卷

在这种要式口约中还要添上“继承人”、“其他接受遗产的人”以及“某物将属于他的人”的名字；另一方面，在此要式口约中，接受遗产的人（successor）不仅包括继承一切财产的人，而且包括只继承某个物的所有权的人。

D. 39. 2. 32 ***Gaius 28 ad edictum provinciale***

Si aedibus meis proximae sint aedes meae et tuae, quaeritur, an, si hae vitium mihi faciant, cavere mihi debeas pro damno propriarum mearum aedium, scilicet pro qua parte dominus existes. et hoc plerisque placet: sed movet me, quod ipse meas aedes reficere possim et impensas pro socio aut communi dividundo iudicio pro parte consequi. nam et si unas aedes communes tecum habui eaeque vitium faciant et circa refectionem earum cessare videaris, nostri praeceptores negant cavere te debere, quia ipse reficere possim recepturus pro parte, quod impenderim, iudicio societatis aut communi dividundo: ideo et interpositam cautionem minus utilem futuram, quia alia ratione damnum mihi posset sarciri. et est plane nostrorum praeceptorum haec sententia, ut credamus inutilem esse damni infecti stipulationem, quo casu damnum alia actione sarciri possit: quod et in superiore casu intellegendum est.

8. 4 Missio in possessionem

D. 39. 2. 15. 11 ***Ulpianus 53 ad edictum***

Ex hoc edicto si non caveatur, mittitur in possessionem a praetore in eam partem, quae ruinosa esse videtur.

D. 39. 2. 15. 30 ***Ulpianus 53 ad edictum***

Si quis damni infecti in possessionem missus sit, fulcire eum et reficere insulam debere sunt qui putent eamque culpam praestare exemplo eius, qui pignori accepit. sed alio iure utimur: cum enim ob hoc tantum missus sit, ut vice cautionis in possessione sit, nihil ei imputari, si non refecerit.

D. 39，2，32 盖尤斯：《论行省告示》第28卷

如果你和我共有的房屋与我自己的房屋邻接，产生的问题是：假如这些房屋将给我造成损害，你是否应就共有房屋中属于你的那部分向我提供一个关于我自己房屋的损害的要式口约？很多法学家认为你应这么做，但我面临的事实是：我可以修理我的房屋，并通过合伙之诉或共有物分割之诉获得应由你负担的那部分房屋修理费。因为，如果我同你共有的一栋房屋引起损害而你被认为忽视了它的修理，我们的老师否认你应提供要式口约，因为我同样也可以修理它，而且通过合伙之诉或共有物分割之诉我可以收回我花费的应由你负担的修理费用。由于我可以通过其它途径获得损害的补偿，所以订立要式口约是无用的。我们的老师的观点是正确的。我们认为，在损害可通过别的诉讼被补偿的情况下，订立潜在损害之要式口约是无用的。

8.4 特准占有

D. 39，2，15，11 乌尔比安：《论告示》第53卷

根据此告示，如果潜在损害之要式口约未被提供，要求提供该要式口约的人将被裁判官特准占有被认为是处于毁坏状态的那部分建筑物。

D. 39，2，15，30 乌尔比安：《论告示》第53卷

有人认为，若为防止潜在损害某人被特准占有（建筑物），他便应支撑、修理该建筑物；他若不这样做，就必须像将物作为质物接受的人那样要对其过错负责。然而我们适用另一法学原则。我们特准他占有仅仅是因为他未获得潜在损害之要式口约，因此若他未修理它，那么没有什么应归责于他。

D. 39. 2. 15. 16 ***Ulpianus 53 ad edictum***

Iulianus scribit eum, qui in possessionem damni infecti nomine mittitur, non prius incipere per longum tempus dominium capere, quam secundo decreto a praetore dominus constituatur.

D. 39. 2. 15. 21 ***Ulpianus 53 ad edictum***

Non autem statim ubi misit praetor in possessionem, etiam possidere iubet, sed tunc demum, cum iusta causa videbitur (ergo intervallum aliquod debebit intercedere), quod aut pro derelicto aedes longo silentio dominus videatur habuisse aut emisso in possessionem et aliquamdiu immorato nemo caveat.

8. 5 De damno facto ante quam caveretur

D. 39. 2. 7. 2 ***Ulpianus 53 ad edictum***

Unde quaeritur, si ante, quam caveretur, aedes deciderunt neque dominus rudera velit egerere eaque derelinquat, an sit aliqua adversus eum actio. et Iulianus consultus, si prius, quam damni infecti stipulatio interponeretur, aedes vitiosae corruissent, quid facere deberet is, in cuius aedes rudera decidissent, ut damnum sarciretur, respondit, si dominus aedium, quae ruerunt, vellet tollere, non aliter permittendum, quam ut omnia, id est et quae inutilia essent, auferret, nec solum de futuro, sed et de praeterito damno cavere eum debere: quod si dominus aedium, quae deciderunt, nihil facit, interdictum reddendum ei, in cuius aedes rudera decidissent, per quod vicinus compelletur aut tollere aut totas aedes pro derelicto habere.

D. 39，2，15，16 乌尔比安：《论告示》第53卷

尤里安写道：因潜在损害而被特准占有的人，在被裁判官以第二道指令指定为所有人（dominus）之前，不能开始通过时效取得物之所有权。

D. 39，2，15，21 乌尔比安：《论告示》第53卷

裁判官特准占有，并非命令立即占有，而是命令在具有正当理由时才进行占有，因此必须经过一段时间才能进行占有，比如，所有人长时间沉默表明他放弃了房屋，或他未向被特准占有的人提供潜在损害之要式口约的状况已持续了一段时间。

8.5 无潜在损害要式口约时的救济

D. 39，2，7，2 乌尔比安：《论告示》第53卷

因此产生了这样的问题：如果在潜在损害之要式口约被提供前房屋倒塌了，房屋所有人不想清除瓦砾而抛弃它们，是否可以对他提起某种诉讼？尤里安曾被咨询道，假如在潜在损害之要式口约被提供以前房屋因本身的瑕疵而倒塌，那么瓦砾落在其房屋上的人为获得损害赔偿应该怎么办？他答道，若已倒塌房屋的所有人想清除瓦砾，那么除非他全部清除它们及无用之物，否则不应被允许；他不仅应提供关于未来损害（futurus damnus）的要式口约，而且要对已发生的损害予以赔偿。如果倒塌房屋的所有人什么也没做，此令状应被授予瓦砾落在其房屋上的人，据此令状其邻居将被迫清除瓦砾或被迫放弃整个房屋。

9
De aqua et aquae pluviae arcendae
(D. 39. 3)

9. 1 Aqua pluvia

D. 39. 3. 1pr. ***Ulpianus 53 ad edictum***

Si cui aqua pluvia damnum dabit, actione aquae pluviae arcendae avertetur aqua. aquam pluviam dicimus, quae de caelo cadit atque imbre excrescit, sive per se haec aqua caelestis noceat, ut Tubero ait, sive cum alia mixta sit.

9. 1. 1 Opus manu factum

D. 39. 3. 1. 1 ***Ulpianus 53 ad edictum***

Haec autem actio locum habet in damno nondum facto, opere tamen iam facto, hoc est de eo opere, ex quo damnum timetur: totiensque locum habet, quotiens manu facto opere agro aqua nocitura est, id est cum quis manu fecerit, quo aliter flueret, quam natura soleret, si forte immittendo eam aut maiorem fecerit aut citatiorem aut vehementiorem aut si comprimendo redundare effecit. quod si natura aqua noceret, ea actione non continentur.

9

水及雨水的排放

（D. 39, 3）

9.1 雨水

D. 39，3，1pr. 乌尔比安:《论告示》第53卷

如果雨水将引起损害，那么它将被通过排放雨水诉（actio aquae pluviae arcendae）而排放。我们将雨水定义为“从天空掉下并因暴雨而增大之水”。正如杜贝罗（Tubero）所说，这种来自天空之水或是单独引起损害，或是同别的水结合在一起引起损害。

9.1.1 施工

D. 39，3，1，1 乌尔比安:《论告示》第53卷

此诉讼适用于损害尚未发生而施工已进行的情况，即适用于人们担心引起损害的施工。当水因施工而可能给田地造成损害时，即当某人让水按非自然的方式流动时，适用该诉讼。例如，通过将水放入而使水流变得比通常大、急、猛，或通过阻止水流而引起水的泛滥。但是，如果水自然地引起损害，则不适用该诉讼。

D. 39. 3. 1. 10 ***Ulpianus 53 ad edictum***

Idem aiunt, si aqua naturaliter decurrat, aquae pluviae arcendae actionem cessare: quod si opere facto aqua aut in superiorem partem repellitur aut in inferiorem derivatur, aquae pluviae arcendae actionem competere.

D. 39. 3. 1. 11 ***Ulpianus 53 ad edictum***

Idem aiunt aquam pluviam in suo retinere vel superficientem ex vicini in suum derivare, dum opus in alieno non fiat, omnibus ius esse (prodesse enim sibi unusquisque, dum alii non nocet, non prohibetur) nec quemquam hoc nomine teneri.

D. 39. 3. 1. 12 ***Ulpianus 53 ad edictum***

Denique Marcellus scribit cum eo, qui in suo fodiens vicini fontem avertit, nihil posse agi, nec de dolo actionem: et sane non debet habere, si non animo vicino nocendi, sed suum agrum meliorem faciendi id fecit.

D. 39. 3. 1. 21 ***Ulpianus 53 ad edictum***

Sicut autem opus factum, ut aqua pluvia mihi noceat, in hanc actionem venit, ita per contrarium quaeritur, an posset aquae pluviae arcendae agi, si vicinus opus fecerit, ne aqua, quae alioquin decurrens agro meo proderat, huic prosit. Ofilius igitur et Labeo putant agi non posse, etiamsi intersit mea ad me aquam pervenire: hanc enim actionem locum habere, si aqua pluvia noceat, non si non prosit.

D. 39，3，1，10 乌尔比安：《论告示》第53卷

同一些法学家说道：如果水自然地流下，不适用排放雨水之诉；倘若通过已进行的施工，水被排回高地或被引入低地，将适用排放雨水之诉。

D. 39，3，1，11 乌尔比安：《论告示》第53卷

同一些法学家说道：只要未在他人土地上施工，每个人便都有权阻止雨水流入其土地或阻止将邻地里流出的水引入其土地，因为并不禁止每个人自助。只要未给他人造成损害，他便不必为此承担责任。

D. 39，3，1，12 乌尔比安：《论告示》第53卷

最后，马尔切勒写道：不能对因在他自己土地上挖掘而改变了邻人水供应的人采取任何措施。如果他那样做并非想给邻人造成损害而是想改良自己的土地，那么邻人确实不应提起欺诈之诉。

D. 39，3，1，21 乌尔比安：《论告示》第53卷

假如结果使雨水给我造成了损害的施工被包括在此诉讼内，便产生了一个相反的问题：如果我的邻居进行了某种施工，阻止以前流入我地里而对我有利的水流入我的土地，我是否可以提起排放雨水之诉？奥菲里（Ofilius）和拉贝奥认为，即使水流入我的地里对我有利，我也不能提起该诉讼，因为此诉讼适用于雨水引起损害的情况，而不适用于雨水未带来利益的情况。

9. 1. 2 Opus manu factum colendi causa

D. 39. 3. 1. 3 ***Ulpianus 53 ad edictum***

De eo opere, quod agri colendi causa aratro factum sit, Quintus Mucius ait non competere hanc actionem. trebatius autem non quod agri, sed quod frumenti dumtaxat quaerendi causa aratro factum solum excepit.

D. 39. 3. 1. 6 ***Ulpianus 53 ad edictum***

Sed apud Servii auditores relatum est, si quis salicta posuerit et ob hoc aqua restagnaret, aquae pluviae arcendae agi posse, si ea aqua vicino noceret.

D. 39. 3. 1. 7 ***Ulpianus 53 ad edictum***

Labeo etiam scribit ea, quaecumque frugum fructuumque recipiendorum causa fiunt, extra hanc esse causam neque referre, quorum fructuum percipiendorum causa id opus fiat.

D. 39. 3. 1. 8 ***Ulpianus 53 ad edictum***

Item Sabinus Cassius opus manu factum in hanc actionem venire aiunt, nisi si quid agri colendi causa fiat:

D. 39. 3. 2pr. ***Paulus 49 ad edictum***

In summa tria sunt, per quae inferior locus superiori servit, lex, natura loci, vetustas: quae semper pro lege habetur, minuendarum scilicet litium causa.

9.1.2 因耕作需要而进行的施工

D. 39，3，1，3 乌尔比安:《论告示》第52卷

库伊特·穆齐说，这一诉讼不适用于为耕种土地而以犁进行的劳作。然而特雷巴蒂（Trebatius）仅将为播种麦子而以犁进行的劳作排除于该诉讼之外。

D. 39，3，1，6 乌尔比安:《论告示》第53卷

塞尔维（Servius）教导其弟子，如果某人种植了若干柳树，水因此而滞流，且滞流之水给邻人（vicinus）造成了损害，那么他可能被提起排放雨水之诉。

D. 39，3，1，7 乌尔比安:《论告示》第53卷

拉贝奥也写道：为收割庄稼或采集果实而进行的整个活动都被排除于该诉讼之外；从事那一活动是为了获取哪种果实并不重要。

D. 39，3，1，8 乌尔比安:《论告示》第53卷

萨宾和卡西同样说道：如果从事某一施工不是为了耕种土地，该施工便将被包括在此诉讼内。

D. 39，3，2pr. 保罗:《论告示》第49卷

总之，使低地成为高地之供役地的方式有三种：法律的规定、土地的自然位置及长期形成的习惯。为了减少争议，最后一种方式总是被视为具有法律效力。

D. 39. 3. 2. 1 ***Paulus 49 ad edictum***

Apud Labeonem proponitur fossa vetus esse agrorum siccandorum causa nec memoriam extare, quando facta est: hanc inferior vicinus non purgabat: sic fiebat, ut ex restagnatione eius aqua fundo nostro noceret. dicit igitur Labeo aquae pluviae arcendae cum inferiore agi posse, ut aut ipse purgaret aut te pateretur in pristinum statum eam redigere.

9. 1. 3 Opus manu factum publica auctoritate

D. 39. 3. 2. 3 ***Paulus 49 ad edictum***

Cassius autem scribit, si qua opera aquae mittendae causa publica auctoritate facta sint, in aquae pluviae arcendae actionem non venire in eademque causa esse ea, quorum memoriam vetustas excedit.

9. 2 Cui competit actio

D. 39. 3. 6. 4 ***Ulpianus 53 ad edictum***

Si quis prius, quam aquae pluviae arcendae agat, dominium ad alium transtulerit fundi, desinit habere aquae pluviae arcendae actionem eaque ad eum transibit, cuius ager esse coepit: cum enim damnum futurum contineat, ad eum qui dominus erit incipiet actio pertinere, quamvis, cum alterius dominium esset, opus a vicino factum sit.

D. 39，3，2，1 保罗：《论告示》第49卷

拉贝奥指出了这样一种情况：有一个坑是很久以前为排放地里的水而建造的，但无建造的时间记录，占有我们下边土地的邻人一直未清理它，因此常发生水漫出而给我们的土地造成损害的情况。拉贝奥说，不管怎样，你可以对低地的所有人提起排放雨水之诉，以便使他清理它或使他允许你将之恢复原状。

9.1.3 依官方命令进行的施工

D. 39，3，2，3 保罗：《论告示》第49卷

卡西写道，若某一排放雨水的施工是根据官方命令进行的，不适用排放雨水之诉；没有施工的时间记录的过去进行的施工将适用这一诉讼。

9.2 诉讼主体

D. 39，3，6，4 乌尔比安：《论告示》第53卷

如果某人在提起排放雨水之诉以前已将土地的所有权转让给另一个人，他便不再享有排放雨水之诉权，这一诉权将被转让给土地的新的所有人。因为该诉权涉及某一未来的损害，因此它将属于土地的新的所有人，尽管当所有权属于原所有人时邻居已进行了施工。

9. 3 Restitutio et damnum

D. 39. 3. 6. 5 ***Ulpianus 53 ad edictum***

Aquae pluviae arcendae actionem sciendum est non in rem, sed personalem esse.

D. 39. 3. 6. 6 ***Ulpianus 53 ad edictum***

Officium autem iudicis hoc erit, ut, si quidem a vicino opus factum sit, eum iubeat restituere damnumque sarcire, si quid post litem contestatam contigit: quod si ante litem contestatam damnum contigit, tantum opus restituere debebit, damnum non sarciet.

D. 39. 3. 6. 7 ***Ulpianus 53 ad edictum***

Celsus scribit, si quid ipse feci, quo tibi aqua pluvia noceat, mea impensa tollere me cogendum, si quid alius qui ad me non pertinet, sufficere, ut patiar te tollere. sed si servus meus fecerit, aut is cui heres sum hoc fecit, servum quidem noxae dedere debeo: quod autem is cui heres sum fecit, perinde est, atque si ipse fecissem.

D. 39. 3. 4. 2 ***Ulpianus 53. Ad ed.***

Idem Iulianus scribit aquae pluviae arcendae actionem non nisi cum domino esse idcircoque, si colonus ignorante domino opus fecerit, dominum fundi nihil amplius quam patientiam praestare debere, colonum autem interdicto quod vi aut clam impensam quoque restituendi operis et damnum, si quod ex eo datum fuerit, praestare cogendum. si tamen dominus desideret caveri sibi damni infecti ab eo, ex cuius praedio nocet, aequissimum erit caveri oportere.

9.3　恢复原状及损害

D. 39, 3, 6, 5　乌尔比安:《论告示》第53卷

人们应当知道，排放雨水之诉不是对物之诉而是对人之诉。

D. 39, 3, 6, 6　乌尔比安:《论告示》第53卷

法官的职责是：如果邻居进行了施工，便命令他将之恢复原状并赔偿在争讼期后发生的损害。因为若在争讼期前发生了损害，那么他只应将施工物恢复原状而不负赔偿责任。

D. 39, 3, 6, 7　乌尔比安:《论告示》第53卷

杰尔苏写道：如果我建造了某物，结果雨水给你造成了损害，我应被迫以我自己的费用除去该建筑物；但若是同我没有关系的人进行建筑，我容许你除去建筑物就够了。然而，如果我的奴隶或我是其继承人的人建造了它，那么，就奴隶而言我应对他实行损害投偿，就我是其继承人的人而言他进行的建筑如同我自己进行的建筑。

D. 39, 3, 4, 2　乌尔比安:《论告示》第53卷

尤里安写道：排放雨水之诉只能对所有权人提起。因此，如果佃农在未通知土地所有人的情况下进行某一施工，后者只应容忍他人除去施工物，而佃农将按暴力或欺瞒令状承担将施工物恢复原状的费用及因施工而引起的损害。然而，假如因除去施工物而可能遭受损害的所有人要求受害土地的所有人提供潜在损害之要式口约，那么该要式口约被提供是非常公正的。

D. 39. 3. 3pr. ***Ulpianus 53 ad edictum***

Apud Trebatium relatum est eum, in cuius fundo aqua oritur, fullonicas circa fontem instituisse et ex his aquam in fundum vicini immittere coepisse: ait ergo non teneri eum aquae pluviae arcendae actione. si tamen aquam conrivat vel si spurcam quis immittat, posse eum impediri plerisque placuit.

D. 43. 23. 1pr. ***Ulpianus 71 ad ed.***

Praetor ait: "quo minus illi cloacam quae ex aedibus eius in tuas pertinet, qua de agitur, purgare reficere liceat, vim fieri veto. damni infecti, quod operis vitio factum sit, caveri iubebo."

D. 43. 23. 1. 2 ***Ulpianus 71 ad edictum***

Curavit autem praetor per haec interdicta, ut cloacae et purgentur et reficiantur, quorum utrumque et ad salubritatem civitatium et ad tutelam pertinet: nam et caelum pestilens et ruinas minantur immunditiae cloacarum, si non reficiantur.

D. 43. 23. 1. 3 ***Ulpianus 71 ad edictum***

Hoc autem interdictum propositum est de cloacis privatis: publicae enim cloacae publicam curam merentur.

D. 43. 23. 1. 7 ***Ulpianus 71 ad edictum***

Quia autem cloacarum refectio et purgatio ad publicam utilitatem spectare videtur, idcirco placuit non esse in interdicto addendum "quod non vi non clam non precario ab illo usus", ut, etiamsi quis talem usum habuerit, tamen non prohibeatur volens cloacam reficere vel purgare.

D. 39，3，3pr. 乌尔比安：《论告示》第53卷

特雷巴蒂写道：某人地上冒出了泉水，他在泉水周围建造了一些染坊，并开始把水从染坊排向邻居的土地。他说：他不能被提起排放雨水之诉。然而很多人认为，如果某人蓄水或排放污水，便可通过该诉讼阻止他那样做。

D. 43，23，1pr. 乌尔比安：《论告示》第71卷

裁判官作出判定："在邻居家的下水道经过你家的情况下，不允许以暴力阻止他对下水道进行清理或修复。对于因下水道修复可能产生的损失要求提供担保的主张，我将给予支持。"

D. 43，23，1，2 乌尔比安：《论告示》第71卷

裁判官通过这些令状关注着下水道的清理和维修。这有益于城市卫生和人们的安全。因为，如果对下水道不实施维护，则它将因污染空气和存在崩塌危险而构成威胁。

D. 43，23，1，3 乌尔比安：《论告示》第71卷

这个令状系针对私人的下水道发出的。公共下水道则由政府负责维护。

D. 43，23，1，7 乌尔比安：《论告示》第71卷

其后，因为下水道的维修与清理被认为是涉及公共利益的事情，故在令状的正文中不增加如下内容被认为是适宜的，即"不得加害地、或秘密地或以非稳定状态使用下水道"，这样，尽管取得下水道使用权的人以非正常方式利用了下水道，但是，如果他愿意进行维修和清理，则不得妨碍之。

D. 43. 23. 2 *Venuleius L. 1 interd.*

Quamquam de reficienda cloaca, non etiam de nova facienda hoc interdicto comprehendatur, tamen aeque interdicendum Labeo ait, ne facienti cloacam vis fiat, quia eadem utilitas sit: praetorem enim sic interdixisse, ne vis fieret, quo minus cloacam in publico facere liceret: idque Ofilio et Trebatio placuisse. ipse dicendum ait, ut ne factam cloacam purgare et restituere permittendum sit per interdictum, novam vero facere is demum concedere debeat, cui viarum publicarum cura sit.

D. 43，23，2 威努勒（Venuleius）：《论令状》第1卷

尽管这个令状涉及了下水道的维护而无修建新的下水道的内容，但是，拉贝奥认为同样适用于妨碍修建新的私人下水道的损害令状，因为其益处是相同的。裁判官仅对以损害方式实施修建的行为给予禁止，即新的私人下水道不得建于公共区域内。沃菲里奥和特雷巴迪奥亦赞同拉贝奥的解释。此外，这些学者认为还应当说明，在这个令状的基础上，当修建一个新的下水道仅是为使公共生活获得保障时，应当允许对已建成的（包括在公共区域内的）下水道进行清理和修复。

10
Quod vi aut clam
(D. 43. 24)

10. 1 Interdictum restitutorium

D. 43. 24. 1pr. ***Ulpianus 71 ad edictum***

Hoc interdictum restitutorium est et per hoc occursum est calliditati eorum, qui vi aut clam quaedam moliuntur: iubentur enim ea restituere.

D. 43. 24. 1. 2 ***Ulpianus 71 ad edictum***

Et parvi refert, utrum ius habuerit faciendi, an non: sive enim ius habuit sive non, tamen tenetur interdicto, propter quod vi aut clam fecit: tueri enim ius suum debuit, non iniuriam comminisci.

10. 2 Quae in solo fiunt

D. 43. 24. 1. 4 ***Ulpianus 71 ad edictum***

Hoc interdictum ad ea sola opera pertinet, quaecumque in solo vi aut clam fiunt.

10
以暴力或秘密地进行的施工
(D. 43, 24)

10.1 恢复原状令状

D. 43, 24, 1pr. 乌尔比安:《论告示》第71卷

裁判官说:"当他人有权对你使用这一令状时,你要将以暴力或秘密进行的施工及与此有关的施工恢复原状。"

D. 43, 24, 1, 2 乌尔比安:《论告示》第71卷

某人是否有权施工并不重要,因为他以暴力或秘密地进行了施工,在这两种情况下他都要依此令状承担责任。他应保护其权利,而不应致人损害。

10.2 在地上进行的施工

D. 43, 24, 1, 4 乌尔比安:《论告示》第71卷

此令状只适用于以暴力或秘密地在土地上进行的施工。

D. 43. 24. 7. 5 ***Ulpianus 71 ad edictum***

Notavimus supra, quod, quamvis verba interdicti late pateant, tamen ad ea sola opera pertinere interdictum placere, quaecumque fiant in solo. eum enim, qui fructum tangit, non teneri interdicto quod vi aut clam: nullum enim opus in solo facit. at qui arbores succidit, utique tenebitur, et qui harundinem et qui salictum: terrae enim et quodammodo solo ipsi corrumpendo manus infert. Idem et in vineis succisis. ceterum qui fructum aufert, furti debet conveniri. Itaque si quid operis in solo fiat, interdictum locum habet. in solo fieri accipimus et si quid circa arbores fiat, non si quid circa fructum arborum.

D. 43. 24. 11pr. ***Ulpianus 71 ad edictum***

Is qui in puteum vicini aliquid effuderit, ut hoc facto aquam corrumperet, ait Labeo interdicto quod vi aut clam eum teneri: portio enim agri videtur aqua viva, quemadmodum si quid operis in aqua fecisset.

D. 43. 24. 22. 3 ***Venuleius 2 interd.***

Si stercus per fundum meum tuleris, cum id te facere vetuissem, quamquam nihil damni feceris mihi nec fundi mei mutaveris, tamen teneri te quod vi aut clam Trebatius ait. Labeo contra, etiam is, qui dumtaxat iter per fundum meum fecerit aut avem egerit venatusve fuerit sine ullo opere, hoc interdicto teneatur.

D. 43，24，7，5 乌尔比安：《论告示》第71卷

在上面我们已经指出，尽管该令状的用语广为使用，但它仅适用于在地上进行的施工。因此摘取果实的人不会按暴力或欺瞒令状承担责任，因为他未在地上从事某种施工。但是砍伐树木的人肯定要承担责任，就像砍伐芦竹和柳树将承担责任一样，因为从一定意义上讲，他使用了暴力并损坏了土地本身。砍伐葡萄树也适用同一规则。然而拿走果实的人应被提起盗窃之诉。因而，某一施工在地上被进行，便使用该令状。我们认为，若进行的某一施工涉及树木，便是在地上进行的施工；若涉及树之果实，则不是在地上进行的施工。

D. 43，24，11pr. 乌尔比安：《论告示》第71卷

将某物倒入邻居井中而污染了井水的人，拉贝奥说，要根据暴力或欺瞒令状承担责任。因为新鲜水被视为土地的一部分：（将水倒入井中）就像在水中进行某一施工一样。

D. 43，24，22，3 威努勒：《论令状》第2卷

如果你经过我的土地运送肥料，我将禁止你这样做。虽然你未给我造成任何损害、未改变我土地的地貌，但特雷巴蒂说你要按暴力或欺瞒令状承担责任。拉贝奥却反对说，仅仅经过我的土地或在那里捕鸟、狩猎而未进行某种施工的人，不按此令状承担责任。

10. 3 Vi aut clam

D. 50. 17. 73. 2 ***Quintus Mucius Sc. libro singulari.***

Vi factum id videtur esse, qua de re quis cum prohibetur, fecit: clam, quod quisque, cum controversiam haberet habiturumve se putaret, fecit.

D. 43. 24. 1. 5 ***Ulpianus 71 ad edictum***

Quid sit vi factum vel clam factum, videamus. vi factum videri Quintus Mucius scripsit, si quis contra quam prohiberetur fecerit: et mihi videtur plena esse Quinti Mucii definitio.

D. 43. 24. 3pr. ***Ulpianus 71 ad edictum***

Prohibere autem non utique per semet ipsum necesse est, sed et si quis per servum suum vel procuratorem prohibuerit, recte videtur prohibuisse. Idem etiam si mercennarius meus prohibuerit. nec quem moveat, quod per liberam personam actio adquiri non solet: nam prohibitio haec demonstrat vi te facere, quid mirum, cum et si clam tu me feceris, habeam actionem? ergo facto magis tuo delinquentis quam alieno adquiritur mihi actio.

D. 43. 24. 3. 7 ***Ulpianus 71 ad edictum***

Clam facere videri Cassius scribit eum, qui celavit adversarium neque ei denuntiavit, si modo timuit eius controversiam aut debuit timere.

10.3　暴力或秘密施工

D. 50，17，73，2　库伊特·穆齐、斯凯沃拉：《论定义》单卷本

一个人从事了禁止他从事的施工，被视为以暴力进行了施工；一个人在遭到反对或认为必将遭到反对时所进行的施工，被视为秘密进行的施工。

D. 43，24，1，5　乌尔比安：《论告示》第71卷

让我们看看什么是以暴力或秘密地进行的施工。库伊特·穆齐写道：如果某人违反禁令（prohibitio）进行施工，他所进行的施工便被视为以暴力进行的施工。我认为库伊特·穆齐的定义是恰当的。

D. 43，24，3pr.　乌尔比安：《论告示》第71卷

当然，某人无需亲自发出禁令，即使他通过其奴隶或代理人发出禁令，也完全可以认为他已发出禁令。假如我的雇员发出了禁令，适用同一规则。诉权通常不是通过某一自由人被获得的，这对某人并不重要，因为这一禁令表明你正以暴力进行施工。虽然你背着我进行施工，但我仍享有诉权，这有什么奇怪的呢？因此我取得诉权是基于你违法的事实而非别的事实。

D. 43，24，3，7　乌尔比安：《论告示》第71卷

卡西写道：如果某人因担心或应担心对方反对而瞒着对方进行施工或不通知对方便进行施工，那么他被视为在秘密地施工。

10. 4 Exceptiones quod vi aut clam, quod necessitatis causa, quod colendi causa

D. 43. 24. 7. 3 ***Ulpianus 71 ad edictum***

Bellissime apud Iulianum quaeritur, an haec exceptio noceat in hoc interdicto "quod non tu vi aut clam feceris?" ut puta utor adversus te interdicto quod vi aut clam, an possis obicere mihi eandem exceptionem: "quod non tu vi aut clam fecisti?" et ait Iulianus aequissimum esse hanc exceptionem dare: nam si tu, inquit, aedificaveris vi aut clam, ego idem demolitus fuero vi aut clam et utaris adversus me interdicto, hanc exceptionem profuturam. quod non aliter procedere debet, nisi ex magna et satis necessaria causa: alioquin haec omnia officio iudicis celebrari oportet.

D. 43. 24. 7. 4 ***Ulpianus 71 ad edictum***

Est et alia exceptio, de qua Celsus dubitat, an sit obicienda: ut puta si incendii arcendi causa vicini aedes intercidi et quod vi aut clam mecum agatur aut damni iniuria. Gallus enim dubitat, an excipi oporteret: "quod incendii defendendi causa factum non sit?" Servius autem ait, si id magistratus fecisset, dandam esse, privato non esse idem concedendum: si tamen quid vi aut clam factum sit neque ignis usque eo pervenisset, simpli litem aestimandam: si pervenisset, absolvi eum oportere. Idem ait esse, si damni iniuria actum foret, quoniam nullam iniuriam aut damnum dare videtur aeque perituris aedibus. quod si nullo incendio id feceris, deinde postea incendium ortum fuerit, non idem erit dicendum, quia non ex post facto, sed ex praesenti statu, damnum factum sit nec ne, aestimari oportere Labeo ait.

10.4　有正当理由的暴力或者秘密施工除外

D. 43，24，7，3　乌尔比安：《论告示》第71卷

尤里安正好提出了这样一个问题：根据此令状，是否可以提出“你未以暴力或秘密地施工”的抗辩（exceptio）？例如，我对你使用暴力或欺瞒令状，你可以对我使用“你未以暴力或未秘密地施工”的抗辩？尤里安说准许提出此抗辩是完全正确的。他说，因为如果你以暴力或秘密地建筑，我拆除了建筑之物，你对我使用那一令状，那么该抗辩将于我有利。但是，只有具有很充分的理由，此抗辩才能被适用。通常，所有这些情况都必须由法官进行调查。

D. 43，24，7，4　乌尔比安：《论告示》第71卷

还有一种抗辩，杰尔苏怀疑是否应予以反对，例如，为了阻止火势蔓延，我拆掉了邻居的房屋，结果我将被提起暴力或欺瞒之诉，或被提起非法损害之诉。加卢怀疑是否应提出“为了阻止火势蔓延而拆掉邻居房屋的抗辩”。塞尔维说，如果地方行政长官（magistratus）命令拆掉邻居房屋，裁判官应将这一抗辩权授予他，但同一抗辩权不得给予私人。

D. 43. 24. 7. 7 ***Ulpianus 71 ad edictum***

Plane si quid agri colendi causa factum sit, interdictum quod vi aut clam locum non habet, si melior causa facta sit agri, quamvis prohibitus quis vi vel clam fecerit.

10. 5 Cui competit interdictum

D. 43. 24. 11. 14 ***Ulpianus 71 ad edictum***

Idem Iulianus scribit interdictum hoc non solum domino praedii, sed etiam his, quorum interest opus factum non esse, competere.

D. 43. 24. 16. 1 ***Paulus 67 ad edictum***

Si quis vi aut clam arbores non frugiferas ceciderit, veluti cupressos, domino dumtaxat competit interdictum. sed si amoenitas quaedam ex huiusmodi arboribus praestetur, potest dici et fructuarii interesse propter voluptatem et gestationem et esse huic interdicto locum.

10. 6 Adversus possessorem

D. 43. 24. 5. 14 ***Ulpianus 70 ad edictum***

Et hoc iure utimur, ut, sive ego fecissem sive fieri iussi, interdicto quod vi aut clam tenear.

D. 43. 24. 7pr. ***Ulpianus 71 ad edictum***

Si alius fecerit me invito, tenebor ad hoc, ut patientiam praestem.

D. 43. 24. 15pr. ***Ulpianus 71 ad edictum***

Semper adversus possessorem operis hoc interdictum competit, idcircoque, si quilibet inscio vel etiam invito me opus in fundo meo fecerit, interdicto locus erit.

D. 43，24，7，7　乌尔比安：《论告示》第71卷

显然，如果为了耕种土地而进行了某一施工，该施工使土地的耕种条件得到了改善，那么即使某人违反禁令以暴力或秘密地施工，亦不适用暴力或欺瞒令状。

10.5　令状使用的主体

D. 43，24，11，14　乌尔比安：《论告示》第71卷

尤里安写道，此令状不仅土地所有权人有权使用，而且享有施工不进行的利益的人也有权使用。

D. 43，24，16，1　保罗：《论告示》第67卷

如果某人以暴力或秘密地砍掉了不结果实之树，如柏树，那么只有树之所有权人有权使用该令状。但倘若这些树能给人们提供一种惬意的环境，便可以说用益权人也有权享有它们提供的令人愉快的、可供娱乐的环境，因此他也有权使用此令状。

10.6　对抗物的占有人

D. 43，24，5，14　乌尔比安：《论告示》第70卷

我们遵循下列法学原则：不管是我进行了施工，还是我命令他人进行施工，我都必须按暴力或欺瞒令状承担责任。

D. 43，24，7pr.　乌尔比安：《论告示》第71卷

如果某人违背我的意志进行施工，我必须容忍他人除去施工物。

D. 43，24，15pr.　乌尔比安：《论告示》第71卷

此令状总是用于对抗施工物的占有人。因此，如果某人未经我同意或违背我意志在我的土地上施工，将适用该令状。

D. 43. 24. 14 ***Iulianus 68 digestorum***

Nam et si servus meus ignorante me opus fecerit eumque vendidero vel manumisero, mecum in hoc solum agi poterit, ut patiar opus tolli, cum emptore autem servi, ut aut noxae dedat aut impensam, quae in restitutione facta fuerit, praestet: sed et cum ipso manumisso recte agi poterit.

D. 43. 24. 15. 3 ***Ulpianus 71 ad edictum***

Hoc interdictum in heredem ceterosque successores datur in id quod ad eos pervenit.

10. 7 Restitutio aut litis aestimatio

D. 43. 24. 15. 7 ***Ulpianus 71 ad edictum***

Hoc interdicto tanti lis aestimatur, quanti actoris interest id opus factum esse. officio autem iudicis ita oportere fieri restitutionem iudicandum est, ut in omni causa eadem condicio sit actoris, quae futura esset, si id opus, de quo actum est, neque vi neque clam factum esset.

D. 43. 24. 15. 8 ***Ulpianus 71 ad edictum***

Ergo nonnumquam etiam dominii ratio habenda est, ut puta si propter hoc opus, quod factum est, servitutes amittantur aut usus fructus intereat. quod non tantum tunc eveniet, cum quis opus aedificaverit, verum etiam si diruisse opus proponatur et deteriorem condicionem fecisse vel servitutium vel usus fructus vel ipsius proprietatis.

D. 43，24，14　尤里安：《学说汇纂》第68卷

如果我的奴隶在我不知道的情况下从事某一施工，而我将之出卖或释放，那么对我提起诉讼将只能是为了请求我容忍除去施工物，而对奴隶的买受人提起诉讼将是为了请求他对该奴隶实行损害投偿或请求他支付恢复原状的费用。如果该奴隶被释放，也完全可以对他提起诉讼。

D. 43，24，15，3　乌尔比安：《论告示》第71卷

此令状将向继承人及其他接受遗产的人发出，他们在接受的利益范围内承担责任。在一年之后不适用此令状。

10.7　恢复原状或者裁决赔偿

D. 43，24，15，7　乌尔比安：《论告示》第71卷

根据此令状，赔偿额按如不进行施工原告将得到的利益估算。法官的职责应是裁决将施工恢复原状，以便原告（actor）的地位在一切方面都被恢复到未以暴力或未秘密地施工时的状态。

D. 43，24，15，8　乌尔比安：《论告示》第71卷

因此有时还应考虑到所有权（dominium），譬如，因进行了施工，役权丧失或用益权灭失。这种情况不仅在某人进行某一施工时会发生，而且在拆除建筑物及妨碍役权、用益权或所有权本身的行使时也会发生。

D. 43. 24. 16. 2 ***Paulus 67 ad edictum***

In summa qui vi aut clam fecit, si possidet, patientiam et impensam tollendi operis: qui fecit nec possidet, impensam: qui possidet nec fecit, patientiam tantum debet.

D. 43，24，16，2　保罗：《论告示》第67卷

总之，如果以暴力或秘密地施工的人占有施工物，他必须容忍除去该施工物，并支付除去该施工物的费用。如果他进行了施工而未占有施工物，他便应支付除去施工物的费用；如果他占有施工物而未从事施工，那么他只应容忍除去施工物。

11
De arboribus caedendis
(D. 43. 27)

D. 43. 27. 1pr. ***Ulpianus 71 ad edictum***

Ait praetor: "quae arbor ex aedibus tuis in aedes illius impendet, si per te stat, quo minus eam adimas, tunc, quo minus illi eam arborem adimere sibique habere liceat, vim fieri veto."

D. 43. 27. 1. 1 ***Ulpianus 71 ad edictum***

Hoc interdictum prohibitorium est.

D. 43. 27. 1. 2 ***Ulpianus 71 ad edictum***

Si arbor aedibus alienis impendeat, utrum totam arborem iubeat praetor adimi an vero id solum, quod superexcurrit, quaeritur. et rutilius ait a stirpe excidendam idque plerisque videtur verius: et nisi adimet dominus arborem, Labeo ait permitti ei, cui arbor officeret, ut si vellet succideret eam lignaque tolleret.

C. 8. 1. 1 ***Imp. Alex. A. Apro evocato***

Cum proponas radicibus arborum in vicina agathangeli area positis crescentibus fundamentis domus tuae periculum adferri, praeses ad exemplum interdictorum, quae in albo proposita habet: "si arbor in alienas aedes impendebit", item: "si arbor in alienum agrum impendebit", quibus ostenditur ne per arboris quidem occasionem vicino nocere oportere, rem ad suam aequitatem rediget. *PP. vii k. April. Iuliano et Crispino conss.* *<a. 224>*

11
应砍伐的树木
（D. 43，27）

D. 43，27，1pr.　乌尔比安：《论告示》第 71 卷

裁判官说：“从你家伸到另一个人家之树是否被砍掉取决于你，那么我禁止以暴力阻止那个人砍掉此树并拥有它。”

D. 43，27，1，1　乌尔比安：《论告示》第 71 卷

此令状是禁止性令状。

D. 43，27，1，2　乌尔比安：《论告示》第 71 卷

如果一棵树伸到别人家，产生的问题是：裁判官是命令将整棵树砍掉还是命令只砍掉伸到外面的那部分？鲁第里（Rutilius）说应从树根处砍掉。许多法学家认为此观点较正确。如果所有人不砍掉那棵树，拉贝奥说应允许被该树所妨碍的人在必要时砍掉它并拿走砍下之树木。

C. 8，1，1　亚历山大（Alexander）皇帝答阿普罗

当你提出栽在阿卡坦杰诺地上的树之根的生长将危害你房屋的地基时，行省长官将适用类似于裁判官发布的令状（如关于树伸向他人建筑物的令状，或关于树伸向他人土地的令状，这些令状规定树不得危害邻人），公正地处理此事。（尤里安和克里斯皮诺执政，公元 224 年）

12
De in alienum fundum ineundo
(D. 43. 28)

12. 1 De glande legenda

D. 43. 28. 1pr. ***Ulpianus 71 ad edictum***

Ait praetor: "glandem, quae ex illius agro in tuum cadat, quo minus illi tertio quoque die legere auferre liceat, vim fieri veto."

D. 43. 28. 1. 1 ***Ulpianus 71 ad edictum***

Glandis nomine omnes fructus continentur.

12. 2 De ineundi ceteris causis

D. 10. 4. 5. 5 ***Ulpianus 24 ad edictum***

Sed et si de ruina aliquid in tuam aream vel in tuas aedes deciderit, teneberis ad exhibendum, licet non possideas.

12

在他人土地上通行

（D. 43，28）

12.1 捡拾橡果

D. 43，28，1pr. 乌尔比安：《论告示》第 71 卷

裁判官说："我禁止你非法阻止他人每隔两天拾走从其土地上掉到你土地上的橡果（glans）。"

D. 43，28，1，1 乌尔比安：《论告示》第 71 卷

所有的果实都被包括在"橡果"这一名称内。

12.2 进入土地的其他原因

D. 10，4，5，5 乌尔比安：《论告示》第 24 卷

但是，如果在建筑物倒塌时某物掉到了你的土地上或房屋上，那么虽然你未占有它，但（根据提出之诉）你必须提出它。

D. 19. 1. 25 ***Iulianus 54 digestorum***

Qui pendentem vindemiam emit, si uvam legere prohibeatur a venditore, adversus eum petentem pretium exceptione uti poterit "si ea pecunia, qua de agitur, non pro ea re petitur, quae venit neque tradita est." ceterum post traditionem sive lectam uvam calcare sive mustum evehere prohibeatur, ad exhibendum vel iniuriarum agere poterit, quemadmodum si aliam quamlibet rem suam tollere prohibeatur.

D. 39. 2. 9. 1 ***Ulpianus 53 ad edictum***

De his autem, quae vi fluminis importata sunt, an interdictum dari possit, quaeritur. trebatius refert, cum Tiberis abundasset et res multas multorum in aliena aedificia detulisset, interdictum a praetore datum, ne vis fieret dominis, quo minus sua tollerent auferrent, si modo damni infecti repromitterent.

D. 8. 6. 14. 1 ***Iavolenus 10 ex Cass.***

Cum via publica vel fluminis impetu vel ruina amissa est, vicinus proximus viam praestare debet.

D. 11. 7. 12pr. ***Ulpianus 25 ad edictum***

Si quis sepulchrum habeat, viam autem ad sepulchrum non habeat et a vicino ire prohibeatur, imperator Antoninus cum patre rescripsit iter ad sepulchrum peti precario et concedi solere, ut quotiens non debetur, impetretur ab eo, qui fundum adiunctum habeat. non tamen hoc rescriptum, quod impetrandi dat facultatem, etiam actionem civilem inducit, sed extra ordinem interpelletur praeses et iam compellere debet iusto pretio iter ei praestari, ita tamen, ut iudex etiam de opportunitate loci prospiciat, ne vicinus magnum patiatur detrimentum.

D. 19，1，25　尤里安：《学说汇纂》第54卷

如果购买尚未摘下的葡萄的人被出卖人禁止摘取葡萄，他可以对请求其交付价金的出卖人提出如下抗辩："被请求交付的价金是已被出卖而未交付之物的价金。"倘若在葡萄被交付后，他被禁止捣碎摘下的葡萄或拿走葡萄汁，他可提起"提出之诉"或侵辱之诉（actio iniuriarum），就像如果他被禁止拿走他的其它任何物一样。

D. 39，2，9，1　乌尔比安：《论告示》第53卷

问题是，是否可以就被河水冲走的那些物发出一个令状？特雷巴蒂说：当台伯河水泛滥把很多人之物冲到他人建筑物内时，由裁判官发出一个令状，依此令状，只要物之所有人提供潜在损害之要式口约，便不得使用暴力阻止他们取走其物。

D. 8，6，14，1　雅沃伦：《论卡西》第10卷

当一条公共道路被泛滥的河水或其它灾害毁坏时，其土地离道路最近的人有义务提供通行的道路。

D. 11，7，12pr.　乌尔比安：《论告示》第25卷

如果某人拥有一块墓地而无去墓地的通行权，且邻人禁止其进入墓地，安东尼皇帝曾与其父亲一起批复道："墓地通行权通常临时申请和授予，因此其墓地靠近邻地的人在无通行权时可向皇帝或行省长官申请。"但是这个能使一个人通过申请而获得通行权的批复，并未赋予市民法诉权，而是规定可按非正常程序提出申请。行省长官授予申请人通行权，但应迫使他向邻地所有人支付适当价金。因而法官应检查通往墓地的道路是否适当，以确保邻地所有人不遭受大的损失。

D. 8. 4. 13. 1 ***Ulpianus 6 opin.***

Si constat in tuo agro lapidicinas esse, invito te nec privato nec publico nomine quisquam lapidem caedere potest, cui id faciendi ius non est: nisi talis consuetudo in illis lapidicinis consistat, ut si quis voluerit ex his caedere, non aliter hoc faciat, nisi prius solitum solacium pro hoc domino praestat: ita tamen lapides caedere debet, postquam satisfaciat domino, ut neque usus necessarii lapidis intercludatur neque commoditas rei iure domino adimatur.

D. 8，4，13，1 乌尔比安:《意见集》第6卷

如果确认在你的土地上有石矿，那么没有一个人可以不经你的同意而以私人或公家名义采石，除非他有权这样做。根据长期形成的习惯，某人若想采石，那么他只有在给土地所有人一定的费用后才有权为之。尽管如此，为了采石他还必须向所有人保证：他既不会妨碍后者使用其需要的石料，也不会因行使该权利而剥夺其对物所享有的利益（commoditas）。

13

Ne quis re sua male utatur

D. 50. 10. 3pr. ***Macer 2 de off. Praesid***

Opus novum privato etiam sine principis auctoritate facere licet, praeterquam si ad aemulationem alterius civitatis pertineat vel materiam seditionis praebeat vel circum theatrum vel amphitheatrum sit.

D. 1. 6. 2 ***Ulpianus 8 de officio proconsulis***

Si dominus in servos saevierit vel ad impudicitiam turpemque violationem compellat, quae sint partes praesidis, ex rescripto divi Pii ad Aelium Marcianum proconsulem Baeticae manifestabitur. cuius rescripti verba haec sunt: "dominorum quidem potestatem in suos servos illibatam esse oportet nec cuiquam hominum ius suum detrahi: sed dominorum interest, ne auxilium contra saevitiam vel famem vel intolerabilem iniuriam denegetur his qui iuste deprecantur. ideoque cognosce de querellis eorum, qui ex familia Iulii Sabini ad statuam confugerunt, et si vel durius habitos quam aequum est vel infami iniuria affectos cognoveris, veniri iube ita, ut in potestate domini non revertantur. qui si meae constitutioni fraudem fecerit, sciet me admissum severius exsecuturum." divus etiam Hadrianus Umbriciam quandam matronam in quinquennium relegavit, quod ex levissimis causis ancillas atrocissime tractasset.

13

使任何人不得不当地使用自己的物

D. 50，10，3pr. 马切尔（Macer）:《论行省长官的职责》第2卷

私人未经皇帝同意亦可从事某一新的公益性的建筑，除非这一建筑将侵害其他市民的利益、将引起骚乱或建筑的是一个竞技场、剧院及圆形露天剧场。

D. 1，6，2 乌尔比安:《关于行省执政官之职》第8卷

如果主人虐待奴隶或者强迫奴隶实施无耻、卑鄙的侵犯行为，（安东尼诺皇帝）比友乌斯皇帝给贝提卡行省执政官艾琉斯·马尔西安（Aelius Marcianus）的批复中指出了哪些是总督的职责。该批复这样写道:“主人对自己奴隶的支配权应当是完整的，任何人的权利都不能被剥夺。但是，对那些因受到残酷对待、或挨饿、或遭受无法容忍的凌辱的奴隶所提出的正当的希望获得帮助的请求不予拒绝则涉及主人的利益。因此，你应当审理那些从尤里乌斯·萨宾家躲到（皇帝）雕像处的奴隶们的控诉，如果你确定他们受到了不公正的严厉对待，或者是受到了极大侮辱，你应当命令出卖他们，以便使他们不再回到他们主人的支配权之下。以欺诈方式做出违背我的谕令之人将会明白，我要对他处以比他所犯罪行更为严厉的处罚。”哈德良（皇帝）曾将一个叫翁布丽奇雅的女主人流放了五年，因为她为了一些微不足道的原因而十分残暴地对待她的女奴。

14
De edificiis privatis
(C. 8. 10)

C. 8. 10. 12. 2 ***Imp. Caesar Zeno pius victor triumphator seper maximus semper venerandus Augustus Adamantio pu.***

Cum vero mea constitutio dicat eum qui aedificet inter suam et vicini domum etiam duodecim pedum spatium relinquere debere [...] Neque tamen licere ex hoc spatio auferre vicini in mare prospectum directum nec impeditum ex quacumque aedium parte quam vicinus habet stans intus in suis aedibus vel etiam sedens [...]

C. 8. 10. 12. 5 ***Imp. Caesar Zeno pius victor triumphator seper maximus semper venerandus Augustus Adamantio pu.***

Item sancimus ut solaria quae dicuntur post praesentem legem non ex solis lignis et asseribus fiant sed romanensium quae vocantur specie aedificentur, decem autem pedum intervallum sit inter duo solaria invicem sibi opposita.

C. 11. 43. 1. 2 ***Imp. Constantinus A. ad Maximilianum consularem aquarum***

Praeterea scire eos oportet, per quorum praedia aquaeductus commeat, ut dextra laevaque de ipsis formis quindecim pedibus intermissis arbores habeant: observante officio iudicis, ut, si quo tempore pullulaverint, excidantur, ne earum radices fabricam formae corrumpant. *D. xv k. iun. Gallicano et Symmacho conss. <a. 330>*

14

私人建筑物

（C. 8，10）

C. 8，10，12，2 芝诺（Zeno）皇帝致内事裁判官阿达曼狄乌斯

我们的宪令（constitutio）规定，必须进行建筑的人应在自己的房子与邻居的房子之间留出十二步的空间。……进行建筑的人在两个房屋之间留下供邻居从自己的房屋内任何一面或站或坐直接看海且不受影响的空间，其行为是合法的……

C. 8，10，12，5 芝诺皇帝致内事裁判官阿达曼狄乌斯

我们还规定，在颁布此法律之后，被称为阳台的建筑物不是以木头及木板建造的，而是以石头建造的。在两个上述的阳台之间应留出十步。

C. 11，43，1，2 康斯坦丁皇帝致前执政官马克西姆斯管水官

此外，水渠经过其土地的人应该知道，他们应使水渠左右两边的树与水渠保持十五步的距离。根据法官的判决，如果在此范围内有树，那么它们将被拔掉，以便其根不损坏水渠。（卡利卡鲁斯和西蒙马库斯执政，公元 330 年）

15
De rebus inter aliquos communibus

15. 1 Res communis

D. 10. 3. 2pr. ***Gaius 7 ad edictum provinciale***

Nihil autem interest, cum societate an sine societate res inter aliquos communis sit: nam utroque casu locus est communi dividundo iudicio. cum societate res communis est veluti inter eos, qui pariter eandem rem emerunt: sine societate communis est veluti inter eos, quibus eadem res testamento legata est.

D. 8. 3. 11 ***Celsus 27 digestorum***

Per fundum, qui plurium est, ius mihi esse eundi agendi potest separatim cedi. ergo suptili ratione non aliter meum fiet ius, quam si omnes cedant et novissima demum cessione superiores omnes confirmabuntur: benignius tamen dicetur et antequam novissimus cesserit, eos, qui antea cesserunt, vetare uti cesso iure non posse.

15

数人共有一物

15.1 共有物

D. 10，3，2pr. 盖尤斯:《论行省告示》第7卷

人们是因合伙（societas）还是非因合伙而共有一物并不重要，因为无论在哪种情况下都存在共有物分割之诉。某物可因合伙而成为共有物（res communis），例如人们共同购买一个物；无合伙，某物亦可成为共有物，譬如同一个物按遗嘱被遗赠给几个人。

D. 8，3，11 杰尔苏:《学说汇纂》第27卷

当一块土地属于很多人时，我在其上行走和运输的权利可分别由每个人授予我。因此从狭义上讲，除非全体人授予了这种权利，否则我不能取得它，并且只有最后一个人的授权才能使先前各个人的授权有效。然而从广义上讲，在最后一个人授权之前，先作出授权的那些人不能禁止我行使已授予我的权利。

D. 41. 7. 3 ***Modestinus 6 diff.***

An pars pro derelicto haberi possit, quaeri solet. et quidem si in re communi socius partem suam reliquerit, eius esse desinit, ut hoc sit in parte, quod in toto: atquin totius rei dominus efficere non potest, ut partem retineat, partem pro derelicto habeat.

D. 8. 5. 4. 3 ***Ulpianus 17 ad edictum***

Si fundus, cui iter debetur, plurium sit, unicuique in solidum competit actio, et ita et Pomponius libro quadragensimo primo scribit: sed in aestimationem id quod interest veniet, scilicet quod eius interest, qui experietur. itaque de iure quidem ipso singuli experientur et victoria et aliis proderit, aestimatio autem ad quod eius interest revocabitur, quamvis per unum adquiri servitus non possit.

D. 8. 5. 4. 4 ***Ulpianus 17 ad edictum***

Sed et si duorum fundus sit qui servit, adversus unumquemque poterit ita agi et, ut Pomponius libro eodem scribit, quisquis defendit, solidum debet restituere, quia divisionem haec res non recipit.

D. 10. 3. 28 ***Papinianus 7 quaest.***

Sabinus ait in re communi neminem dominorum iure facere quicquam invito altero posse. unde manifestum est prohibendi ius esse: in re enim pari potiorem causam esse prohibentis constat. sed etsi in communi prohiberi socius a socio ne quid faciat potest, ut tamen factum opus tollat, cogi non potest, si, cum prohibere poterat, hoc praetermisit: et ideo per communi dividundo actionem damnum sarciri poterit. sin autem facienti consensit, nec pro damno habet actionem. quod si quid absente socio ad laesionem eius fecit, tunc etiam tollere cogitur.

D. 41，7，3　莫德斯汀：《论差别》第6卷

常被问及的一个问题是一个物是否可以被视为部分抛弃。毫无疑问，如果一个共有人（socius）抛弃了他在共有物上所享有的份额（pars），那部分便不再是他的，因为关于整个物的法律规定适用于物的一部分。但是整个物的所有人不能保留物的一部分而抛弃另一部分。

D. 8，5，4，3　乌尔比安：《论告示》第17卷

如果一块通行需役地属于几个人，那么每个人都享有连带诉权（彭波尼在第41卷也是这么写的），但在计算利益时考虑的将是提起诉讼之人的利益。因此每个人皆可单独就通行权提起诉讼，而胜诉将属于全体所有人。虽然役权不能仅通过一个人取得，但利益的计算将限于提起诉讼之人的利益。

D. 8，5，4，4　乌尔比安：《论告示》第17卷

如果一块供役地属于两个人，那么可以对他们中的任何一个人提起该诉讼（就像彭波尼在同一卷中写的那样）。不论谁被诉，都必须负担整个役权，因为役权不容分割。

D. 10，3，28　帕比尼安：《论问题》第7卷

萨宾说："没有一个共有人可以违背另一个共有人的意志，在共有物上做某事。"因此，显然存在禁止权（prohibendi），因为在一个共有物上共有人享有平等的权利。虽然一个共有人可以禁止另一个共有人在共有物上建造某物，但假如他能够禁止而未禁止，他便不能强迫那个人拆除已建筑之物，其损失可通过共有物分割之诉被补偿。然而，如果他同意那个人施工，他便无请求补偿其损失的诉权。倘若他在其共有人不在的情况下建造某物并给该共有人造成了损害，那么他还必须拆除建造之物。

D. 8. 2. 27. 1 *Pomponius 33 ad Sab.*

Si in area communi aedificare velis, socius prohibendi ius habet, quamvis tu aedificandi ius habeas a vicino concessum, quia invito socio in iure communi non habeas ius aedificandi.

D. 45. 3. 1. 4 *Iulianus 52 digestorum*

Communis servus duorum servorum personam sustinet. Idcirco si proprius meus servus communi meo et tuo servo stipulatus fuerit, idem iuris erit in hac una conceptione verborum, quod futurum esset, si separatim duae stipulationes conceptae fuissent, altera in personam mei servi, altera in personam tui servi: neque existimare debemus partem dimidiam tantum mihi adquiri, partem nullius esse momenti, quia persona servi communis eius condicionis est, ut in eo, quod alter ex dominis potest adquirere, alter non potest, perinde habeatur, ac si eius solius esset, cui adquirendi facultatem habeat.

D. 45. 3. 5 *Ulpianus 48 ad Sab.*

Servus communis sic omnium est non quasi singulorum totus, sed pro partibus utique indivisis, ut intellectu magis partes habeant quam corpore: et ideo si quid stipulatur vel quaqua alia ratione adquirit, omnibus adquirit pro parte, qua dominium in eo habent. licet autem ei et nominatim alicui ex dominis stipulari vel traditam rem accipere, ut ei soli adquirat. sed si non nominatim domino stipuletur, sed iussu unius dominorum, hoc iure utimur, ut soli ei adquirat, cuius iussu stipulatus est.

D. 8，2，27，1 彭波尼：《论萨宾》第33卷

如果你想在一块共有的土地上建筑，那么即使你的邻居已同意你建筑，你的共有人也有权阻止你建筑，因为你无权违背你的共有人的意志在共有的土地上建筑。

D. 45，3，1，4 尤里安：《学说汇纂》第52卷

一个共有的奴隶（communis servus）具有两个奴隶的特征。因此，如果我自己的一个奴隶跟我和你共有的一个奴隶订立了一个要式口约，那么该要式口约的法律效力将与分别以我的奴隶的名义及你的奴隶的名义订立的两个要式口约的法律效力相同。我们不应认为只有半份债权为我所取得，而另一半不具有任何效力。因共有奴隶具有这种特征，故在其一个主人能取得债权而另一个主人不能取得债权的情况下，他应被视为仅属于他能为之取得债权的那个主人。

D. 45，3，5 乌尔比安：《论萨宾》第48卷

一个共有的奴隶属于其全体主人，而非整个属于每一个主人。因份额未被分割，所以他们享有的是观念份额而非实体份额。因此，如果他就某物订立要式口约或以其它任何方式取得某物，那么他是按其全体主人对他享有所有权的份额为他们取得它。然而，他可以指名道姓地为一个主人订立要式口约或接受某物，这样，他便只是为该主人取得它。但倘若他并未指名道姓地为某一主人订立要式口约，而是按照某一主人的命令订立要式口约，那么根据法学原理他只是为命令其订立要式口约的人取得物。

15. 2 Communi dividundo
(D. 10. 3; J. 3. 27. 3 –4; C. 3. 37)

D. 10. 3. 1 ***Paulus 23 ad edictum***

Communi dividundo iudicium ideo necessarium fuit, quod pro socio actio magis ad personales invicem praestationes pertinet quam ad communium rerum divisionem. denique cessat communi dividundo iudicium, si res communis non sit.

D. 10. 3. 3pr. ***Ulpianus 30 ad Sab.***

In communi dividundo iudicio nihil pervenit ultra divisionem rerum ipsarum quae communes sint et si quid in his damni datum factumve est sive quid eo nomine aut abest alicui sociorum aut ad eum pervenit ex re communi.

D. 10. 3. 4pr. ***Ulpianus 19 ad edictum***

Per hoc iudicium corporalium rerum fit divisio, quarum rerum dominium habemus, non etiam hereditatis.

D. 10. 2. 55 ***Ulpianus 2 ad edictum***

Si familiae erciscundae vel communi dividundo iudicium agatur et divisio tam difficilis sit, ut paene inpossibilis esse videatur, potest iudex in unius personam totam condemnationem conferre et adiudicare omnes res.

15.2 共有物的分割

(D. 10, 3; J. 3, 27, 3~4; C. 3, 37)

D. 10, 3, 1 保罗:《论告示》第23卷

共有物分割之诉是必需的，因为合伙之诉同个人之间的债的关系有关，而不涉及共有物的分割。因此若没有共有物，便无共有物分割之诉。

D. 10, 3, 3pr. 乌尔比安:《论萨宾》第30卷

在共有物分割之诉中，考虑的只是同一个共有物的分割、共有物发生或造成的损害的分割、某一共有人因那种损害而失去之物或从共有物上获得之物的分割。

D. 10, 3, 4pr. 乌尔比安:《论告示》第19卷

通过此诉讼进行的是我们对之享有所有权的实物的分割，而非遗产的分割。

D. 10, 2, 55 乌尔比安:《论告示》第2卷

如果在进行遗产分割之诉或共有物分割之诉时分割太难，以至于分割几乎是不可能的，那么法官可以将所有的物判给一个人，而让他向其他人支付相应的价金。

D. 10. 3. 14pr. ***Paulus 3 ad Plautium***

In hoc iudicium hoc venit, quod communi nomine actum est aut agi debuit ab eo, qui scit se socium habere.

D. 10，3，14pr. 保罗:《普劳提引述》第 3 卷

知道自己有一个共有人的人以共有的名义从事的或应当从事的活动，被包括在此诉讼内。

16

De ceteris modis quibus res nostrae sint

D. 41. 1. 52 ***Modestino 7 regularum***

Rem in bonis nostris habere intellegimur, quotiens possidentes exceptionem aut amittentes ad reciperandam eam actionem habemus.

16. 1 De Publiciana in rem actione

(J. 4. 6. 4–5; D. 6. 2)

D. 6. 2. 1pr. ***Ulpianus 16 ad edictum***

Ait praetor: "si quis id quod traditur ex iusta causa non a domino et nondum usucaptum petet, iudicium dabo."

D. 6. 2. 1. 1 ***Ulpianus 16 ad edictum***

Merito praetor ait "nondum usucaptum": nam si usucaptum est, habet civilem actionem nec desiderat honorariam.

16

获得物的其他方式

D. 41，1，52 莫德斯汀:《规则集》第7卷

在下面这些情况下我们认为该物属于我们的财产：如果我们占有该物，我们可以用抗辩来对付任何要求返还它的人；如果我们丧失了对该物的占有，我们可以通过诉权来要求返还该物。

16.1 普布利西安对物之诉

(J. 4，6，4～5；D. 6，2)

D. 6，2，1pr. 乌尔比安:《论告示》第16卷

裁判官说："若某人请求返还根据正当理由而由非所有人交付给他的尚未被他通过时效取得的物，我将给予他诉权。"

D. 6，2，1，1 乌尔比安:《论告示》第16卷

裁判官正确地说道:"尚未被通过时效取得"，因为如果已被通过时效取得，他便享有市民法之诉权，而不需要裁判官法之诉权(actio honoraria)。

D. 6. 2. 1. 2 ***Ulpianus 16 ad edictum***

Sed cur traditionis dumtaxat et usucapionis fecit mentionem, cum satis multae sunt iuris partes, quibus dominium quis nancisceretur? ut puta legatum.

D. 6. 2. 2 ***Paulus 19 ad edictum***

Vel mortis causa donationes factae: nam amissa possessione competit publiciana, quia ad exemplum legatorum capiuntur.

D. 6. 2. 3. 1 ***Ulpianus 16 ad edictum***

Ait praetor: "ex iusta causa petet." qui igitur iustam causam traditionis habet, utitur publiciana: et non solum emptori bonae fidei competit publiciana, sed et aliis, ut puta ei cui dotis nomine tradita res est necdum usucapta: est enim iustissima causa, sive aestimata res in dotem data sit sive non. Item si res ex causa iudicati sit tradita.

D. 6. 2. 5 ***Ulpianus 16 ad edictum***

Vel ex causa noxae deditionis, sive vera causa sit sive falsa.

D. 6. 2. 17 ***Neratius 3 membr.***

Publiciana actio non ideo comparata est, ut res domino auferatur: eiusque rei argumentum est primo aequitas, deinde exceptio "si ea res possessoris non sit": sed ut is, qui bona fide emit possessionemque eius ex ea causa nactus est, potius rem habeat.

D. 6，2，1，2　乌尔比安:《论告示》第 16 卷

但是用以取得所有权的法律根据很多，比如遗赠，他为什么只提及“交付”和“时效取得”呢?

D. 6，2，2　保罗:《论告示》第 19 卷

或进行了死因赠与*。在丧失了【赠与物的】占有时，适用普布利西安之诉，因为它们是仿照遗嘱被取得的。

D. 6，2，3，1　乌尔比安:《论告示》第 16 卷

裁判官说:“要提出请求，需有正当理由。”因此，谁有接受交付的正当理由，谁就可以利用普布利西安之诉（actio Puhliciana）。普布利西安诉权不仅属于善意购买人，而且属于其他人，如接受作为嫁资交付的尚未被通过时效取得的物的人。因此，不管物是否被估价，只要它作为嫁资被给予，理由便是非常正当的。假如某物基于判决被交付，情况也一样。

D. 6，2，5　乌尔比安:《论告示》第 16 卷

或因损害投偿，该理由或是真的或是假的。

D. 6，2，17　内拉蒂:《羊皮纸书稿》第 3 卷

普布利西安之诉的目的不在于剥夺所有人之物（创设该诉讼的根据首先是公平，其次是“如果物不属于占有人”之抗辩），而是为了保证善意购买某物并因此获得物之占有的人更好地享有该物。

---

* 原文如此。——译者注

D. 6. 2. 9. 4 ***Ulpianus 16 ad edictum***

Si duobus quis separatim vendiderit bona fide ementibus, videamus, quis magis publiciana uti possit, utrum is cui priori res tradita est an is qui tantum emit. et Iulianus libro septimo digestorum scripsit, ut, si quidem ab eodem non domino emerint, potior sit cui priori res tradita est, quod si a diversis non dominis, melior causa sit possidentis quam petentis. quae sententia vera est.

D. 6. 2. 7. 8 ***Ulpianus 16 ad edictum***

In Publiciana actione omnia eadem erunt, quae et in rei vindicatione diximus.

16. 2 De exceptione rei venditae et traditae (D. 21. 3)

D. 21. 3. 1pr. ***Ulpianus 76 ad edictum***

Marcellus scribit, si alienum fundum vendideris et tuum postea factum petas, hac exceptione recte repellendum.

D. 21. 3. 2 ***Pomponius 2 ex Plaut.***

Si a Titio fundum emeris qui sempronii erat isque tibi traditus fuerit, pretio autem soluto Titius sempronio heres exstiterit et eundem fundum Maevio vendiderit et tradiderit: Iulianus ait aequius esse priorem te tueri, quia et si ipse Titius fundum a te peteret, exceptione summoveretur et si ipse Titius eum possideret, publiciana peteres.

D. 6，2，9，4 乌尔比安：《论告示》第16卷

如果某人将同一个物分别出卖给两个善意购买人，那么谁能优先提起普布利西安之诉：是物最先被交付给他的那个人，还是最先购买物的人？尤里安在《学说汇纂》第7卷曾写道，如果他们向同一个非所有人购买，那么物最先被交付给他的那个人应优先提起普布利西安之诉；假如他们向几个非所有人购买，占有物的人便比请求交付物的人更有权提起该诉讼。此观点是正确的。

D. 6，2，7，8 乌尔比安：《论告示》第16卷

我们就返还所有物之诉所说的那些规则，同样适用于普布利西安之诉。

16.2 出售和交付物的抗辩

（D. 21，3）

D. 21，3，1pr. 乌尔比安：《论告示》第76卷

马尔切勒写道，如果你将他人的土地出卖，后来它变成了你的，你要求返还它，那么通过“交付出卖物的抗辩（exceptio rei venditae et tradite)”，你的要求将遭到拒绝。

D. 21，3，2 彭波尼：《普劳提引述》第2卷

假如你向铁裘斯购买了属于沈普罗尼的土地，而且它已被交付给你，在价金被交付后铁裘斯变成了沈普罗尼的继承人，他又将该土地出卖并交付给麦威，尤里安说，受到法律保护的是你。因为如果铁裘斯本人向你请求返还土地，通过这一抗辩其请求将遭到拒绝；如果铁裘斯本人占有土地，你可通过普布利西安之诉请求他返还。

16. 3 De nudo ex iure Quiritium tollendo vel de differentiam inter dominos expellenda (C. 7. 25)

C. 7. 25. 1 ***Imp. Iustinianus A. Iuliano pp.***

Antiquae subtilitatis ludibrium per hanc decisionem expellentes nullam esse differentiam patimur inter dominos, apud quos vel nudum ex iure Quiritium vel tantummodo in bonis reperitur, quia nec huiusmodi esse volumus distinctionem nec ex iure Quiritum nomen, quod nihil aenigmate discrepat nec umquam videtur neque in rebus apparet, sed est vacuum et superfluum verbum, per quod animi iuvenum, qui ad primam veniunt legum audientiam, perterriti ex primis eorum cunabulis inutiles legis antiquae dispositiones accipiunt. Sed sit plenissimus et legitimus quisque dominus sive servi sui sive aliarum rerum ad se pertinentium. *<a. 530 ~ 531>*

16.3 市民法所有权与裁判官法所有权划分之取消（C. 7，25）

C. 7，25，1 优士丁尼皇帝致大区长官尤里安

为了通过此决定消除人们对古代繁琐规定的嘲笑，我们不许所有人之间存在某种差别，不许存在市民法上的所有人与裁判官法上的所有人的区别，因为我们不需要有差别。市民法这个名称就像谜语一样令人费解，它被视为一个同物无关且永远同物无关的词，一个空洞而多余的词。它使初学法律的年轻人在最初的努力学习中因了解到古代法律的无用规定而产生了恐惧心理。实际上，每个所有人都应该是其奴隶或别的物的最完全、最合法的享有者。（公元530～531年）

17
Si ager vectigalis petatur et de emphyteutico iure
(D. 6. 3; C. 4. 66)

D. 6. 3. 1pr. ***Paulus 21 ad edictum***

Agri civitatium alii vectigales vocantur, alii non. vectigales vocantur qui in perpetuum locantur, id est hac lege, ut tamdiu pro his vectigal pendatur, quamdiu neque ipsis, qui conduxerint, neque his, qui in locum eorum successerunt, auferri eos liceat: non vectigales sunt, qui ita colendi dantur, ut privatim agros nostros colendos dare solemus.

D. 6. 3. 1. 1 ***Paulus 21 ad edictum***

Qui in perpetuum fundum fruendum conduxerunt a municipibus, quamvis non efficiantur domini, tamen placuit competere eis in rem actionem adversus quemvis possessorem, sed et adversus ipsos municipes,

D. 6. 3. 2 ***Ulpianus 17 ad Sab.***

Ita tamen si vectigal solvant.

17

税地的出售与永佃权

(D. 6, 3; C. 4, 66)

D. 6, 3, 1pr. 保罗:《论告示》第21卷

在市府的土地中，一些被称为税地（agri vectigales），另一些则否。被永久出租的市府土地被称为“税地”。根据契约（lex），只要这些土地的地税（vectigal）被交纳，便不许剥夺土地承租人及其继承人耕种土地的权利。我们通常交给别人耕种的我们的私地非税地。

D. 6, 3, 1, 1 保罗:《论告示》第21卷

为了永久享用土地而向市府租地的人虽未变成所有权人，但他有权对任何一个占有人，甚至对市府本身提起对物之诉，

D. 6, 3, 2 乌尔比安:《论萨宾》第17卷

只要他们交纳了地税。

D. 30. 71. 5 *Ulpianus 51 ad edictum*

Si fundus municipum vectigalis ipsis municipibus sit legatus, an legatus consistat petique possit videamus. et Iulianus libro trigensimo octavo Digestorum scribit, quamvis fundus vectigalis municipum sit, attamen quia aliquod ius in eo is qui legavit habet, valere legatum

D. 30. 71. 6 *Ulpianus 51 ad edictum*

Sed et si non municipibus, sed alii fundum vectigalem legaverit, non videri proprietatem rei legatam, sed id ius, quod in vectigalibus fundis habemus.

D. 18. 1. 80. 3 *Labeo 5 posteriorum a Iavoleno epitomatorum*

Nemo potest videri eam rem vendidisse, de cuius dominio id agitur, ne ad emptorem transeat, sed hoc aut locatio est aut aliud genus contractus.

D. 50. 16. 219 *Papinianus 2 resp.*

In conventionibus contrahentium voluntatem potius quam verba spectari placuit. cum igitur ea lege fundum vectigalem municipes locaverint, ut ad heredem eius qui suscepit pertineret, ius heredum ad legatarium quoque transferri potuit.

D. 39. 4. 11. 1 *Paulus 5 sent.*

Agri publici, qui in perpetuum locantur, a curatore sine auctoritate principali revocari non possunt.

D. 30，71，5　乌尔比安:《论告示》第51卷

如果由某个自治市耕种的赋税地通过遗赠给了这个自治市，我们考察一下这个遗赠是否成立并且是否可以起诉要求执行。尤里安在《学说汇纂》第38卷中写道：尽管该赋税地已经属于这个自治市，但是，由于遗赠人对此土地还是拥有某项权利*的，该项遗赠有效。

D. 30，71，6　乌尔比安:《论告示》第51卷

即使将赋税地遗赠给了其他人而不是耕作它的自治市，一般并不认为遗赠了该土地所有权，而是认为遗赠了赋税地之上的某些权利。

D. 18，1，80，3　拉贝奥:《作品概述》第5卷（该书由雅沃伦编纂）

在有人出售了事实上涉及所有权的物的情况下，该物的所有权并不认为转让给买受人，但是它涉及到的是出租或其他契约类型。

D. 50，16，219　帕比尼安:《解答》第2卷

需指出的是，就契约而言，被考虑的是缔约双方的意图而非其言辞。因此，如果市府出租税地时以契约规定“承租人的权利可以属于其继承人”，那么继承人可继承的这一权利便可以被转让给受遗赠人。

D. 39，4，11，1　保罗:《论判决》第5卷

未经皇帝的批准，用于永佃的公有土地的承租人不得从公共物管理人那里将其拿走。

---

* 是指在行省所有权之上的空虚所有权（“proprietaǹ nuda”）。——译者注

C. 4. 66. 1 ***Imp. Zeno A. Sebastiano pp.***

Ius emphyteuticarium neque conductionis neque alienationis esse titulis addicendum, sed hoc ius tertium sit constitutum ab utriusque memoratorum contractuum societate seu similitudine separatum, conceptionem definitionemque habere propriam et iustum esse validumque contractum, in quo cuncta, quae inter utrasque contrahentium partes super omnibus vel etiam fortuitis casibus pactionibus scriptura interveniente habitis placuerint, firma illibataque perpetua stabilitate modis omnibus debeant custodiri: ita ut, si interdum ea, quae fortuitis casibus sicut eveniunt, pactorum non fuerint conventione concepta, si quidem tanta emerserit clades, quae prorsus ipsius etiam rei quae per emphyteusin data est facit interitum, hoc non emphyteuticario, cui nihil reliquum mansit, sed rei domino, qui, quod fatalitate ingruebat, etiam nullo intercedente contractu habiturus fuerat, imputetur: sin vero particulare vel aliud leve damnum contigerit, ex quo non ipsa rei penitus laedatur substantia, hoc emphyteuticarius suis partibus non dubitet adscribendum.

C. 4. 66. 2pr. ***Imp. Iustinianus A, Demostheni pp.***

In emphyteuticariis contractibus sancimus, si quidem aliae pactiones in emphyteuticis instrumentis fuerint conscriptae, easdem et in aliis omnibus capitulis observari et de reiectione eius, qui enphyteusin suscepit, si solitam pensionem vel publicanorum functionum apochas non praestiterit.

C. 4, 66, 1 芝诺皇帝致大区长官塞巴斯蒂亚鲁斯

我们规定，永佃权（jus emphyteuticarium）既非租赁（conductio）亦非买卖（alienatio），而是同上述两种合同毫无联系或相似之处的一种权利，是一个独立概念，是一个正当、有效的合同的标的。在那一合同中，双方以书面形式就任何情况（包括意外情况）达成的协议将被看成是永久不变的，不管怎样必须被遵守。要是偶然发生的情况未被包括、规定在协议中，如果损害很大以致设定永佃权之物绝对灭失，而这一灭失不能归因于失去永佃权标的物的永佃权人而是归因于物之所有人，那么，即使合同无规定，那一损害也应由物之所有人承担；然而，若发生未改变物的性质的、部分的或轻微的损害，它无疑应由永佃权人（emphyteuticarius）承担。

C. 4, 66, 2pr. 优士丁尼皇帝致行省总督凯勒柴多诺

就永佃契约而言，如果在永佃契约的文件中确实以特别约款载明，诸缔约人要遵守契约的全部条款且永佃权人在未支付租金或公共永佃税时将遭到驱除，那么我们将对此给予支持。

C. 4. 66. 2. 1 ***Imp. Iustinianus A, Demostheni pp.***

Sin autem nihil super hoc capitulo fuerit pactum, sed per totum triennium neque pecunias solverit neque aphocas domino tributorum reddiderit, volenti ei licere eum a praediis emphyteuticariis repellere: nulla ci adlegatione nomine meliorationis vel eorum quae emponemata dicuntur vel poenae opponenda, sed omnimodo eo, si dominus voluerit, repellendo neque oraetendente quod non est super hac causa inquitatus cum neminem oportetconventionem vel admonitionem expectare, sed ultro sese offerre ed debitum spontanea voluntate persolvere, secondum quod et anteriore lege nostri numine generaliter cautum est.

C. 4. 66. 2. 2 ***Imp. Iustinianus A, Demostheni pp.***

Ne autem hac causa dominis facultas oriatur emphyteutas suos repellere et reditum minime velle suscipere, ut ex huiusmodi machinatione triennio elapso suo iure is qui emphyteusin suscepit cadat, licentiam ei concedimus attestatione praemissa pecunias offerre hisque obsignatis et secundum legem depositis minime deiectionis timere periculum. *D. xv k. Oct. Chalcedone Decio vc. Cons.* <*a. 529*>

C. 4. 66. 3pr. ***Idem A. Iuliano pp.***

Cum dubitabantur utrum emphyteuta debeat cum domini voluntate suas meliorationes, quae Graeco vucabulo emponemata dicuntur, alienare vel ius emphyteuticum in alium transferre, an eius expectare consensum, sancimus, si quidem emphyteuticum instrumentum super hoc casu aliquas pactiones habeat, eas observari. sin autem nullo modo huiusmodi pactio posita est vel forte instrumentum emphyteuseos perditum est, minime licere emphyteutae sine consensu domini suas meliorationes aliss vendere vel ius emphyteuticum transferre.

C. 4，66，2，1 优士丁尼皇帝致行省总督凯勒柴多诺

但是，如果该条款中没有永佃权人因迟延付款而被驱除的约定时，当永佃权人在三年中既未向土地所有权人支付租金亦未缴纳赋税的情况下，土地所有权人要从永佃土地上将永佃权人驱除，永佃权人不得以今后将对土壤进行改良需要费用为由、或者以进行必要的劳动或苦役为由进行抗辩，这是有其正当性的。总之，如果欲驱除永佃权人的土地所有权人，不得以没有索要任何东西包括可能的扣减为由而驱除永佃权人，因为没有人应当等待着被告知或被警告，相反，其应当根据自己的意愿并自觉地按照我们预先确定和重申的数额履行自己的债务。

C. 4，66，2，2 优士丁尼皇帝致行省总督凯勒柴多诺

因为正好相反，该理由不能产生所有权人得以驱除永佃权人的资格，亦不得以事先设计的诡计，即永佃权人因三年内未履行债务而致其权利消失为目的获得租金，我们将给永佃权人一个许可，他可以通过证人来证明其租金的支付，其后，根据法律把存放在密封袋中的租金进行返还，这样至少就不用担心遭到驱除的危险。（凯尔柴多内执政，公元529年）

C. 4，66，3pr. 优士丁尼给行省总督尤里安

由于对永佃权人在转让土地增值和转让永佃权之时是否需要得到所有权人的同意始终存在争议，对此，我们认为，如果在设立永佃权的简约中对此有特别约定，则这些约定应当得到遵守；如果在简约中对此没有任何约定，或者【载有简约内容】* 的设权文件已经丢失，则未经所有权人同意不得出售其土地的增值部分，也无权转让其永佃权。

* 方括号内的文字系译者为使译文清晰通畅而增加的内容。——译者注

C. 4. 66. 3. 1 ***Idem A. Iuliano pp.***

Sed ne hac occasione accepta domini minime concedant emphyteutas suos accipere pretia meliorationum quae invenerint, sed eos deludant et ex hoc commodum emphyteutae depereat, disponimus attestationem domino transmitti et praedicere, quantum pretium ab alio re vera accepit.

C. 4. 66. 3. 2 ***Idem A. Iuliano pp.***

Et di quidem dominus hoc dare maluerit et tantam praestare quantitatem, quantam ipsa veritate emphyteuta ab alio accipere potest, ipsum dominum omnimodo haec comparare.

C. 4. 66. 3. 3 ***Idem A. Iuliano pp.***

Sin autem duorum mensium spatium fuerit emensum et dominus hoc facere noluerit, licentia emphyteutae detur, ubi voluerit, et sine consensu dominisuas meliorationes vendere, his tamen personis, quae non solent in emphyteuticis contractibus vetari ad huiusmodi venire emptionem. necessitatem autem habere dominos, si aliis melioratio secundum praefatum modum vendita sit, accipere emphyteutam [. . .].

C. 4. 66. 3. 5 ***Idem A. Iuliano pp.***

Sin autem novum emphyteutam vel emptorem meliorationis suscipere minime dominus maluerit et attestatione facta intra duos menses hoc facere supersederit, licere emèhyteutae et non consentientibus dominis ad alios ius suum vel emponemata transferre. *D. xv k. April. Constantinopoli Lampadio et Oreste vv. cc. conss.* *<a. 530>*

C. 4，66，3，1 优士丁尼给行省总督尤里安

但是，所有权人没有必要在【可以让永佃权人获得利益的】时却不让永佃权人获得他们所带来的增值部分的补偿，甚至压制着永佃权人令其失去这些利益。

C. 4，66，3，2 优士丁尼给行省总督尤里安

因此，我们规定永佃权人向土地所有权人提交一项证明，用以说明第三人能够就增值利益愿意向其支付的价金数额，如果土地所有权人愿意支付这笔价金并保证支付同第三人一样的数额的话，则有土地所有权人购买这些增值利益。

C. 4，66，3，3 优士丁尼给行省总督尤里安

如果经过了两个月而土地所有权人没有任何作为，那么【我们将】直接授权给永佃权人，在其愿意的情况下，可以在未经土地所有权人同意的情况下出售这些土地增值，但是不能出售给在永佃权设立合同中约定排除的人。如果这些土地增值是以上述方式被出售的，土地所有权人有义务接受新的永佃权人。

C. 4，66，3，5 优士丁尼给行省总督尤里安

如果所有权人绝对不愿意接受新的永佃权人或者设佃土地的增值的买受人，且他有义务在两个月之内当着证人的面做出申明却没有如此做，则永佃权人有权未经土地所有权人的同意而将其权利转让给他人。（兰巴蒂诺和奥莱斯特执政，公元530年于君士坦丁堡）

18
De usu fructu
(J. 2. 4; D. 7. 1–6. 9; D. 33. 2; C. 3. 33)

18. 1 Quemadmodum quis utatur et fruatur

D. 7. 1. 1 ***Paulus 3 ad Vitell.***

Usus fructus est ius alienis rebus utendi fruendi salva rerum substantia.

18. 1. 1 Quid sit in fructu

D. 7. 1. 9pr. ***Ulpianus 17 ad Sab.***

Item si fundi usus fructus sit legatus, quidquid in fundo nascitur, quidquid inde percipi potest, ipsius fructus est, sic tamen ut boni viri arbitratu fruatur. Nam et Celsus libro octavo decimo digestorum scribit cogi eum posse recte colere.

D. 7. 1. 9. 1 ***Ulpianus 17 ad Sab.***

Et si apes in eo fundo sint, earum quoque usus fructus ad eum pertinet.

18

用益权

(J. 2, 4; D. 7, 1 ~6.9; D. 33, 2 ; C. 3, 33)

18.1 用益权行使的方式和收益的获取

D. 7, 1, 1 保罗:《论韦得里》第3卷

用益权(ususfructus)是以不损害物的本质的方式使用、收益他人之物的权利。

18.1.1 孳息的产生

D. 7, 1, 9pr. 乌尔比安:《论萨宾》第17卷

同样,如果一块土地的用益权被遗赠,那么从该土地上出产之物及能从该土地上取得之物被视为该土地的孳息,然而受遗赠人必须以一个诚实的人所采用的方式获取它们。杰尔苏在《学说汇纂》第18卷写道,他必须以适当方式耕种那块土地。

D. 7, 1, 9, 1 乌尔比安:《论萨宾》第17卷

如果在那块土地上有蜜蜂,蜜蜂的用益权也属于他。

D. 7. 1. 9. 2 ***Ulpianus 17 ad Sab.*** Sed si lapidicinas habeat et lapidem caedere velit vel cretifodinas habeat vel harenas, omnibus his usurum Sabinus ait quasi bonum patrem familias: quam sententiam puto veram.

D. 7. 1. 9. 3 ***Ulpianus 17 ad Sab.***

Sed si haec metalla post usum fructum legatum sint inventa, cum totius agri relinquatur usus fructus, non partium, continentur legato.

D. 7. 1. 9. 4 ***Ulpianus 17 ad Sab.***

Huic vicinus tractatus est, qui solet in eo quod accessit tractari: et placuit alluvionis quoque usum fructum ad fructuarium pertinere. sed si insula iuxta fundum in flumine nata sit, eius usum fructum ad fructuarium non pertinere pegasus scribit, licet proprietati accedat: esse enim veluti proprium fundum, cuius usus fructus ad te non pertineat. quae sententia non est sine ratione: nam ubi latitet incrementum, et usus fructus augetur, ubi autem apparet separatum, fructuario non accedit.

D. 7. 1. 9. 5 ***Ulpianus 17 ad Sab.***

Aucupiorum quoque et venationum reditum Cassius ait libro octavo iuris civilis ad fructuarium pertinere: ergo et piscationum.

D. 7. 1. 9. 6 ***Ulpianus 17 ad Sab.***

Seminarii autem fructum puto ad fructuarium pertinere ita tamen, ut et vendere ei et seminare liceat: debet tamen conserendi agri causa seminarium paratum semper renovare quasi instrumentum agri, ut finito usu fructu domino restituatur.

D. 7，1，9，2 乌尔比安：《论萨宾》第17卷

如果在那块土地上有石矿，受遗赠人想采石，或者在那块土地上有可采掘的白垩土或沙，萨宾说，受遗赠人可以像善良的家父（bonus paterfamilias）那样利用那些物。我认为此观点是正确的。

D. 7，1，9，3 乌尔比安：《论萨宾》第17卷

但是，如果那些矿物是在用益权被遗赠后发现的，那么当被遗赠的是整个土地的而非部分土地的用益权时，它们被包括在遗赠内。

D. 7，1，9，4 乌尔比安：《论萨宾》第17卷

就添附而言，通常要考虑的一点同上述情况类似。人们认为冲积地的用益权属于用益权人。然而贝加苏说，如果在河中产生的一个岛屿距一块土地很近，尽管岛屿被视为土地的一部分，但其用益权不属于用益权人，因为它被视为一块分离的土地，故其用益权不属于你。此观点并非没有道理，因为当增添物与土地相连时其用益权属于用益权人；当它与土地分离时其用益权不属于用益权人。

D. 7，1，9，5 乌尔比安：《论萨宾》第17卷

卡西在《市民法》第3卷说道，捕鸟及狩猎的收益属于用益权人，因而捕鱼的收益也属于用益权人。

D. 7，1，9，6 乌尔比安：《论萨宾》第17卷

我认为苗圃（seminarium）的孳息属于用益权人，允许他出卖它们，并允许他播种。然而考虑到该土地的种植，他应不断地改良苗圃，补充地力，以便在用益权终止时将之归还所有人。

D. 7. 1. 9. 7 ***Ulpianus 17 ad Sab.***

Instrumenti autem fructum habere debet: vendendi tamen facultatem non habet. nam et si fundi usus fructus fuerit legatus et sit ager, unde palo in fundum, cuius usus fructus legatus est, solebat pater familias uti, vel salice vel harundine, puto fructuarium hactenus uti posse, ne ex eo vendat, nisi forte salicti ei vel silvae palaris vel harundineti usus fructus sit legatus: tunc enim et vendere potest. nam et Trebatius scribit silvam caeduam et harundinetum posse fructuarium caedere, sicut pater familias caedebat, et vendere, licet pater familias non solebat vendere, sed ipse uti: ad modum enim referendum est, non ad qualitatem utendi.

D. 7. 1. 12. 2 ***Ulpianus 17 ad Sab.***

Usufructuarius vel ipse frui ea re vel alii fruendam concedere vel locare vel vendere potest: nam et qui locat utitur, et qui vendit utitur. sed et si alii precario concedat vel donet, puto eum uti atque ideo retinere usum fructum, et hoc Cassius et pegasus responderunt et Pomponius libro quinto ex Sabino probat. non solum autem si ego locavero, retineo usum fructum, sed et si alius negotium meum gerens locaverit usum fructum, Iulianus libro trigensimo quinto scripsit retinere me usum fructum. quid tamen si non locavero, sed absente et ignorante me negotium meum gerens utatur quis et fruatur? nihilo minus retineo usum fructum (quod et Pomponius libro quinto probat) per hoc, quod negotiorum gestorum actionem adquisivi.

D. 7, 1, 9, 7 乌尔比安：《论萨宾》第17卷

然而他应该享用【土地】辅助物（instrumentum）的孳息，但无权出卖它。因为，如果土地的用益权已被遗赠，所有权人（pater familias）* 以前经常使用该土地上的树、柳树或芦竹，那么我认为用益权人也可以使用它们，但只要柳树林、树丛或芦竹丛的用益权未被遗赠给他，他便不能出卖它们，反之则有权出卖它们。特雷巴蒂也写道，用益权人可以像所有权人那样砍掉倒下的芦竹并可以卖掉它们，尽管所有权人以前并不经常出卖它们而只是经常使用它们。因为对此需考虑的是使用的方式（modus）而非使用的性质（qualitas）。

D, 7, 1, 12, 2 乌尔比安：《论萨宾》第17卷

用益权人（usufructuarius）既可以自己使用收益物，也可以将物之用益给予他人或出租、出卖给他人，因为出租和出卖是行使用益权的一种方式。如果用益权人将物之用益暂时转让或赠与另一个人，我认为他是在行使其权利，他仍保留着用益权。这是卡西和贝加苏提出的观点，彭波尼在《论萨宾》第5卷也赞同此观点。尤里安在《学说汇纂》第35卷写道，不仅我自己出租它，我保留着用益权，而且某个管理我事务的人出租它，我也保留着用益权。然而，如果我并未出租它而管理我事务的人趁我不在时瞒着我使用、收益物，那么我该说什么呢？尽管如此，我仍保留着用益权，因为我享有提起无因管理之诉（acitio negotiorum gestorum）的权利。彭波尼在《论萨宾》第5卷也赞同此观点。

---

* 直译为“家父”，此指土地所有人。——译者注

D. 7. 1. 18 ***Paulus 3 ad Sab.***

Agri usu fructu legato in locum demortuarum arborum aliae substituendae sunt et priores ad fructuarium pertinent.

D. 7. 1. 59. 1 ***Paulus 3 sent.***

Quidquid in fundo nascitur vel quidquid inde percipitur, ad fructuarium pertinet, pensiones quoque iam antea locatorum agrorum, si ipsae quoque specialiter comprehensae sint. sed ad exemplum venditionis, nisi fuerint specialiter exceptae, potest usufructuarius conductorem repellere.

D. 19. 2. 9. 1 ***Ulpianus 32 ad edictum***

Hic subiungi potest, quod Marcellus libro sexto digestorum scripsit: si fructuarius locaverit fundum in quinquennium et decesserit, heredem eius non teneri, ut frui praestet, non magis quam insula exusta teneretur locator conductori. sed an ex locato teneatur conductor, ut pro rata temporis quo fruitus est pensionem praestet, Marcellus quaerit, quemadmodum praestaret, si fructuarii servi operas conduxisset vel habitationem? et magis admittit teneri eum: et est aequissimum. idem quaerit, si sumptus fecit in fundum quasi quinquennio fruiturus, an recipiat? et ait non recepturum, quia hoc evenire posse prospicere debuit. quid tamen si non quasi fructuarius ei locavit, sed si quasi fundi dominus? videlicet tenebitur: decepit enim conductorem: et ita imperator Antoninus cum divo severo rescripsit. in exustis quoque aedibus eius temporis, quo aedificium stetit, mercedem praestandam rescripserunt.

D. 7，1，18 保罗：《论萨宾》第3卷

在土地的用益权被遗赠后，用益权人必须另种植一些树以取代枯死之树，而枯死之树则归其所有。

D. 7，1，59，1 保罗：《论判决》第3卷

从土地上出产或取得的一切东西皆属于用益权人。如果已出租的土地的租金被特别包括在孳息内，那么租金也属于用益权人；但就像出卖一样，只要租金被特别排除在外，用益权人便可拒绝承租人（conductor）【使用土地】。

D. 19，2，9，1 乌尔比安：《论告示》第32卷

在此需补充的是，马尔切勒在《学说汇纂》第6卷曾写道，如果用益权人将一块土地出租五年，而他在租期届满前去世，其继承人不负担出租人的义务。同样，当一座房子被火焚毁时，出租人（locator）也不再对承租人负担出租人的义务。但是马尔切勒问，就像承租了作为用益权标的之奴隶使用权或居住权而应付租金一样，根据租赁合同承租人是否必须依其使用承租物的时间按比例交付租金？他认为承租人负有这一义务。此观点非常正确。他又问，如果他已负担应收益土地五年的土地费用，他是否可收回这些费用？他说不能收回，因为他本应预料到可能发生的情况。然而，假如他不是作为用益权人而是作为土地所有人将土地出租给他呢？显然，他将承担责任，因为他欺骗了承租人。安东尼皇帝同塞维鲁一起作了如此批复。他们还就被火焚毁的房子批复道，在房子存在期间租金必须被交付。

D. 7. 1. 58pr. ***Scaevola 3 resp.***

Defuncta fructuaria mense decembri iam omnibus fructibus, qui in his agris nascuntur, mense octobri per colonos sublatis quaesitum est, utrum pensio heredi fructuariae solvi deberet, quamvis fructuaria ante kalendas martias, quibus pensiones inferri debeant, decesserit, an dividi debeat inter heredem fructuariae et rem publicam, cui proprietas legata est. respondi rem publicam quidem cum colono nullam actionem habere, fructuariae vero heredem sua die secundum ea quae proponerentur integram pensionem percepturum.

D. 7. 6. 1. 1 ***Ulpianus 18 ad Sab.***

Usus fructus legatus adminiculis eget, sine quibus uti frui quis non potest: et ideo si usus fructus legetur, necesse est tamen ut sequatur eum aditus, usque adeo, ut, si quis usum fructum loci leget ita, ne heres cogatur viam praestare, inutiliter hoc adiectum videatur: item si usu fructu legato iter ademptum sit, inutilis est ademptio, quia semper sequitur usum fructum.

D. 22. 1. 28pr. ***Gaius 2 rerum cottidianarum***

In pecudum fructu etiam fetus est sicut lac et pilus et lana: itaque agni et haedi et vituli statim pleno iure sunt bonae fidei possessoris et fructuarii.

D. 7. 1. 68. 2 ***Ulpianus 17 ad Sab.***

Plane si gregis vel armenti sit usus fructus legatus, debebit ex adgnatis gregem supplere, id est in locum capitum defunctorum.

D. 7，1，58pr. 斯凯沃拉：《解答》第3卷

佃农在10月份收取了土地产生的全部孳息，女用益权人于十二月死亡，产生的问题是：女用益权人应于二月份的最后一天收取租金，而她已死亡，那笔租金应付给她的继承人还是应在其继承人与接受土地所有权遗赠的国家之间进行分配？我的回答是，国家无权对佃农提起诉讼*，根据前述事实，女用益权人的继承人有权收取在那天应付给她的全部租金。

D. 7，6，1，1 乌尔比安：《论萨宾》第18卷

被遗赠的用益权需要一些辅助性权利，没有这些权利，受遗赠人便无法行使它。因而，如果土地的用益权被遗赠，通行权便应随之被遗赠。这样，若某人在遗赠一块土地的用益权时未遗赠通行权，也不让其继承人提供通行权，那么限制性规定将被视为无效。同样，要是在用益权被遗赠时取消了通行权，这种取消是无效的，因为通行权总是同用益权连在一起。

D. 22，1，28pr. 盖尤斯：《日常事务》第2卷

家畜产的幼仔，就像牛奶、鬃毛及羊毛一样，也被包括在其孳息内，因此，绵羊羔、山羊羔、小牛犊自出生时起立即归善意占有人或用益权人所有。

D. 7，1，68，2 乌尔比安：《论萨宾》第17卷

显然如果羊群或畜群的用益权被遗赠，用益权人必须以它们生产的幼仔补充它，即必须以新生之幼仔代替死亡之牲畜。

---

* 此指租赁之诉。——译者注

D. 7. 1. 70pr. ***Ulpianus 17 ad Sab.***

Quid ergo si non faciat nec suppleat? teneri eum proprietario Gaiusus Cassius scribit libro decimo iuris civilis.

D. 7. 1. 70. 1 ***Ulpianus 17 ad Sab.***

Interim tamen, quamdiu summittantur et suppleantur capita quae demortua sunt, cuius sit fetus quaeritur. et Iulianus libro tricensimo quinto digestorum scribit pendere eorum dominium, ut, si summittantur, sint proprietarii, si non summittantur, fructuarii: quae sententia vera est.

D. 7. 1. 70. 2 ***Ulpianus 17 ad Sab.***

Secundum quae si decesserit fetus, periculum erit fructuarii, non proprietarii et necesse habebit alios fetus summittere. unde Gaiusus Cassius libro octavo scribit carnem fetus demortui ad fructuarium pertinere.

D. 7. 4. 31 ***Pomponius 4 ad Quintum Mucium***

Cum gregis usus fructus legatus est et usque eo numerus pervenit gregis, ut grex non intellegatur, perit usus fructus.

D. 7. 7. 4 ***Gaius 2 de liberali causa edicti urbici***

Fructus hominis in operis constitit et retro in fructu hominis operae sunt. et ut in ceteris rebus fructus deductis necessariis impensis intellegitur, ita et in operis servorum.

D. 7，1，70pr.　乌尔比安：《论萨宾》第 17 卷

那么，如果用益权人不像要求的那样去做，即不补充它，情况会怎样呢？盖尤斯·卡西在《市民法》第 10 卷写道，他要向所有权人承担责任。

D. 7，1，70，1　乌尔比安：《论萨宾》第 17 卷

然而问题是，在死亡的牲畜被替补以前幼仔属于谁？尤里安在《学说汇纂》第 35 卷写道，它们的所有权处于未定状态。因此，如果它们被作为替补物，便属于所有权人；若未被作为替补物，便属于用益权人。此观点是正确的。

D. 7，1，70，2　乌尔比安：《论萨宾》第 17 卷

根据那些原则，如果幼仔死亡，损失的风险将属于用益权人而非属于所有权人；用益权人必须以别的幼仔作为替补物。因此盖尤斯·卡西在《市民法》第 8 卷写道，死亡幼仔的尸体属于用益权人。

D. 7，4，31　彭波尼：《论库伊特·穆齐》第 4 卷

在一群羊的用益权被遗赠后，当其头数减至它不再被视为一群羊的程度时用益权消灭。

D. 7，7，4　盖尤斯：《论关于城市告示中的自由问题的诉讼》第 2 卷

奴隶的孳息存在于其服务，反之奴隶的服务体现为孳息。孳息被视为扣除必要费用后剩下之物。这也适用于奴隶服务的情况，就像适用于其它物一样。

D. 22. 1. 28. 1 ***Gaius 2 rerum cottidianarum***

Partus vero ancillae in fructu non est itaque ad dominum proprietatis pertinet: absurdum enim videbatur hominem in fructu esse, cum omnes fructus rerum natura hominum gratia comparaverit.

D. 41. 1. 10. 3 ***Gaius 2 institutionum***

De his autem servis, in quibus tantum usum fructum habemus, ita placuit, ut quidquid ex re nostra ex operis suis adquirant, id nobis adquiratur, si quid vero extra eas causas persecuti sint, id ad dominum proprietatis pertinet. itaque si is servus heres institutus sit legatumve quid aut ei donatum fuerit, non mihi, sed domino proprietatis adquiritur.

D. 7. 1. 21 ***Ulpianus 17 ad Sab.***

Si servi usus fructus sit legatus, quidquid is ex opera sua adquirit vel ex re fructuarii, ad eum pertinet, sive stipuletur sive ei possessio fuerit tradita. si vero heres institutus sit vel legatum acceperit, Labeo distinguit, cuius gratia vel heres instituitur vel legatum acceperit.

D. 15. 1. 2 ***Pomponius 5 ad Sab.***

Ex ea causa, ex qua soleret servus fructuarius vel usuarius adquirere, in eum, cuius usus fructus vel usus sit, actio dumtaxat de peculio ceteraeque honorariae dantur, ex reliquis in dominum proprietatis.

D. 22，1，28，1 盖尤斯：《日常事务》第2卷

女奴生的孩子不属于孳息，因而归主人所有，因为当自然为人生产了所有孳息时，人却被包括在孳息内，这似乎是荒唐的。

D. 41，1，10，3 盖尤斯：《法学阶梯》第2卷

然而就我们对之只享有用益权的那些奴隶而言，这一观点本身确认：他们以我们的财产或以其服务取得的任何物都属于我们，但他们基于别的原因取得之物属于其所有人。因此，如果某个奴隶被指定为继承人，或某物被遗赠给他或被赠与他，那么这些物不属于我们而属于奴隶的所有人。

D. 7，1，21 乌尔比安：《论萨宾》第17卷

如果一个奴隶的用益权被遗赠，那么不管他订立要式口约还是接受占有的转让，他以其服务或以用益权人的财产取得的财产皆属于用益权人。然而，如果该奴隶被指定为继承人或接受遗赠，拉贝奥认为情况将有所不同：他被指定为继承人或接受遗赠，是为了所有权人的利益，而不是为了用益权人的利益。

D. 15，1，2 彭波尼：《论萨宾》第5卷

就奴隶取得之物属于用益权人或使用权人的情况而言，将对用益权人或使用权人提起特有产之诉（actio de peculio）及其它裁判官法之诉（actiones honorariae））；就其它情况而言，将对奴隶的所有人提起上述诉讼。

D. 7. 4. 13 ***Paulus 3 ad Sab.***

Si fructuarius messem fecit et decessit, stipulam, quae in messe iacet, heredis eius esse Labeo ait, spicam, quae terra teneatur, domini fundi esse fructumque percipi spica aut faeno caeso aut uva adempta aut excussa olea, quamvis nondum tritum frumentum aut oleum factum vel vindemia coacta sit. sed ut verum est, quod de olea excussa scripsit, ita aliter observandum de ea olea, quae per se deciderit, Iulianus ait: fructuarii fructus tunc fieri, cum eos perceperit, bonae fidei autem possessoris, mox quam a solo separati sint.

18. 1. 2 Quid fructuarius facere possit

D. 7. 1. 13. 4 ***Ulpianus 18 ad Sab.***

Fructuarius causam proprietatis deteriorem facere non debet, meliorem facere potest. et aut fundi est usus fructus legatus, et non debet neque arbores frugiferas excidere neque villam diruere nec quicquam facere in perniciem proprietatis. et si forte voluptarium fuit praedium, virdiaria vel gestationes vel deambulationes arboribus infructuosis opacas atque amoenas habens, non debebit deicere, ut forte hortos olitorios faciat vel aliud quid, quod ad reditum spectat.

D. 7，4，13 保罗:《论萨宾》第3卷

如果用益权人在收割庄稼时去世，拉贝奥认为，已收割的庄稼属于其继承人，仍附着于土地的庄稼则属于土地所有人。他说，在割下麦穗或干草、摘下葡萄、打下橄榄后，孳息即属于用益权人，尽管它们尚未被磨成面粉、制成油或酿成葡萄酒。虽然他就被打下的橄榄所说的确实是正确的，但就自己掉下的橄榄而言则须遵守另一规则。尤里安说，孳息在被用益权人收获后属于用益权人；但它们一与土地分离便属于善意占有人。

18.1.2 用益权人可以进行的活动

D. 7，1，13，4 乌尔比安:《论萨宾》第18卷

用益权人不得恶化财产状况，但他可以改善它。如果一块土地的用益权被遗赠，用益权人既不得砍掉果树、拆除土地上的房屋，也不得从事任何损害的事情。如果那块土地原被用于娱乐，在其上有游乐场或有为不结果之树所覆盖的令人惬意的林荫道，那么用益权人不得破坏它们而将之变为橄榄园或变成目的在于产生收益的其它东西。

D. 7. 1. 13. 5 *Ulpianus 18 ad Sab.*

Inde est quaesitum, an lapidicinas vel cretifodinas vel harenifodinas ipse instituere possit: et ego puto etiam ipsum instituere posse, si non agri partem necessariam huic rei occupaturus est. proinde venas quoque lapidicinarum et huiusmodi metallorum inquirere poterit: ergo et auri et argenti et sulpuris et aeris et ferri et ceterorum fodinas vel quas pater familias instituit exercere poterit vel ipse instituere, si nihil agriculturae nocebit. et si forte in hoc quod instituit plus reditus sit quam in vineis vel arbustis vel olivetis quae fuerunt, forsitan etiam haec deicere poterit, si quidem ei permittitur meliorare proprietatem.

D. 7. 1. 13. 6 *Ulpianus 18 ad Sab.*

Si tamen quae instituit usufructuarius aut caelum corrumpant agri aut magnum apparatum sint desideratura opificum forte vel legulorum, quae non potest sustinere proprietarius, non videbitur viri boni arbitratu frui: sed nec aedificium quidem positurum in fundo, nisi quod ad fructum percipiendum necessarium sit.

D. 7. 1. 15. 1 *Ulpianus 18 ad Sab.*

Mancipiorum quoque usus fructus legato non debet abuti, sed secundum condicionem eorum uti: nam si librarium rus mittat et qualum et calcem portare cogat, histrionem balniatorem faciat, vel de symphonia atriensem, vel de palaestra stercorandis latrinis praeponat, abuti videbitur proprietate.

D. 7. 1. 44 *Neratius 3 membr.*

Usufructuarius novum tectorium parietibus, qui rudes fuissent, imponere non potest, quia tametsi meliorem excolendo aedificium domini causam facturus esset, non tamen id iure suo facere potest, aliudque est tueri quod accepisset an novum faceret.

D. 7，1，13，5　乌尔比安：《论萨宾》第18卷

因此产生了一个问题：用益权人是否可以在土地上采掘石料、白垩土或泥沙？我认为，只要他不占用耕种或娱乐用的那部分土地，便可以那么做，他还可以调查石矿及其它类似的矿物的位置。因此他可以继续开采所有人已开始开采的金、银、硫磺、铜或其它矿物。只要不影响土地的耕种，他还可以开采尚未开采的矿物。假如他采矿所得的收益超过了在那块土地上的葡萄园、种植园或橄榄园产生的收益，他便可以砍掉它们，因为允许他改良财产。

D. 7，1，13，6　乌尔比安：《论萨宾》第18卷

然而，如果用益权人所从事的施工污染了土地上的空气或需要大量劳动力，如工匠或收割者，以至于这种改良超过了所有人的负担能力，那么他将不被视为像一个善良的人一样在行使其权利。他也不得在土地上建筑，除非建筑是为获取土地的孳息所必需的。

D，7，1，15，1　乌尔比安：《论萨宾》第18卷

用益权人也不得滥用通过遗赠获得的奴隶用益权，而必须根据其特性使用他们。例如，要是他将一个誊写员派到田间并使之用筐子运石灰，让一个演员当浴室服务员让一个演奏者做家务，或让一个在角斗场受过训练的人清洁厕所，他将被视为在滥用所有人的财产。

D. 7，1，44　内拉蒂：《羊皮纸书稿》第3卷

用益权人不能粉刷尚未装饰过的墙。虽然其装饰可使所有人的建筑物变得更好，但他仍不能凭借自己的权利这么做。他保持其接受之物是一回事，更新它则是另一回事。

D. 7. 1. 61 ***Neratius 2 resp.***

Usufructuarius novum rivum parietibus non potest imponere. Aedificium inchoatum fructuarium consummare non posse placet, etiamsi eo loco aliter uti non possit, sed nec eius quidem usum fructum esse: nisi in constituendo vel legando usu fructu hoc specialiter adiectum sit, ut utrumque ei liceat.

D. 7. 9. 9. 3 ***Ulpianus 51 ad edictum***

Si vestis usus fructus legatus sit, scripsit Pomponius, quamquam heres stipulatus sit finito usu fructu vestem reddi, attamen non obligari promissorem, si eam sine dolo malo adtritam reddiderit.

18. 1. 3 Quid fructuarius facere debet

D. 7. 1. 7. 2 ***Ulpianus 17 ad Sab.***

Quoniam igitur omnis fructus rei ad eum pertinet, reficere quoque eum ad aedes per arbitrum cogi Celsus scribit. Celsus libro octavo decimo digestorum, hactenus tamen, ut sarta tecta habeat: si qua tamen vetustate corruissent, neutrum cogi reficere, sed si heres refecerit, passurum fructuarium uti. unde Celsus de modo sarta tecta habendi quaerit, si quae vetustate corruerunt reficere non cogitur: modica igitur refectio ad eum pertinet, quoniam et alia onera adgnoscit usu fructu legato: ut puta stipendium vel tributum vel salarium vel alimenta ab ea re relicta. et ita Marcellus libro tertio decimo scribit.

D. 7, 1, 61 内拉蒂:《解答》第2卷

用益权人不能在墙边新开一条檐滴槽。人们认为,用益权人也不能完成某一已开工的建筑,尽管他不完成该建筑便不能使用那个地方和行使其益权:除非在设定或遗赠用益权时明确规定他可以从事上述事情。

D. 7, 9, 9, 3 乌尔比安:《论告示》第51卷

如果衣服的用益权被遗赠,彭波尼曾写道,虽然继承人同用益权人已订立了“在用益权终止后衣服将被返还”的要式口约,但允诺人(promissor)若非恶意返还破烂衣服便不承担责任。

18.1.3 用益权人应当进行的活动

D. 7, 1, 7, 2 乌尔比安:《论萨宾》第17卷

由于物的一切孳息属于用益权人,因此杰尔苏在《学说汇纂》第18卷写道,通过仲裁人他也可能被迫修理那些房屋,然而其修理义务限于使房顶和墙壁处于良好状态。如果房顶和墙壁因年久而毁坏,那么彼此都无义务修理它们,但继承人若修复了它们,便应允许用益权人使用。因此杰尔苏问,怎样才能使房顶及墙壁处于良好状态呢?假如房顶及墙壁因年久而毁坏,用益权人不会被迫修理它们,他只负责小修理。因为在用益以被遗赠给他后,他还要负担其它负担,如房产税、宅基地使用费、维修房屋的酬金及遗赠的以该房屋负担的抚养费。马尔切勒在《学说汇纂》第13卷也是这么写的。

D. 7. 1. 7. 3 ***Ulpianus 17 ad Sab.***

Cassius quoque scribit libro octavo iuris civilis fructuarium per arbitrum cogi reficere, quemadmodum adserere cogitur arbores: et Aristo notat haec vera esse. neratius autem libro quarto membranarum ait non posse fructuarium prohiberi, quo minus reficiat, quia nec arare prohiberi potest aut colere: nec solum necessarias refectiones facturum, sed etiam voluptatis causa ut tectoria et pavimenta et similia facere, neque autem ampliare nec utile detrahere posse,

D. 7. 1. 64 ***Ulpianus 51 ad edictum***

Cum fructuarius paratus est usum fructum derelinquere, non est cogendus domum reficere, in quibus casibus et usufructuario hoc onus incumbit. sed et post acceptum contra eum iudicium parato fructuario derelinquere usum fructum dicendum est absolvi eum debere a iudice.

D. 7. 1. 27. 3 ***Ulpianus 18 ad Sab.***

Si quid cloacarii nomine debeatur vel si quid ob formam aquae ductus, quae per agrum transit, pendatur, ad onus fructuarii pertinebit: sed et si quid ad collationem viae, puto hoc quoque fructuarium subiturum: ergo et quod ob transitum exercitus confertur ex fructibus: sed et si quid municipio, nam solent possessores certam partem fructuum municipio viliori pretio addicere: solent et fisco fusiones praestare. haec onera ad fructuarium pertinebunt.

D. 7. 9. 1pr. ***Ulpianus 79 ad edictum***

Si cuius rei usus fructus legatus sit, aequissimum praetori visum est de utroque legatarium cavere: et usurum se boni viri arbitratu et, cum usus fructus ad eum pertinere desinet, restituturum quod inde exstabit.

D. 7，1，7，3 乌尔比安：《论萨宾》第17卷

卡西在《市民法》第8卷写道，通过仲裁人可以迫使用益权人修理房屋，就像迫使他种树一样。阿里斯多评论说，此话是正确的。内拉蒂在其《羊皮纸书稿》第4卷说道，不能禁止用益权人修理房屋，就像不能禁止他犁地或耕种土地一样。用益权人不仅可以进行必要的修理，而且还可以对房屋作装饰性改进，如粉刷房顶、铺地板及从事类似的活动，但他不能扩大房屋或去掉房屋上的任何一个有用之物。

D. 7，1，64 乌尔比安：《论告示》第51卷

当用益权人准备放弃用益权时，不得强迫他修理应由其修理的房屋。在对他提起返还用益权标的物的诉讼后，假如用益权人准备放弃用益权，法官便应免除其责任。

D. 7，1，27，3 乌尔比安：《论萨宾》第18卷

如果某一费用是为排放污水欠下的或是为了经某一公共导水渠为自己享有用益权的土地导水而支付的，那么它将由用益权人负担。如果某一费用是为养路而支付的，我认为这也将由用益权人负担。因军队的通过而以土地孳息交纳之物，就像向市府交纳之物一样，也应由用益权人负担，因为土地占有人常将特定数量的孳息以低价卖给市府，还常向国库纳税。

D. 7，9，1pr. 乌尔比安：《论告示》第97卷

如果某物的用益权被遗赠，受遗赠人便应提供两种担保："他将作为一个善良的人使用该物；当用益权不再属于他时他将归还物的现存部分。"裁判官认为这是非常公正的。

D. 7. 1. 15. 6 ***Ulpianus 18 ad Sab.***

Proprietatis dominus non debebit impedire fructuarium ita utentem, ne deteriorem eius condicionem faciat. de quibusdam plane dubitatur, si eum uti prohibeat, an iure id faciat: ut puta doleis, si forte fundi usus fructus sit legatus, et putant quidam, etsi defossa sint, uti prohibendum: idem et in seriis et in cuppis et in cadis et amphoris putant: idem et in specularibus, si domus usus fructus legetur. sed ego puto, nisi sit contraria voluntas, etiam instrumentum fundi vel domus contineri.

18. 1. 4 Quid proprietatis dominus facere possit

D. 7. 8. 16. 1 ***Pomponius 5 ad Sab.***

Dominus proprietatis etiam invito usufructuario vel usuario fundum vel aedes per saltuarium vel insularium custodire potest: interest enim eius fines praedii tueri. eaque omnia dicenda sunt, quolibet modo constitutus usus fructus vel usus fuerit.

C. 3. 33. 2 ***Impp. Severus et Autoninus. AA. Felict.***

Verbis testamenti, quae precibus inseruisti, usum fructum legatum tibi animadvertimus. quae res non impedit proprietatis dominum obligare creditori proprietatem, manente scilicet integro usu fructu tui iuris. *PP. Vi id. Mai. Antonino ii et Geta ii conss.* < *a. 205* >

D. 7. 1. 15. 7 ***Ulpianus 18 ad Sab.***

Sed nec servitutem imponere fundo potest proprietarius nec amittere servitutem: adquirere plane servitutem eum posse etiam invito fructuario Iulianus scripsit. quibus consequenter fructuarius quidem adquirere fundo servitutem non potest, retinere autem potest: et si forte fuerint non utente fructuario amissae, hoc quoque nomine tenebitur. proprietatis dominus ne quidem consentiente fructuario servitutem imponere potest,

D. 7，1，15，6 乌尔比安：《论萨宾》第18卷

所有权人不得因担心用益权人使物的状况恶化而阻止他使用该物。但就某些物而言，如果所有权人禁止用益权人使用它们，比如在土地用益权被遗赠后所有权人禁止用益权人使用酒坛，其行为是否合法？一些法学家认为，即使酒坛被埋于地下，所有权人也可以禁止其使用。他们还认为，如果房屋的用益权被遗赠，所有权人可以禁止用益权人使用缸、杯子、桶、酒罐及镜子。然而我们认为，如果无相反的意思，农具及家具也被包括在禁止使用之列。

18.1.4 所有权人可以进行的活动

D. 7，8，16，1 彭波尼：《论萨宾》第5卷

所有权人可以不经用益权人或使用权人（usuarius）同意而通过守护人员或看管人员看守土地或房屋，因为维护地界涉及其利益。不管用益权或使用权（usus）以何种方式被设定，此规则皆适用。

C. 3，33，2 塞维鲁和安东尼皇帝致费里克斯

我们根据你在申请书中引用的遗言指出，用益权已被遗赠给你，但这并不妨碍所有权人在不影响你的用益权的情况下将物作为向债权人担保的担保物。（安东尼皇帝和吉达第2次执政，公元205年）

D. 7，1，15，7 乌尔比安：《论萨宾》第18卷

所有权人既不能在那块土地上设定某一役权也不能使之丧失，但他可以不经用益权人同意而取得某一役权。因此用益权人不能取得役权，但可以享有它。如果役权因用益权人未行使而丧失，他将对此承担责任。即使用益权人同意，所有权人也不能在负有用益权的土地上设定役权。

D. 7. 1. 17pr. ***Ulpianus 18 ad Sab.***

Locum autem religiosum facere potest consentiente usufructuario: et hoc verum est favore religionis. sed interdum et solus proprietatis dominus locum religiosum facere potest: finge enim eum testatorem inferre, cum non esset tam oportune, ubi sepeliretur.

D. 23. 3. 66 ***Pomponius 8 ad Quintum Muc.***

Si usus fructus fundi, cuius proprietatem mulier non habebat, dotis nomine mihi a domino proprietatis detur, difficultas erit post divortium circa reddendum ius mulieri, quoniam diximus usum fructum a fructuario cedi non posse nisi domino proprietatis et, si extraneo cedatur, id est ei qui proprietatem non habeat, nihil ad eum transire, sed ad dominum proprietatis reversurum usum fructum. quidam ergo remedii loco recte putaverunt introducendum, ut vel locet hunc usum fructum mulieri maritus vel vendat nummo uno, ut ipsum quidem ius remaneat penes maritum, perceptio vero fructuum ad mulierem pertineat.

D. 20. 1. 11. 2 ***Marcianus l. s. ad form. hypoth.***

Usus fructus an possit pignori hypothecaeve dari, quaesitum est, sive dominus proprietatis convenerit sive ille qui solum usum fructum habet. et scribit Papinianus libro undecimo responsorum tuendum creditorem et si velit cum creditore proprietarius agere "non esse ei ius uti frui invito se", tali exceptione eum praetor tuebitur: "si non inter creditorem et eum ad quem usus fructus pertinet convenerit, ut usus fructus pignori sit": nam et cum emptorem usus fructus tuetur praetor, cur non et creditorem tuebitur? eadem ratione et debitori obicietur exceptio.

D. 7，1，17pr. 乌尔比安：《论萨宾》第18卷

经用益权人同意，所有权人可以将一个地方变成安魂之地。出于宗教考虑那是正确的，但有时所有权人也能独自使一个地方变成安魂之地，例如，当无别的地方更适合作墓地时，他将立遗嘱人的遗体安葬于他的土地上。

D. 23，3，66 彭波尼：《论库伊特·穆齐》第8卷

如果我妻子对之无所有权的土地的用益权被所有人作为嫁资给予我，那么离婚后将这一权利返还给我妻子将有困难，因为我们说过，用益权不能由用益权人转让给所有权人以外的人。假如它被转让给外人，即不享有物之所有权的人，便什么也未转让，而用益权却回归所有权人。因此有人认为，对上述情况采取下述补救措施是完全正确的，即丈夫将土地的用益出租或以一元钱出卖给妻子，以致这一权利本身仍属于丈夫，而收取的孳息却属于妻子。

D. 20，1，11，2 马尔西安：《论抵押规则》单卷本

问题是用益权（ususfructus）是否可以经所有权人或用益权人同意而变成质权或抵押权的标的？帕比尼安在《解答》第11卷写道，债权人应受到保护。如果所有权人对债权人提起诉讼，主张"债权人未经其同意无权使用收益物"，裁判官便允许债权人提出"债权人同用益权人已商定将用益权质押"的抗辩。裁判官保护用益权（ususfructus）的买受人（emptor），为什么不保护债权人？出于同样的理由，此抗辩也将对抗债务人（debitor）。

18. 1. 5 An uti frui dividi possit

D. 7. 8. 19 ***Paulus 3 ad Vitell.***

Usus pars legari non potest: nam frui quidem pro parte possumus, uti pro parte non possumus.

D. 7. 1. 13. 3 ***Ulpianus 18 ad Sab.***

Sed si inter duos fructuarios sit controversia, Iulianus libro trigensimo octavo digestorum scribit aequissimum esse quasi communi dividundo iudicium dari vel stipulatione inter se eos cavere, qualiter fruantur: cur enim, inquit Iulianus, ad arma et rixam procedere patiatur praetor, quos potest iurisdictione sua componere? quam sententiam Celsus quoque libro vicensimo digestorum probat, et ego puto veram.

D. 10. 3. 7. 10 ***Ulpianus 20 ad edictum***

Cum de usu fructu communi dividundo iudicium agitur, iudex officium suum ita diriget, ut vel regionibus eis uti frui permittat: vel locet usum fructum uni ex illis: vel tertiae personae, ut hi pensiones sine ulla controversia percipiant: vel si res mobiles sint, etiam sic poterit, ut inter eos conveniat caveantque per tempora se usuros et fruituros, hoc est ut apud singulos mutua vice certo tempore sit usus fructus.

D. 7. 1. 3pr. ***Gaius 2 rerum cottidianarum***

Omnium praediorum iure legati potest constitui usus fructus, ut heres iubeatur dare alicui usum fructum. dare autem intellegitur, si induxerit in fundum legatarium eumve patiatur uti frui. et sine testamento autem si quis velit usum fructum constituere, pactionibus et stipulationibus id efficere potest.

18.1.5 用益权的可分性

D. 7, 8, 19 保罗:《论韦得里》第3卷

使用权不能被部分遗赠，因为我们可以部分地享有某物，但不能部分地使用某物。

D. 7, 1, 13, 3 乌尔比安:《论萨宾》第18卷

如果在两个用益权人之间存在分歧，尤里安在《学说汇纂》第38卷写道，最公正的解决办法是允许他们提起准共有物分割之诉（quasi communi dividundo judicium），或通过要式口约对各自行使用益权的方式作出保证。尤里安说，当裁判官可以通过行使其司法权消除分歧时他为什么要允许双方发生争吵并诉诸武力呢？杰尔苏在《学说汇纂》第20卷赞成此观点。我也认为它是正确的。

D. 10, 3, 7, 10 乌尔比安:《论告示》第20卷

当共有物分割之诉涉及共有的用益权的分割时，法官可以下述方式行使其职权：或让共有用益权的人享受财产的不同部分的用益权；或将它出租给共有人享受财产的不同部分的用益权；或将它出租给共有人中的某一个人或第三人，因此每一方皆可从对方或第三人处取得他的那部分收益而不致发生争议。如果物是动产，他也可以这么做：让共有用益权的人通过要式口约保证他们将按时享有用益权。即每个人都按要式口约规定的时间轮流享有用益权。

D. 7, 1, 3pr. 盖尤斯:《日常事务》第2卷

用益权可通过立遗嘱人命令其继承人将它给与某人的遗赠方式在其任何一块土地上被设定。如果继承人将受遗赠人引进土地或允许其使用、收益它，用益权便被视为已设定。假如某人无遗嘱而想设定用益权，那么他可以通过简约（pactio）及要式口约为之。

18. 2 Quibus modis usus fructus amittitur
(D. 7. 4)

D. 7. 4. 3. 3 ***Ulpianus 17 ad Sab.***

Morte quoque amitti usum fructum non recipit dubitationem, cum ius fruendi morte extinguatur, sicuti si quid aliud, quod personae cohaeret.

D. 7. 4. 1pr. ***Ulpianus 17 ad Sab.***

Non solum usum fructum amitti capitis minutione constat, sed et actionem de usu fructu. et parvi refert, utrum iure sit constitutus usus fructus an vero tuitione praetoris: proinde traditus quoque usus fructus, item in fundo vectigali vel superficie non iure constitutus capitis minutione amittitur.

D. 7. 1. 56 ***Gaius 17 ad edictum provinciale***

An usus fructus nomine actio municipibus dari debeat, quaesitum est: periculum enim esse videbatur, ne perpetuus fieret, quia neque morte nec facile capitis deminutione periturus est, qua ratione proprietas inutilis esset futura semper abscedente usu fructu. sed tamen placuit dandam esse actionem. unde sequens dubitatio est, quousque tuendi essent in eo usu fructu municipes: et placuit centum annos tuendos esse municipes, quia is finis vitae longaevi hominis est.

18.2 用益权消灭的方式
（D. 7，4）

D. 7，4，3，3 乌尔比安：《论萨宾》第 17 卷

毫无疑问，用益权还可因死亡而消灭，因为享受的权利因死亡而消灭，就像其它附着于人身的权利一样。

D. 7，4，1pr. 乌尔比安：《论萨宾》第 17 卷

人们知道，人格减等不仅导致用益权的丧失，而且导致有关用益权的诉权的丧失。用益权是因法律规定而设定还是因裁判官的保护而产生并不重要。因此转让的用益权及非依法律规定在税地或有地上权的土地上设定的用益权，因人格减等而丧失。

D. 7，1，56 盖尤斯：《论行省告示》第 17 卷

人们提出了是否应将有关用益权的诉权给予市府的问题，人们认为该问题的实质在于用益权有变成永久性权利的危险，因为市府既不因死亡也不因人格减等（capitis deminutio）而消灭，因此所有权因同用益权的永久分离而变得毫无价值。然而人们认为，这一诉权应被赋予市府。因而又产生了如下问题：在享受用益权方面，市府应受到多长时间的保护？人们认为应受到保护的时间为一百年，因为这是一个人能活的最长时间。

D. 7. 4. 5. 2 ***Ulpianus 17 ad Sab.***

Rei mutatione interire usum fructum placet: veluti usus fructus mihi aedium legatus est, aedes corruerunt vel exustae sunt: sine dubio extinguitur. an et areae? certissimum est exustis aedibus nec areae nec cementorum usum fructum deberi. et ita et Iulianus.

D. 7. 4. 12pr. ***Ulpianus 17 ad Sab.***

Si cui balinei usus fructus legatus sit et testator habitationem hoc fecerit, vel si tabernae et diaetem fecerit, dicendum est usum fructum extinctum.

D. 7. 4. 10. 7 ***Ulpianus 17 ad Sab.***

In navis quoque usu fructu Sabinus scribit, si quidem per partes refecta sit, usum fructum non interire: si autem dissoluta sit, licet isdem tabulis nulla praeterea adiecta restaurata sit, usum fructum extinctum: quam sententiam puto veriorem. nam et si domus fuerit restituta, usus fructus extinguitur.

D. 7. 1. 71 ***Marcellus 17 digestorum***

Si in area, cuius usus fructus alienus esset, quis aedificasset, intra tempus quo usus fructus perit superficie sublata restitui usum fructum veteres responderunt.

D. 7. 4. 27 ***Paulus 1 manual.***

Si servus, in quo usus fructus alienus est, noxae dedatur a domino proprietatis usufructuario, liberabitur confusa servitute proprietatis comparatione.

D. 7，4，5，2 乌尔比安：《论萨宾》第17卷

用益权因物的变化而消灭，比如，房屋的用益权被遗赠给我，房屋倒塌了或被火焚毁了，毫无疑问，用益权消灭。问题是宅基地的用益权是否也消灭？显然，房屋被焚毁，宅基地及残存的建筑材料的用益权也不复存在。尤里安亦持此观点。

D. 7，4，12pr. 乌尔比安：《论萨宾》第17卷

如果在一个澡堂的用益权被遗赠给某人后，立遗嘱人将之变成了住宅或商店，那么应当说用益权已消灭。

D. 7，4，10，7 乌尔比安：《论萨宾》第17卷

萨宾就船舶的用益权写道：如果船被部分重建，用益权不消灭；假如船被拆掉，尽管重建时用的是原来的木板而未增添一块别的木板，用益权仍消灭。我认为此观点较正确，因为如果一座房子被重建，用益权便会消灭。

D. 7，1，71 马尔切勒：《学说汇纂》第17卷

古代法学家说：如果某人在他人享有用益权的土地上建筑，用益权消灭；该土地上的建筑物被清除，用益权恢复。

D. 7，4，27 保罗：《教科书》第1卷

如果被他人享有用益权的奴隶因损害投偿而被所有权人交给用益权人，用益权因其同所有权合归一人而消灭。

C. 3. 34. 13 ***Imp, Iustinianus A. Iohanni pp.***

Sicut usum fructum, qui non utendo per biennium in soli rebus, per annale autem tempus in mobilibus vel se moventibus deminuebatur, non passi sumus huiusmodi sustinere compendiosum interitum, sed et ei decennii vel viginti annorum dedimus spatium, ita et in ceteris servitutibus obtinendum esse censuimus, ut omnes servitutes non utendo amittantur non biennio, quia tantummodo soli rebus adnexae sunt, sed decennio contra praesentes vel viginti annorum spatio contra absentes, ut sit in omnibus huiusmodi rebus causa similis differentiis explosis. *D. xv k. Nov. Constantinopoli post consulatum Lampadii et Orestae vv. Cc. < a. 531 >*

D. 7. 6. 5pr. ***Ulpianus 17 ad edictum***

Uti frui ius sibi esse solus potest intendere, qui habet usum fructum, dominus autem fundi non potest, quia qui habet proprietatem, utendi fruendi ius separatum non habet: nec enim potest ei suus fundus servire: de suo enim, non de alieno iure quemque agere oportet. quamquam enim actio negativa domino competat adversus fructuarium, magis tamen de suo iure agere videtur quam alieno, cum invito se negat ius esse utendi fructuario vel sibi ius esse prohibendi. quod si forte qui agit dominus proprietatis non sit, quamvis fructuarius ius utendi non habet, vincet tamen iure, quo possessores sunt potiores, licet nullum ius habeant.

C. 3，34，13 优士丁尼皇帝致大区长官乔万尼

不动产用益权因二年不行使而消灭。动产用益权因一年不行使而消灭。我们不允许用益权在如此短的时间内就被丧失掉，因而将其丧失时间定为十年或二十年。此规定也适用于其它所有役权。因此所有役权并非在二年内未行使而消灭。就像不动产一样，如当事人居住于同一省，役权因在十年之内未行使而消灭；若当事人非居住于同一省，役权因在二十年之内未行使而消灭。除此区别外，所有役权皆适用同样的规则。（兰巴蒂和奥雷斯特代理执政，公元531年于君士坦丁堡）

D. 7，6，5pr. 乌尔比安:《论告示》第17卷

只有享有用益权的人才能提起用益权之诉。土地所有人不能提起该诉讼，因为享有所有权的人并非单独享有物之用益权。事实上，一个人的土地不能成为对他自己有利的役权的客体。每个人都必须根据他自己的权利而非他人的权利提起诉讼。所有权人实际上可以对用益权人提起排除妨碍之诉（actio negatoria）。当他认为用益权人无权违背其意志使用物或认为他有权限制他时，他被视为在根据他自己的权利而非他人的权利提起诉讼。若发生提起诉讼的人非物之所有人的情况，那么尽管用益权人无用益权，但根据占有人即使无任何权利也将受到优待的法律规定，他仍将胜诉。

18. 3 Si usus fructus petetur vel ad alium pertinere negetur
(D. 7. 6)

D. 7. 6. 5. 1 ***Ulpianus 17 ad edictum***

Utrum autem adversus dominum dumtaxat in rem actio usufructuario competat an etiam adversus quemvis possessorem, quaeritur. et Iulianus libro septimo digestorum scribit hanc actionem adversus quemvis possessorem ei competere: nam et si fundo fructuario servitus debeatur, fructuarius non servitutem, sed usum fructum vindicare debet adversus vicini fundi dominum.

D. 39. 3. 22pr. ***Pomponius 10 ex variis lectionibus***

Si usus fructus fundi legatus fuerit, aquae pluviae arcendae actio heredi et cum herede est, cuius praedium fuerit. quod si ex opere incommodum aliquod patitur fructuarius, poterit quidem interdum vel interdicto experiri quod vi aut clam. quod si ei non competet, quaerendum est, an utilis ei quasi domino actio aquae pluviae arcendae dari debeat an vero etiam contendat ius sibi esse uti frui: sed magis est utilem aquae pluviae arcendae ei actionem accommodare.

D. 39. 3. 22. 2 ***Pomponius 10 ex variis lectionibus***

Sed et si fructuarius opus fecerit, per quod aqua pluvia alicui noceat, erit quidem actio legitima cum domino proprietatis: an vero etiam utilis in fructuarium actio aquae pluviae arcendaedanda sit, quaesitum est: et magis est ut detur.

18.3 是提起确认用益权之诉还是否认它属于别人
(D. 7, 6)

D. 7, 6, 5, 1 乌尔比安:《论告示》第 17 卷

对物之诉由用益权人仅对所有权人提起还是可以对任何占有人提起?尤里安在《学说汇纂》第 7 卷写道,他有权对任何一个占有人提起该诉讼。因为如果某一役权附着于负有用益权的土地上,那么用益权人对邻地所有人提起诉讼时应主张的不是役权而是用益权。

D. 39, 3, 22pr. 彭波尼:《各种片段引述》第 10 卷

如果土地的用益权被遗赠,邻地所有人或其继承人仍可对该地所有人或其继承人提起排放雨水之诉。如果用益权人因他人施工而遭受了某种损害,有时他将适用暴力或欺瞒令状。若不能适用此令状,将产生如下问题:他是像所有权人那样有权提起扩用的排放雨水之诉,还是应提起确认用益权之诉?较正确的观点是,他有权提起扩用的排放雨水之诉。

D. 39, 3, 22, 2 彭波尼:《各种片段引述》第 10 卷

但是,如果用益权人进行某一施工,而该施工使雨水给他人造成了损害,便产生如下问题:是对所有权人提起排放雨水之诉,还是对用益权人提起扩用的排放雨水之诉?更好的解决办法是第二个。

18. 4 De usu fructu earum rerum quae usu consumuntur vel minuuntur
(D. 7. 5)

D. 7. 5. 1 ***Ulpianus 18 ad Sab.***

Senatus censuit, ut omnium rerum, quas in cuiusque patrimonio esse constaret, usus fructus legari possit: quo senatus consulto inductum videtur, ut earum rerum, quae usu tolluntur vel minuuntur, possit usus fructus legari.

D. 7. 5. 2. 1 ***Gaius 7 ad edictum provinciale***

Quo senatus consulto non id effectum est, ut pecuniae usus fructus proprie esset (nec enim naturalis ratio auctoritate senatus commutari potuit), sed remedio introducto coepit quasi usus fructus haberi.

D. 7. 5. 3 ***Ulpianus 18 ad Sab.***

Post quod omnium rerum usus fructus legari poterit. An et nominum? Nerva negavit: sed est verius, quod Cassius et Proculus existimant, posse legari. idem tamen nerva ipsi quoque debitori posse usum fructum legari scribit et remittendas ei usuras.

18.4 消费物的用益权或准用益权
(D. 7, 5)

D. 7, 5, 1 乌尔比安:《论萨宾》第18卷

元老院曾规定:"所有属于某人财产之物的用益权皆可被遗赠。"根据元老院的这一决议，人们认为因使用而灭失或减少之物的用益权亦可被遗赠。

D. 7, 5, 2, 1 盖尤斯:《论行省告示》第7卷

人们不能根据元老院的这一决议认为确实存在金钱用益权(pecuniae ususfructus)，因为自然理性不能被元老院的权力所改变。但根据上述规定，它将被视为准用益权(quasi ususfructus)。

D. 7, 5, 3 乌尔比安:《论萨宾》第18卷

在元老院的这一决议颁布之后，一切物之用益权皆可被遗赠。债权的用益权也可以被遗赠吗?内尔瓦持否定态度。卡西和普罗库勒的观点更符合实际，即它可以被遗赠。然而内尔瓦还写道，债权之用益权也可以被遗赠给债务人本人，而他应被免除交付利息。

D. 7. 5. 7 ***Gaius 7 ad edictum provinciale***

Si vini olei frumenti usus fructus legatus erit, proprietas ad legatarium transferri debet et ab eo cautio desideranda est, ut, quandoque is mortuus aut capite deminutus sit, eiusdem qualitatis res restituatur, aut aestimatis rebus certae pecuniae nomine cavendum est, quod et commodius est. idem scilicet de ceteris quoque rebus, quae usu continentur, intellegemus.

D. 7，5，7　盖尤斯:《论行省告示》第7卷

如果葡萄酒、橄榄油及小麦的用益权被遗赠，所有权必须被移转给受遗赠人。然而，他应担保“一旦他死亡或人格减等，便将归还同等数量和质量之物”，或者他应在上述物被估价后提供一笔特定数额的保证金，后一种办法较方便。我要说，此规则同样适用于所有别的消费物。

19
De operis servorum

D. 7. 7. 5 ***Clem. 18 ad l. Iulianus et Papinianus***

Operis servi legatis usum datum intellegi et ego didici et Iulianus existimat.

D. 33. 2. 2 ***Papinianus 17 quaest.***

Hominis operae legatae capitis deminutione vel non utendo non amittuntur. et quoniam ex operis mercedem percipere legatarius potest, etiam operas eius ipse locare poterit, quas si prohibeat heres capi, tenebitur. idem est et si servus se locaverit. et quia legatarius fructuarius non est, ad heredem suum operarum legatum transmittit: sed servo usu capto legatum perit.

D. 7. 9. 5. 3 ***Ulpianus 79 ad edictum***

Et si habitatio vel operae hominis vel cuius alterius animalis relictae fuerint, stipulatio locum habebit, licet per omnia haec usum fructum non imitantur.

19
奴畜使用权

D. 7，7，5 德棱第·克勒门斯（Terentius Clemens）：《论尤利亚和帕比亚法》第18卷

我曾教导人们：奴隶的服务被遗赠，其使用权即被视为已给予。尤里安也持此观点。

D. 33，2，2 帕比尼安：《论问题》第17卷

被遗赠的奴隶使用权不因人格减等或未行使而丧失。因为受遗赠人可以通过奴隶的服务获得酬金，所以他可以将奴隶的使用权出租。继承人若阻止他收取租金，便要承担责任。如果奴隶将他自己出租，此规则也适用。此外，由于受遗赠人不是用益权人，因此他可将奴隶使用权遗赠移转于其继承人，但在奴隶被时效取得后该遗赠消灭。

D. 7，9，5，3 乌尔比安：《论告示》第79卷

如果居住权（habitatio）、奴隶使用权（operae hominis）或某一别的家畜的使用权被遗赠，将适用那一要式口约。尽管这些权利完全不同于用益权。

20
De usu et habitatione
(J. 2. 5; D. 7. 8)

D. 7. 8. 14. 3 ***Ulpianus 17 ad Sab.***

Poterit autem apud alium esse usus, apud alium fructus sine usu, apud alium proprietas: veluti si qui habet fundum, legaverit Titio usum, mox heres eius tibi fructum legaverit vel alio modo constituerit.

D. 7. 8. 4. 1 ***Ulpianus 17 ad Sab.***

Mulieri autem si usus relictus sit, posse eam et cum marito habitare Quintus Mucius primus admisit, ne ei matrimonio carendum foret, cum uti vult domo. nam per contrarium quin uxor cum marito possit habitare, nec fuit dubitatum. quid ergo si viduae legatus sit, an nuptiis contractis post constitutum usum mulier habitare cum marito possit? et est verum, ut et Pomponius libro quinto et Papinianus libro nono decimo quaestionum probat, posse eam cum viro et postea nubentem habitare. hoc amplius Pomponius ait et cum socero habitaturam.

20
使用权和居住权
(J. 2, 5; D. 7, 8)

D. 7, 8, 14, 3 乌尔比安:《论萨宾》第 17 卷

使用权（usus）属于一个人，无使用权的收益权（fructus sine usu）属于一个人，而所有权（proprietas）属于另一个人，这是可能的。比如，某人有一块土地，他将使用权遗赠给铁裘斯，后来其继承人又通过遗赠或以别的方式将收益权给与你。

D. 7, 8, 4, 1 乌尔比安:《论萨宾》第 17 卷

库伊特·穆齐最先承认，如果一栋房屋的使用权被遗赠给一个妇人，那么当她想使用该房屋时她可以同丈夫一起住在那里以保持婚姻关系，因为人们从不怀疑妻子可以同丈夫住在一起。不管怎么说，如果房屋的使用权被遗赠给一个寡妇而她在获得使用权后再婚，她可以和丈夫一起住在那里吗？正如彭波尼在《论萨宾》第 5 卷、帕比尼安在《论问题》第 19 卷所说，她再婚后可以和丈夫一起住在那里，彭波尼还进一步说道，她还可以同其公公一起住在那里。

D. 7. 8. 10pr. ***Ulpianus 17 ad Sab.***

Si habitatio legetur, an perinde sit atque si usus, quaeritur. et effectu quidem idem paene esse legatum usus et habitationis et Papinianus consensit libro octavo decimo quaestionum. denique donare non poterit, sed eas personas recipiet, quas et usuarius: ad heredem tamen nec ipsa transit nec non utendo amittitur nec capitis deminutione.

D. 7. 8. 10. 1 ***Ulpianus 17 ad Sab.***

Sed si sit relicta, an usus sit, videndum: et Papinianus libro septimo responsorum ait usum esse, non etiam fructum relictum.

D. 7. 8. 10. 2 ***Ulpianus 17 ad Sab.***

Sed si sic relictus sit: "illi domus usus fructus habitandi causa", utrum habitationem solam an vero et usum fructum habeat, videndum. et Proculus et Neratius putant solam habitationem legatam, quod est verum. plane si dixisset testator "usum habitandi causa", non dubitaremus, quin valeret.

D. 7. 8. 10. 3 ***Ulpianus 17 ad Sab.***

Utrum autem unius anni sit habitatio an usque ad vitam, apud veteres quaesitum est: et rutilius donec vivat habitationem competere ait, quam sententiam et Celsus probat libro octavo decimo digestorum.

D. 7，8，10pr. 乌尔比安：《论萨宾》第 17 卷

问题是：居住权遗赠与使用权遗赠是否相同？帕比尼安在《论问题》第 18 卷承认居住权遗赠同使用权遗赠的效力几乎是一样的。因此受遗赠人最终不能将居住权赠与他人，但他可以允许使用权人也同意的那些人居住。然而它既不能被转让给继承人，也不因未行使或人格减等而消灭。

D. 7，8，10，1 乌尔比安：《论萨宾》第 17 卷

但需要考虑的是：如果在遗赠时使用了希腊语"xpyols"一词，是否意味着使用权被遗赠？帕比尼安在《解答》第 7 卷写道，在此情况下使用权被遗赠而收益权未被遗赠。

D. 7，8，10，2 乌尔比安：《论萨宾》第 17 卷

但是，如果将房屋的用益权遗赠给他是为了让他在那里居住，那么应考虑的是：他只享有居住权抑或还享有用益权？普罗库勒和内拉蒂认为仅居住权被遗赠。这是正确的。当然，若立遗嘱人说过"遗赠房屋使用权是为了让受遗赠人在那里居住"，我们不会怀疑该遗赠是有效的。

D. 7，8，10，3 乌尔比安：《论萨宾》第 17 卷

居住权是受遗赠人只享有一年的权利还是其终身享有的权利，此问题曾被古代法学家们讨论过。鲁第里说居住权应被终身享有，杰尔苏在其《学说汇纂》第 18 卷亦赞同此观点。

C. 3. 33. 13pr. ***Imp. Iustinianus A. Iuliano pp.***

Cum antiquitas dubitabat usu fructu habitationis legato, et primo quidem cui similis est, utrumne usui vel usui fructui an neutri eorum, sed ius proprium et specialem naturam sortita est habitatio, postea autem si possit is cui habitatio legata est eandem locare vel dominium sibi vindicare, auctorum iurgium decidentes compendioso responso omnem huiusmodi dubitationem resecamus.

C. 3. 33. 13. 1 ***Imp. Iustinianus A. Iuliano pp.***

Et si quidem habitationem reliquerit, ad humaniorem declinare sententiam nobis visum est et dare legatario etiam locationis licentiam. quid enim distat, sive ipse legatarius maneat sive alii cedat, ut mercedem accipiat?

C. 3. 33. 13. 2 ***Imp. Iustinianus A. Iuliano pp.***

Et multo magis, si habitationis usum fructum reliquerit, cum et nimiae subtilitati satisfactum videatur etiam nomine usus fructus addito.

C. 3. 33. 13. 3 ***Imp. Iustinianus A. Iuliano pp.***

In tantum etenim valere habitationem volumus, ut non antecellat usum fructum nec dominium habitationis speret legatarius, nisi specialiter evidentissimis probationibus ipse legatarius possit ostendere et dominium ei domus esse relictum: tunc enim voluntati testatoris per omnia oboediendum est.

C. 3. 33. 13. 4 ***Imp. Iustinianus A. Iuliano pp.***

Quam decisionem locum habere censemus in omnibus modis, quibus habitatio constitui potest. *D. xviii k. Oct. Lampadio et Oreste vv. Cc. Conss. <a. 530>*

C. 3，33，13pr. 优士丁尼皇帝致大区长官尤里安

被遗赠的居住用益权与使用权或用益权相同还是与两者有异？古代法学家对此有疑问。如果接受居住权遗赠的人可以出租房屋或请求确认居住权，那么居住权不同于别的权利而有其自身的特点。以此简短的回答我们便可消除古代法学家对居住权的一切疑问和争议。

C. 3，33，13，1 优士丁尼皇帝致大区长官尤里安

如果一个人将居住权遗赠，我们认为最人道的做法是允许受遗赠人出租房屋，因为受遗赠人自己使用它与将其出租给他人以获取租金并无区别。

C. 3，33，13，2 优士丁尼皇帝致大区长官尤里安

如果他将居住用益权遗赠，则更应适用上述规则，因为居住用益权是个微不足道的问题。

C. 3，33，13，3 优士丁尼皇帝致大区长官尤里安

我们规定，居住权不得大于用益权；受遗赠人如不能以确凿证据证明房子的所有权被遗赠给他，他便不能享有所有权，因为需要完全尊重立遗嘱人的意志。

C. 3，33，13，4 优士丁尼皇帝致大区长官尤里安

我们规定，这一决定在居住权可以被设定的所有场合适用。（兰巴蒂和奥雷斯特执政，公元530年）

21
De servitutibus
(J. 2. 3; D. 8; C. 3. 34)

21. 1 Praediorum iura sunt haec

D. 8. 1. 1 ***Marcianus 3 regularum***

Servitutes aut personarum sunt, ut usus et usus fructus, aut rerum, ut servitutes rusticorum praediorum et urbanorum.

D. 8. 2. 2 ***Gaius 7 ad edictum provinciale***

Urbanorum praediorum iura talia sunt: altius tollendi et officiendi luminibus vicini aut non extollendi: item stillicidium avertendi in tectum vel aream vicini aut non avertendi: item immittendi tigna in parietem vicini et denique proiciendi protegendive ceteraque istis similia.

21
役权
(J. 2，3；D. 8；C. 3，34)

21.1 地役权内容

D. 8，1，1 马尔西安：《规则集》第3卷

役权（servitutes）或是人役权（servitutes personarum），如使用权和用益权；或是地役权（servitutes rerum）*，如乡村地役权和城市地役权。

D. 8，2，2 盖尤斯：《论行省告示》第7卷

城市地役权有：建筑物加高役权、禁止建筑物加高役权、妨碍邻居采光役权、将滴水排向或禁止将滴水排向邻居房顶或地上的役权及将支梁插于邻居墙上的役权，最后还有建造伸出物、遮盖物及与此类似的其它物的役权。

* "servitutes rerum" 直译为"物役权"，此依习惯译为"地役权"。——译者注

D. 8. 3. 1pr. ***Ulpianus 2 institutionum***

Servitutes rusticorum praediorum sunt hae: iter actus via aquae ductus. iter est ius eundi ambulandi homini, non etiam iumentum agendi. actus est ius agendi vel iumentum vel vehiculum: itaque qui iter habet, actum non habet, qui actum habet, et iter habet etiam sine iumento. via est ius eundi et agendi et ambulandi: nam et iter et actum in se via continet. aquae ductus est ius aquam dicendi per fundum alienum.

D. 8. 3. 1. 1 ***Ulpianus 2 institutionum***

In rusticis computanda sunt aquae haustus, pecoris ad aquam adpulsus, ius pascendi, calcis coquendae, harenae fodiendae.

D. 8. 3. 3pr. ***Ulpianus 17 ad edictum***

Item sic possunt servitutes imponi, et ut boves, per quos fundus colitur, in vicino agro pascantur: quam servitutem imponi posse Neratius libro secundo membranarum scribit.

D. 8. 3. 3. 1 ***Ulpianus 17 ad edictum***

Idem Neratius etiam ut fructus in vicini villa cogantur coactique habeantur et pedamenta ad vineam ex vicini praedio sumantur, constitui posse scribit.

D. 8. 3. 3. 2 ***Ulpianus 17 ad edictum***

Eodem libro ait vicino, cuius lapidicinae fundo tuo immineant, posse te cedere ius ei esse terram rudus saxa iacere posita habere, et ut in tuum lapides provolvantur ibique positi habeantur indeque exportentur.

D. 8，3，1pr. 乌尔比安：《法学阶梯》第 2 卷

乡村地役权有：个人通行权（iter）、运输通行权（actus）、道路通行权（via）和引水权（aquaeductus）。个人通行权是某人享有通过或步行经过他人土地的权利，而非驱赶驮兽经过他人土地的权利；运输通行权是驾驭驮兽、车辆经过他人土地的权利。因此享有个人通行权的人无运输通行权，享有运输通行权的人却享有个人通行权。道路通行权是行走、运输及散步经过他人土地的权利，因为道路通行权包含个人通行权和运输通行权。引水权是经过他人土地引水的权利。

D. 8，3，1，1 乌尔比安：《法学阶梯》第 2 卷

乡村地役权还应包括：汲水权、饮畜权、放牧权、烧制石灰权及采掘泥沙权。

D. 8，3，3pr. 乌尔比安：《论告示》第 17 卷

同样，可以创设将耕地之牛放牧于邻地的役权。内拉蒂在《羊皮纸书稿》第 2 卷写道，可以创设这种役权。

D. 8，3，3，1 乌尔比安：《论告示》第 17 卷

内拉蒂还写道，可以创设一种将农产品集中贮存于邻居农场内或若我的葡萄需要杆子，才可以去邻地取的役权。

D. 8，3，3，2 乌尔比安：《论告示》第 17 卷

内拉蒂在同一本书中说道，你可以授予其采石场与你的土地邻接的邻居将土、碎石、石块捉到你的土地上或让石头滚到你的土地上并将它们留在那里而以后将之运走的役权。

D. 8. 1. 10 ***Celsus 18 digestorum***

Si iter legatum sit, qua nisi opere facto iri non possit, licere fodiendo substruendo iter facere Proculus ait.

D. 8. 4. 11pr. ***Pomponius 33 ad Sab.***

Refectionis gratia accedendi ad ea loca, quae non serviant, facultas tributa est his, quibus servitus debetur, qua tamen accedere eis sit necesse, nisi in cessione servitutis nominatim praefinitum sit, qua accederetur: et ideo nec secundum rivum nec supra eum (si forte sub terra aqua ducatur) locum religiosum dominus soli facere potest, ne servitus intereat: et id verum est. sed et depressurum vel adlevaturum rivum, per quem aquam iure duci potestatem habes, nisi si ne id faceres cautum sit.

D. 8. 4. 11. 1 ***Pomponius 33 ad Sab.***

Si prope tuum fundum ius est mihi aquam rivo ducere, tacita haec iura sequuntur, ut reficere mihi rivum liceat, ut adire, qua proxime possim, ad reficiendum eum ego fabrique mei, item ut spatium relinquat mihi dominus fundi, qua dextra et sinistra ad rivum adeam et quo terram limum lapidem harenam calcem iacere possim.

D. 8. 4. 13pr. ***Ulpianus 6 opin.***

Venditor fundi Geroniani fundo botriano, quem retinebat, legem dederat, ne contra eum piscatio th ynnaria exerceatur. quamvis mari, quod natura omnibus patet, servitus imponi privata lege non potest, quia tamen bona fides contractus legem servari venditionis exposcit, personae possidentium aut in ius eorum succedentium per stipulationis vel venditionis legem obligantur.

D. 8，1，10 杰尔苏：《学说汇纂》第18卷

普罗库勒说，如果某人被遗赠以个人通行权，而他只有在进行某些施工后才能行使其权利，那么允许他通过挖掘和建筑修一条道路。

D. 8，4，11pr. 彭波尼：《论萨宾》第33卷

只要在设定役权时无关于通行的明确的限制性规定，享有役权的人为从事某种修理便有权进入非供役地的那些地方，但进入那些地方对他们来说应该是必需的。供役地的所有人不能为了消灭役权而将水渠旁边的土地或水渠上面的土地（如果在地下导水）变为安魂之地。那一观点是正确的。此外，你可以降低或加高你享有导水权的水渠，除非已规定不能这样做。

D. 8，4，11，1 彭波尼：《论萨宾》第33卷

如果我有权通过位于你土地上的水渠导水，便由此产生下列潜在的权利：我有权修理水渠；为了进行这种修理我和我的工匠们有权按最近路线通行；土地所有人要在水渠两边给我留出一块使我能进入水渠的空地，我有权将土、淤泥、石头、石灰和泥沙置于其上。

D. 8，4，13pr. 乌尔比安：《意见集》第6卷

吉乐尼安土地的出卖人为了他未出卖的波特罗衣安土地的利益在买卖契约中规定，未经他同意不能在被出卖的土地上钓鱼。虽然不能以私人协议在海边设定役权，因为按其性质它是向大家开放的，但因契约的诚信原则要求信守买卖契约的该项条款，故占有人或承受其权利的人要受要式口约或买卖契约的约束。

D. 8. 1. 15. 1 ***Pomponius 33 ad Sab.***

Servitutium non ea natura est, ut aliquid faciat quis, veluti viridia tollat aut amoeniorem prospectum praestet, aut in hoc ut in suo pingat, sed ut aliquid patiatur aut non faciat.

D. 8. 5. 6. 2 ***Ulpianus 17 ad edictum***

Etiam de servitute, quae oneris ferendi causa imposita erit, actio nobis competit, ut et onera ferat et aedificia reficiat ad eum modum, qui servitute imposita comprehensus est. et Gallus putat non posse ita servitutem imponi, ut quis facere aliquid cogeretur, sed ne me facere prohiberet: nam in omnibus servitutibus refectio ad eum pertinet, qui sibi servitutem adserit, non ad eum, cuius res servit. sed evaluit Servi sententia, in proposita specie ut possit quis defendere ius sibi esse cogere adversarium reficere parietem ad onera sua sustinenda. Labeo autem hanc servitutem non hominem debere, sed rem, denique licere domino rem derelinquere scribit.

D. 8. 2. 26 ***Paulus 15 ad Sab.***

In re communi nemo dominorum iure servitutis neque facere quicquam invito altero potest neque prohibere, quo minus alter faciat (nulli enim res sua servit): itaque propter immensas contentiones plerumque res ad divisionem pervenit. sed per communi dividundo actionem consequitur socius, quo minus opus fiat aut ut id opus quod fecit tollat, si modo toti societati prodest opus tolli.

D. 8, 1, 15, 1 彭波尼:《论萨宾》第33卷

役权的本质不是要求供役地所有人应当做某事，如除掉绿草以使景色更宜人，或出于同样的理由而在其土地上装饰某物，而是要求他承受某一行为或不实施某一行为。

D. 8, 5, 6, 2 乌尔比安:《论告示》第17卷

就支柱役权而言，迫使供役物所有人保护支撑物并按设定役权时规定的方式修理建筑物的诉权属于我们。加卢认为，设定某一役权不是为了迫使某人做某事，而是为了使之不禁止我做某事。因为就所有的役权而言，修理应由享有役权的人进行，而非由供役物的所有人进行。然而塞尔维的占统治地位的观点认为，在此特殊情况下*，一个人有权迫使其对方修理墙以支撑其重物。拉贝奥则写道，负担那种役权的不是人而是物，因此允许供役物的所有人放弃其物。

D. 8, 2, 26 保罗:《论萨宾》第15卷

没有一个共有人可以行使役权为由不经其他共有人同意而在共有物上施工或禁止其他共有人施工，因为没有一个人能对自己的财产享有役权。由于经常发生大的争议，因此共有物将被分割。但通过共有物分割之诉，共有人得到的结果可能是：不能施工；或拆除施工物，只要这种拆除有益于全体共有人。

* 指在存在支柱役权的情况下。——译者注

D. 8. 2. 27pr. ***Pomponius 33 ad Sab.***

Sed si inter te et me communes sunt Titianae aedes et ex his aliquid non iure in alias aedes meas proprias immissum sit, nempe tecum mihi agere licet aut rem perdere. idem fiet, si ex tuis propriis aedibus in communes meas et tuas aedes quid similiter esset proiectum: mihi enim soli tecum est actio.

D. 8. 1. 8. 1 ***Paulus 15 ad Plautium***

Si praedium tuum mihi serviat, sive ego partis praedii tui dominus esse coepero sive tu mei, per partes servitus retinetur, licet ab initio per partes adquiri non poterat.

D. 8. 3. 7. 1 ***Paulus 21 ad edictum***

In rusticis autem praediis impedit servitutem medium praedium, quod non servit.

D. 8. 2. 28 ***Paulus 15 ad Sab.***

Foramen in imo pariete conclavis vel triclinii, quod esset proluendi pavimenti causa, id neque flumen esse neque tempore adquiri placuit. hoc ita verum est, si in eum locum nihil ex caelo aquae veniat (neque enim perpetuam causam habet quod manu fit): at quod ex caelo cadit, etsi non adsidue fit, ex naturali tamen causa fit et ideo perpetuo fieri existimatur. omnes autem servitutes praediorum perpetuas causas habere debent, et ideo neque ex lacu neque ex stagno concedi aquae ductus potest. Stillicidii quoque immittendi naturalis et perpetua causa esse debet.

D. 8. 1. 8pr. ***Paulus 15 ad Plautium***

Ut pomum decerpere liceat et ut spatiari et ut cenare in alieno possimus, servitus imponi non potest.

D. 8，2，27pr. 彭波尼：《论萨宾》第 33 卷

然而，如果你和我共有铁提安的房子，且某物从这些房子上被非法地排放到了我所有的另一所房子上，我当然可以对你提起诉讼或将此物在我们之间分掉。如果建造的某物从为你所有的房子处伸到了我和你共有的那些房子上，结果也一样，因此对你提起诉讼的权利将只属于我。

D. 8，1，8，1 保罗：《普劳提引述》第 15 卷

假如你的土地是我的土地的供役地，而我成为你的一部分土地的所有人或你成为我的一部分土地的所有人，那么役权被部分（per partes）保留，尽管一开始它不能被部分取得。

D. 8，3，7，1 保罗：《论告示》第 21 卷

然而就乡村土地而言，介于两块土地之间而无役权负担的土地有碍于役权的设定。

D. 8，2，28 保罗：《论萨宾》第 15 卷

人们认为，卫生间或餐厅墙脚下的洞是为冲洗地板而设计的，不能用来排放经常流动之水。人们也不能因时间的经过而获得那一权利。若无雨水流到那个地方，此观点便是正确的，因为人为的东西无“永久的原因”（perpetua causa）；另一方面，下雨虽非持续不断，但其发生乃基于自然原因，因而被视为永久地发生。所有的地役权都必须有其永久的原因，因此不能赋予人们从水池或池塘导水的权利。排放屋檐滴水的役权也必须有永久的、自然的原因。

D. 8，1，8pr. 保罗：《普劳提引述》第 15 卷

不能为了允许我们在他人土地上采摘水果、散步或野餐而创设役权。

D. 8. 3. 4 ***Papinianus 2 resp.***

Pecoris pascendi servitutes, item ad aquam appellendi, si praedii fructus maxime in pecore consistat, praedii magis quam personae videtur: si tamen testator personam demonstravit, cui servitutem praestari voluit, emptori vel heredi non eadem praestabitur servitus.

21. 2 De quibusdam servitutium regulis

D. 8. 1. 17 ***Pomponius liber singularis reg.***

Viae itineris actus aquae ductus pars in obligationem deduci non potest, quia usus eorum indivisus est: et ideo si stipulator decesserit pluribus heredibus relictis, singuli solidam viam petunt: et si promissor decesserit pluribus heredibus relictis, a singulis heredibus solida petitio est.

D. 33. 2. 1 ***Paulus 3 ad Sab.***

Nec usus nec usus fructus itineris actus viae aquaeductus legari potest, quia servitus servitutis esse non potest: nec erit utile ex senatus consulto, quo cavetur, ut omnium quae in bonis sint usus fructus legari possit, quia id neque ex bonis neque extra bona sit. sed incerti actio erit cum herede, ut legatario, quamdiu vixerit, eundi agendi ducendi facultatem praestet aut ea servitus constituatur sub hac cautione, ut, si decesserit legatarius vel capite deminutus ex magna causa fuerit, restituatur.

D. 8，3，4 帕比尼安：《解答》第2卷

如果土地的收益完全来自放牧，那么放牧役权也像饮畜役权一样被视为同土地有关而非同人有关。然而，倘若立遗嘱人希望将此役权给予其指定的某个人，该役权便不能被给予土地的买受人或立遗嘱人的继承人。

21.2 地役权的若干规则

D. 8，1，17 彭波尼：《规则集》单卷本

道路通行权、个人通行权、运输通行权及导水权的一部分不能作为债之标的，因为这些权利的行使是不可分割的。因此，若就这些权利中的某一权利订立要式口约，债权人去世，且他有很多继承人，那么每一个继承人都可就整个通行役权提起诉讼：同样，若债务人去世，且他有很多继承人，便可对任何一个继承人就整个通行役权提起诉讼。

D. 33，2，1 保罗：《论萨宾》第3卷

个人通行权、运输通行权、道路通行权及导水权之使用权和用益权不能成为遗赠标的，因为“不存在役权的役权”。根据“所有财产的用益权皆可被遗赠”的元老院决议的规定，役权的遗赠也是无效的，因为役权既非财产也非非财产。但是，可对继承人提起不确定之诉（incerti actio），以使其将个人通行权、运输通行权及导水权给予活着的受遗赠人；或设定那些役权，但需有如下允诺：如果受遗赠人死亡或发生人格大减等（capitis deminutio ex magna causa），役权将消灭。

D. 8. 1. 4pr. ***Papinianus 7 quaest.***

Servitutes ipso quidem iure neque ex tempore neque ad tempus neque sub condicione neque ad certam condicionem (verbi gratia "quamdiu volam") constitui possunt: sed tamen si haec adiciantur, pacti vel per doli exceptionem occurretur contra placita servitutem vindicanti: idque et Sabinum respondisse Cassius rettulit et sibi placere.

D. 8. 1. 4. 1 ***Papinianus 7 quaest.***

Modum adici servitutibus posse constat: veluti quo genere vehiculi agatur vel non agatur (veluti ut equo dumtaxat) vel ut certum pondus vehatur vel grex ille transducatur aut carbo portetur.

D. 8. 1. 4. 2 ***Papinianus 7 quaest.***

Intervalla dierum et horarum non ad temporis causam, sed ad modum pertinent iure constitutae servitutis.

D. 43. 20. 4 ***Iulianus 41 digestorum***

Lucio Titio ex fonte meo ut aquam duceret, cessi: quaesitum est, an et Maevio cedere possim, ut per eundem aquae ductum aquam ducat: et si putaveris posse cedi per eundem aquae ductum duobus, quemadmodum uti debeant. respondit: sicut iter actus via pluribus cedi vel simul vel separatim potest, ita aquae ducendae ius recte cedetur. sed si inter eos, quibus aqua cessa est, non convenit, quemadmodum utantur, non erit iniquum utile iudicium reddi, sicut inter eos, ad quos usus fructus pertinet, utile communi dividundo iudicium reddi plerisque placuit.

D. 8，1，4pr. 帕比尼安：《论问题》第7卷

从严格的法律意义上讲，役权的设定不能附带“从某个时候起”、“直到某个时候”、“在某种条件下”或“根据某一特定的条件（如只要我愿意）”这样的条件。不过，如果附加了这些条件，提起确认役权之诉的人通过既存简约抗辩或欺诈抗辩将获得保护。卡西说，那是萨宾的观点，也是他自己的观点。

D. 8，1，4，1 帕比尼安：《论问题》第7卷

大家知道，人们可以将这样的负担（modus）附加于役权：例如，人们应该或不应该以某些运输工具进行运输，如只能以马；被运输的某物不得超过特定的重量；只能让某一特定的畜群通过；或被运送的是炭。

D. 8，1，4，2 帕比尼安：《论问题》第7卷

“每隔几天及每隔几小时”并非属于役权的存在时间，而是属于合法设定的役权的内容（modus）。

D. 43，20，4 尤里安：《学说汇纂》第41卷

我已将从我的泉水处引水的权利转让给鲁秋斯·铁裘斯，产生的问题是：我是否可以把沿同一条水渠引水的权利再转让给麦威乌斯？如果你认为可以将沿同一条水渠引水的权利转让给两个人，那么他们应怎样行使它呢？回答是：就像个人通行权、运输通行权及道路通行权可以一起或分别地被转让给几个人一样，引水权也完全可以这样被转让。但是，如果接受引水权转让的人未就如何行使引水权达成协议，很多法学家认为，就像允许享有有用益权的人提起扩用的共有物分割之诉一样，允许提起扩用之诉并非不公正。

D. 20. 1. 11. 3 ***Marcianus libro singulari ad form. hypoth.***

Iura praediorum urbanorum pignori dari non possunt: igitur nec convenire possunt, ut hypothecae sint.

D. 8. 3. 1. 2 ***Ulpianus 2 institutionum***

Traditio plane et patientia servitutium inducet officium praetoris.

D. 8. 1. 14pr. ***Paulus 15 ad Sab.***

Servitutes praediorum rusticorum etiamsi corporibus accedunt, incorporales tamen sunt et ideo usu non capiuntur: vel ideo, quia tales sunt servitutes, ut non habeant certam continuamque possessionem: nemo enim tam perpetuo, tam continenter ire potest, ut nullo momento possessio eius interpellari videatur. Idem et in servitutibus praediorum urbanorum observatur.

D. 8. 5. 10pr. ***Ulpianus 53 ad edictum***

Si quis diuturno usu et longa quasi possessione ius aquae ducendae nactus sit, non est ei necesse docere de iure, quo aqua constituta est, veluti ex legato vel alio modo, sed utilem habet actionem, ut ostendat per annos forte tot usum se non vi non clam non precario possedisse.

D. 8. 4. 7pr. ***Paulus 5 ad Sab.***

In tradendis unis aedibus ab eo, qui binas habet, species servitutis exprimenda est, ne, si generaliter servire dictum erit, aut nihil valeat, quia incertum sit, quae servitus excepta sit, aut omnis servitus imponi debeat.

D. 20，1，11，3 马尔西安：《论抵押规则》单卷本

城市地役权不能成为质权的标的，因而也不能成为抵押权的标的。

D. 8，3，1，2 乌尔比安：《法学阶梯》第2卷

毫无疑问，役权的转让和对行使权的忍受（patientia）涉及裁判官的职权。

D. 8，1，14pr. 保罗：《论萨宾》第15卷

乡村地役权即使附着于有体物，也不是有体物，因此不能被通过时效取得。因为这种役权不可能具有被确定地、持续地占有的性质。既然没有一个人能持续地、永久地通行，那么其占有（possessio）被视为随时都可能中断。此规则同样适用于城市地役权。

D. 8，5，10pr. 乌尔比安：《论告示》第53卷

如果某人通过长期使用水（几乎是长期占有水）而取得了导水权，他无需证明其导水权是基于遗赠还是基于别的原因产生的。但是，他在提起扩用之诉时，要证明他已使用水多年且从未以暴力或从未秘密地、不确定地使用过水。

D. 8，4，7pr. 保罗：《论萨宾》第5卷

对两栋房屋享有所有权的人，在交付其中的一栋房屋时必须说明他希望保留哪一种役权。因此，如果被交付的房屋按一般情况被说成是“供役物”，那么此话或是无效的（因为它不能确定被负担的是哪种役权），或是意味着要负担所有的役权。

D. 33. 3. 1 ***Iulianus 1 ex Minicio***

Qui duas tabernas coniunctas habebat, eas singulas duobus legavit: quaesitum est, si quid ex superiore taberna in inferiorem inaedificatum esset, num inferior oneri ferundo in superioris tabernae loco contineretur. respondit servitutem impositam videri. Iulianus notat: videamus, ne hoc ita verum sit, si aut nominatim haec servitus imposita est aut ita legatum datum est: "tabernam meam uti nunc est do lego."

D. 8. 2. 23. 1 ***Pomponius 33 ad Sab.***

Futuro quoque aedificio, quod nondum est, vel imponi vel adquiri servitus potest.

21. 3 Si servitus vindicetur vel ad alium pertinere negetur
(D. 8. 5)

D. 8. 5. 2pr. ***Ulpianus 17 ad edictum***

De servitutibus in rem actiones conpetunt nobis ad exemplum earum quae ad usum fructum pertinent, tam confessoria quam negatoria, confessoria ei qui servitutes sibi competere contendit, negatoria domino qui negat.

D. 8. 5. 6. 3 ***Ulpianus 17 ad edictum***

Haec autem actio in rem magis est quam in personam et non alii competit quam domino aedium et adversus dominum, sicuti ceterarum servitutium intentio.

D. 33，3，1 尤里安：《论米尼奇》第1卷

某人有两个连接在一起的商店，他将之分别遗赠给两个人，产生的问题是：如果修建上面的商店，下面的商店是否负有支柱役权？他答道，要负担该役权。尤里安说，我们知道，若设定此役权或在遗赠时规定："我把我的商店像现在这样给予或赠与他人"，这是正确的。

D. 8，2，23，1 彭波尼：《论萨宾》第33卷

人们可以在一栋尚不存在的未来的建筑物上设定或取得役权。

21. 3 是提起确认役权之诉还是否认它属于别人
(D. 8，5)

D. 8，5，2pr. 乌尔比安：《论告示》第17卷

就役权而言，我们有权（比照适用于用益权的诉讼）提起对物之诉——排除妨碍之诉与确认役权之诉。确认役权之诉由主张役权归其享有的人提起，排除妨碍之诉由否认役权存在的所有权人提起。

D. 8，5，6，3 乌尔比安：《论告示》第17卷

该诉讼是对物之诉而非对人之诉，就像所有其它役权之诉一样，不能由别的人而只能由需役房屋的所有权人提起，且只能对供役房屋的所有权人提起。

D. 8. 1. 16 ***Iulianus 49 digestorum***

Ei, qui pignori fundum accepit, non est iniquum utilem petitionem servitutis dari, sicuti ipsius fundi utilis petitio dabitur. Idem servari convenit et in eo, ad quem vectigalis fundus pertinet.

D. 8. 5. 10. 1 ***Ulpianus 53 ad edictum***

Agi autem hac actione poterit non tantum cum eo, in cuius agro aqua oritur vel per cuius fundum ducitur, verum etiam cum omnibus agi poterit, quicumque aquam non ducere impediunt, exemplo ceterarum servitutium. et generaliter quicumque aquam ducere impediat, hac actione cum eo experiri potero.

D. 39. 3. 25 ***Iulianus 5 ex Minicio***

Is, cuius fundo via debetur, aquae pluviae arcendae agere potest fundi sui nomine, quoniam deteriore via facta fundo nocetur.

21. 4 Quemadmodum servitutes amittuntur
(D. 8. 6)

D. 8. 6. 5 ***Paulus 66 ad edictum***

Servitus et per socium et fructuarium et bonae fidei possessorem nobis retinetur:

D. 8. 6. 1 ***Gaius 7 ad edictum provinciale***

Servitutes praediorum confunduntur, si idem utriusque praedii dominus esse coeperit.

D. 8, 1, 16 尤里安:《学说汇纂》第49卷

获得一块被抵押的土地的人应被允许提起保护同该土地有关的役权的扩用之诉，就像被允许提起保护该土地本身的扩用之诉一样，这并非不公正。此规则同样适用于税地之所属者。

D. 8, 5, 10, 1 乌尔比安:《论告示》第53卷

此诉讼不仅可对水源位于其土地上或水被导经其土地的人提起，而且还可对妨碍导水的任何一个人提起，就像其它所有的确认役权之诉一样。总之，我可以对试图阻止我导水的任何一个人提起该诉讼。

D. 39, 3, 25 尤里安:《论米尼奇》第5卷

其土地负有道路通行权人，可以为其土地的利益提起排放雨水之诉，因为道路遭受破坏将危害其土地。

21.4 役权消灭的方式
(D. 8, 6)

D. 8, 6, 5 保罗:《论告示》第66卷

我们通过共有人、用益权人和善意占有人保持役权。

D. 8, 6, 1 盖尤斯:《论行省告示》第7卷

如果同一个人成为两块土地的所有人，地役权便因合并而消灭。

D. 8. 2. 6 ***Gaius 7 ad edictum provinciale***

Haec autem iura similiter ut rusticorum quoque praediorum certo tempore non utendo pereunt: nisi quod haec dissimilitudo est, quod non omnimodo pereunt non utendo, sed ita, si vicinus simul libertatem usucapiat. veluti si aedes tuae aedibus meis serviant, ne altius tollantur, ne luminibus mearum aedium officiatur, et ego per statutum tempus fenestras meas praefixas habuero vel obstruxero, ita demum ius meum amitto, si tu per hoc tempus aedes tuas altius sublatas habueris: alioquin si nihil novi feceris, retineo servitutem. Item si tigni immissi aedes tuae servitutem debent et ego exemero tignum, ita demum amitto ius meum, si tu foramen, unde exemptum est tignum, obturaveris et per constitutum tempus ita habueris: alioquin si nihil novi feceris, integrum ius suum permanet.

D. 8. 3. 31 ***Iulianus 2 ex Minicio***

Tria praedia continua trium dominorum adiecta erant: imi praedii dominus ex summo fundo imo fundo servitutem aquae quaesierat et per medium fundum domino concedente in suum agrum ducebat: postea idem summum fundum emit: deinde imum fundum, in quem aquam induxerat, vendidit. quesitum est, num imus fundus id ius aquae amisisset, quia, cum utraque praedia eiusdem domini facta essent, ipsa sibi servire non potuissent. negavit amississe servitutem, quia praedium, per quod aqua ducebatur, alterius fuisset et quemadmodum servitus summo fundo, ut in imum fundum aqua veniret, imponi aliter non potuisset, quam ut per medium quoque fundum duceretur, sic eadem servitus eiusdem fundi amitti aliter non posset, nisi eodem tempore etiam per medium fundum aqua duci desisset aut omnium tria simul praedia unius domini facta essent.

D. 8, 2, 6 盖尤斯:《论行省告示》第7卷

就像乡村地役权一样，这些权利因在特定时间内未行使而消灭，但存在下述差别：它们并非因未行使而无条件地消灭，而是只有邻居在同一时间内摆脱了役权约束它们才消灭。例如，假定你的房子为了我的房子的利益负有不得加高及不得遮挡我房子采光的役权，我在规定的时间内以物堵住窗子或封上窗子，那么你只有在同一时间内加高了你的房子我才失去役权；否则，若你未加高你的房子，我便仍享有役权。同样，要是你的房子负有“搭梁役权”，而我取掉了我搭的梁，那么你只有在规定的时间内堵住了搭梁用的洞我才失去役权；否则，如果你未堵住搭梁用的洞，役权便依然存在。

D. 8, 3, 31 尤里安:《论米尼奇》第2卷

三块相互连接的土地分别属于三个人，最下面那块土地的所有人为其土地获得了从最上面那块土地取水的役权，他经中间那块土地的所有人同意而经其土地将水导向他自己的土地，后来他购买了最上面那块土地，随后又卖掉了已导入水的最下面那块土地。产生的问题是：两块土地变成了同一个所有人的，在这两块土地之间不可能存在役权，因而最下面那块土地是否丧失了导水权？我认为那一役权并未丧失，因为导水经过的那块土地是另一个人的。就像只有将水导经中间那块土地，最上面那块土地才能负担水被导至最下面那块土地的役权一样，只有水不导经中间那块土地或三块土地都变成了一个所有人的土地，最下面那块土地的同一个役权才能消灭。

D. 8. 3. 34. 1 ***Papinianus 7 quaest.***

Si fons exaruerit, ex quo ductum aquae habeo isque post constitutum tempus ad suas venas redierit, an aquae ductus amissus erit, quaeritur:

D. 8. 3. 35 ***Paulus 15 ad Plautium***

Et atilicinus ait caesarem statilio tauro rescripsisse in haec verba: "hi, qui ex fundo sutrino aquam ducere soliti sunt, adierunt me proposueruntque aquam, qua per aliquot annos usi sunt ex fonte, qui est in fundo sutrino, ducere non potuisse, quod fons exaruisset, et postea ex eo fonte aquam fluere coepisse: petieruntque a me, ut quod ius non neglegentia aut culpa sua amiserant, sed quia ducere non poterant, his restitueretur. quorum mihi postulatio cum non iniqua visa sit, succurrendum his putavi. itaque quod ius habuerunt tunc, cum primum ea aqua pervenire ad eos non potuit, id eis restitui placet."

D. 8. 3. 32pr. ***Africanus 6 quaest.***

Fundus mihi tecum communis est: partem tuam mihi tradidisti et ad eundem viam per vicinum tuum proprium. recte eo modo servitutem constitutam ait neque quod dici soleat per partes nec adquiri nec imponi servitutes posse isto casu locum habere: hic enim non per partem servitutem adquiri, utpote cum in id tempus adquiratur, quo proprius meus fundus futurus sit.

D. 8，3，34，1 帕比尼安:《论问题》第7卷

如果我有权引导的泉水干涸了，过了一段时间泉水又开始流淌，产生的问题是：我的导水权是否丧失？

D. 8，3，35 保罗:《普劳提引述》第15卷

关于此问题，阿蒂里琴（Atilicinus）说，有个皇帝在给斯达铁斯·达乌露斯的批复中曾这样写道："经常从苏特林土地上导水的人们来到我这里并对我说，他们再也不能从他的土地上导他们已使用了多年的泉水，因为它干涸了。后来泉水又开始流淌，他们请求我恢复其权利，因为他们失去那一权利不是因为他们有何疏忽或过失，而是因为他们再也不能导水。在我看来，其请求不无道理。我认为他们应得到帮助。因此我决定，他们在首次不能获得水供应的那一天所享有的导水权应予恢复。"

D. 8，3，32pr 阿菲利加:《问题集》第6卷

一块土地是你我共有的。你将你的部分交付给我，同时在该土地中与你个人土地相邻的地域内设立了一项道路通行权。【尤里安】说，通过这样的方式，役权被正确地设立了；在这种情况下，并不适用所谓的"役权不能被部分地取得，也不能被部分地设立"的规则：因为此处役权并不是被部分地取得，役权连同其所属的土地同时变成我一个人的了。

22
De superficiebus
(D. 43. 18)

D. 43. 18. 2 ***Gaius 25 ad edictum provinciale***

Superficiarias aedes appellamus, quae in conducto solo positae sunt: quarum proprietas et civili et naturali iure eius est, cuius et solum.

D. 18. 1. 32 ***Ulpianus 44 ad Sab.***

Qui tabernas argentarias vel ceteras quae in solo publico sunt vendit, non solum, sed ius vendit, cum istae tabernae publicae sunt, quarum usus ad privatos pertinet.

D. 43. 8. 2. 17 ***Ulpianus 68 ad edictum***

Si quis nemine prohibente in publico aedificaverit, non esse eum cogendum tollere, ne ruinis urbs deformetur, et quia prohibitorium est interdictum, non restitutorium. si tamen obstet id aedificium publico usui, utique is, qui operibus publicis procurat, debebit id deponere, aut si non obstet, solarium ei imponere: vectigal enim hoc sic appellatur solarium ex eo, quod pro solo pendatur.

22
地上权
（D. 43，18）

D. 43，18，2 盖尤斯：《论行省告示》第 25 卷

我们将在租借地上建造的房屋称为“在他人土地上建造的房屋”，根据市民法和自然法，其所有权属于土地所有人。

D. 18，1，32 乌尔比安：《论萨宾》第 44 卷

出卖位于公有土地上的钱庄或别的商栈的人并未出卖土地，而只是出卖其权利。因为这些商栈是公有的，其使用权属于私人。

D. 43，8，2，17 乌尔比安：《论告示》第 68 卷

如果有人在公共土地上营造建筑物而未被禁止，则不应当为防止城市陷于一片废墟中而强迫其把建筑物搬走，因为禁令是针对被禁止在公共土地上进行建筑的行为，而不是针对恢复原状的行为。但是，如果该建筑物妨碍了公共使用，则为保障公共工程活动，建筑者应当将该建筑拆除。相反，如果该建筑未造成妨碍，则应当令建筑者支付土地使用税。实际上，该税之所以有如此称呼，是因其为“土地”而支付。

D. 43. 18. 1. 1 ***Ulpianus 70 ad edictum***

Qui superficiem in alieno solo habet, civili actione subnixus est: nam si conduxit superficium, ex conducto, si emit, ex empto agere cum domino soli potest. enim si ipse eum prohibeat, quod interest agendo consequetur: sin autem ab alio prohibeatur, praestare ei actiones suas debet dominus et cedere. sed longe utile visum est, quia et incertum erat, an locati existeret, et quia melius est possidere potius quam in personam experiri, hoc interdictum proponere et quasi in rem actionem polliceri.

D. 43. 18. 1. 2 ***Ulpianus 70 ad edictum***

Proponitur autem interdictum duplex exemplo interdicti uti possidetis. tuetur itaque praetor eum, qui superficiem petit, veluti uti possidetis interdicto, neque exigit ab eo, quam causam possidendi habeat: unum tantum requirit, num forte vi clam precario ab adversario possideat. omnia quoque, quae in uti possidetis interdicto servantur, hic quoque servabuntur.

D. 43. 18. 1. 3 ***Ulpianus 70 ad edictum***

Quod ait praetor "si actio de superficie postulabitur, causa cognita dabo", sic intellegendum est, ut, si ad tempus quis superficiem conduxerit, negetur ei in rem actio. et sane causa cognita ei, qui non ad modicum tempus conduxit superficiem, in rem actio competet.

D. 43, 18, 1, 1 乌尔比安:《论告示》第70卷

在他人土地上享有地上权(superficies)的人，受市民法之诉的保护。因为如果他租借了土地，他可以对土地所有人提起租赁之诉；倘若他购买了土地，他便可以提起买卖之诉。要是土地所有人阻止其行使权利，通过起诉，其损害可获得补偿；若别的人阻止其行使权利，所有人应将诉权转让给他。但是，由于不能确定是否存在租赁关系，且因占有比提起对人之诉更加有利，因此建议使用此令状*并允许提起准对物之诉(quasi in rem actio)。

D. 43, 18, 1, 2 乌尔比安:《论告示》第70卷

按不动产占有令状(interdictum uti possidetis)的模式建议使用的令状具有双重作用。因此就像使用不动产占有令状一样，裁判官保护主张地上权的人而不要求他说明占有的原因，唯一需要考虑的是：从对方的角度讲，其占有是否是暴力的、秘密的及不确定的占有。不动产占有令状中的所有规则在此要被遵守。

D. 43, 18, 1, 3 乌尔比安:《论告示》第70卷

对裁判官作出的“如果有人提出地上权之诉，我将准许进行诉前审查”的判定，应当这样理解：如果有人承租了有确定期间的地上权，则裁判官将拒绝原告提出的对物之诉。准确地说，如果在诉前审查中发现地上权的租期系不确定的，则裁判官将赋予原告对物之诉权。

---

* 指保护地上权令状。——译者注

D. 43. 18. 1. 4 ***Ulpianus 70 ad edictum***

Is autem, in cuius solo superficies est, utique non indiget utili actione, sed habet in rem, qualem habet de solo. plane si adversus superficiarium velit vindicare, dicendum est exceptione utendum in factum data: nam cui damus actionem, eidem et exceptionem competere multo magis quis dixerit.

D. 43. 18. 1. 5 ***Ulpianus 70 ad edictum***

Si soli possessori superficies evincatur, aequissimum erit subvenire ei vel ex stipulatu de evictione vel certe ex empto actione.

D. 43. 18. 1. 6 ***Ulpianus 70 ad edictum***

Quia autem etiam in rem actio de superficie dabitur, petitori quoque in superficiem dari et quasi usum fructum sive usum quendam eius esse et constitui posse per utiles actiones credendum est.

D. 43. 18. 1. 7 ***Ulpianus 70 ad edictum***

Sed et tradi posse intellegendum est, ut et legari et donari possit.

D. 39. 1. 3. 3 ***Ulpianus 52 ad edictum***

Si ego superficiarius sim et opus novum fiat a vicino, an possim nuntiare? movet, quod quasi inquilinus sum: sed praetor mihi utilem in rem actionem dat, et ideo et servitutium causa actio mihi dabitur et operis novi nuntiatio debet mihi concedi.

D. 43，18，1，4 乌尔比安：《论告示》第 70 卷

在其土地上有地上权的人不需要扩用之诉，但是，他可对地上物提出诉讼。当然，如果他想向地上权人提出返还土地的请求，则应当认为他在进行事实性抗辩，因为被赋予诉权的人，同样也被赋予了抗辩权。

D. 43，18，1，5 乌尔比安：《论告示》第 70 卷

已经获得土地占有的买受人如果遭到地上权的追夺，那么，根据追夺担保的要式口约或者根据买卖之诉对其进行救济是很公平的。

D. 43，18，1，6 乌尔比安：《论告示》第 70 卷

因为还将提起关于地上权的对物之诉，故应认为，通过扩用之诉，以地上权为标的之准用益权或使用权也将被给予因地上权而提起诉讼的原告。

D. 43，18，1，7 乌尔比安：《论告示》第 70 卷

但应当知道，就像它可以被遗赠和赠与一样，它也可以被转让。

D. 39，1，3，3 乌尔比安：《论告示》第 52 卷

如果我是地上权人，而邻居在从事一项新施工，那么我是否可以发出新施工警告？考虑到我是一个准承租人，裁判官将赋予我扩用的对物诉权，因此有关役权的诉权也将被赋予我，且发出新施工警告的权利也应被授予我。

D. 6. 1. 73. 1 ***Ulpianus 17 ad edictum***

Superficiario,

D. 6. 1. 74 ***Paulus 21 ad edictum***

[superficiario,] id est qui in alieno solo superficiem ita habeat, ut certam pensionem praestet,

D. 6. 1. 75 ***Ulpianus 16 ad edictum***

Praetor causa cognita in rem actionem pollicetur.

D. 6，1，73，1 乌尔比安《论告示》第 17 卷

对于地上权人（superficiarius），*

D. 6，1，74 保罗:《论告示》第 21 卷

即通过交付特定的租金（pensio）而在他人土地上享有地上权的人。

D. 6，1，75 乌尔比安:《论告示》第 16 卷

裁判官在审查案件（causa）后将许之以对物诉权。

* 原文即如此。——译者注

23 De pignoribus et hypothecis

(J. 4. 6. 7; J. 4. 15. 3; D. 20; C. 8. 13–34)

D. 50. 17. 25 ***Pomponius 11 ad Sab.***

Plus cautionis in re est quam in persona.

D. 50. 16. 238. 2 ***Gaius 6 ad legem xii tab.***

"pignus" appellatum a pugno, quia res, quae pignori dantur, manu traduntur. unde etiam videri potest verum esse, quod quidam putant, pignus proprie rei mobilis constitui.

D. 13. 7. 9. 2 ***Ulpianus 28 ad edictum***

Proprie pignus dicimus, quod ad creditorem transit, hypothecam, cum non transit nec possessio ad creditorem.

D. 13. 7. 1pr. ***Ulpianus 40 ad Sab.***

Pignus contrahitur non sola traditione, sed etiam nuda conventione, etsi non traditum est.

23

质权和抵押权

(J. 4，6，7；J. 4，15，3；D. 20；C. 8，13 ~34)

D. 50，17，25　彭波尼：《论萨宾》第11卷

物的担保（cautio）优于人的担保。

D. 50，16，238，2　盖尤斯：《论十二表法》第6卷

"质押"（pignus）一词源于"拳头"（pugnus）。因为用于质押之物要被亲手交付，所以一些人认为质权（pignus）本身被设定于动产之上。可以认为此观点是正确的。

D. 13，7，9，2　乌尔比安：《论告示》第28卷

我们确实将物之占有移转于债权人的称为"质"（pignus），而将物之占有不移转于债权人的称为"抵押"（hypotheca）。

D. 13，7，1pr.　乌尔比安：《论萨宾》第40卷

质权的设定不仅需有质物的交付，而且需有单纯协议（nuda conventio），尽管质物未被交付。

D. 20. 1. 2 *Papinianus 3 resp.*

Fideiussor, qui pignora vel hypothecas suscepit atque ita pecunias solvit, si mandati agat vel cum eo agatur, exemplo creditoris etiam culpam aestimari oportet. Ceterum iudicio, quod de pignore dato proponitur, conveniri non potest.

D. 20. 2. 7pr. *Pomponius 13 ex variis lectionibus*

In praediis rusticis fructus qui ibi nascuntur tacite intelleguntur pignori esse domino fundi locati, etiamsi nominatim id non convenerit.

D. 20. 2. 1 *Papinianus 10 resp.*

Senatus consulto quod sub marco imperatore factum est pignus insulae creditori datum, qui pecuniam ob restitutionem aedificii exstruendi mutuam dedit, ad eum quoque pertinebit, qui redemptori domino mandante nummos ministravit.

D. 20. 2. 2 *Marcianus libro singulari ad form. hypoth.*

Pomponius libro quadragesimo variarum lectionum scribit: non solum pro pensionibus, sed et si deteriorem habitationem fecerit culpa sua inquilinus, quo nomine ex locato cum eo erit actio, invecta et illata pignori erunt obligata.

D. 20. 1. 29. 2 *Paulus 5 resp.*

Domus pignori data exusta est eamque aream emit lucius Titius et exstruxit: quaesitum est de iure pignoris. Paulus respondit pignoris persecutionem perseverare et ideo ius soli superficiem secutam videri, id est cum iure pignoris: sed bona fide possessores non aliter cogendos creditoribus aedificium restituere, quam sumptus in exstructione erogatos, quatenus pretiosior res facta est, reciperent.

D. 20，1，2 帕比尼安：《解答》第3卷

如果接受质押或抵押而付款的担保人提起委托之诉或被债务人提起委托之诉，便应考虑其过错，就像应考虑债务人的过错一样，但他不能被提起质押之诉。

D. 20，2，7pr. 彭波尼：《各种片段引述》第13卷

就乡村土地而言，其产生的孳息被默视为质押给了出租土地的所有权人，尽管对此无明确的协议。

D. 20，2，1 帕比尼安：《解答》第10卷

在马尔库（Marcus）皇帝统治下作出的元老院决议规定，为修理房屋而借钱的人，若将该房屋质押给借钱给他的债权人，他便可委托债权人将钱分发给包工人（redemptor）。

D. 20，2，2 马尔西安：《论抵押规则》单卷本

彭波尼在《各种片段引述》第40卷写道，被房客带进房内之物将作为质押标的，这不仅是作为给付租金的担保，而且也是作为对房客因其过错而恶化居住条件的赔偿的担保。在上述情况下，他将被提起租赁之诉。

D. 20，1，29，2 保罗：《解答》第5卷

一栋被质押的房屋为火所焚毁，鲁秋斯·铁裘斯购买了房基地，并在上面建筑。产生的问题：质权（jus pignoris）怎么办？保罗回答说，可提起质押之诉（pignoris persecutio）。因此应认为，房基地负有质权，新建的房屋也负有质权。但是善意占有人除非接受了在建造新房时所花费的大于旧房价值的那部分费用，否则他不会被迫将建筑物返还给债权人。

C. 8. 13. 1 *Impp. Severus et Antoninus AA. Timotheo.*

Debitor, qui pignoribus profitetur se creditoribus cedere, nihilo magis liberabitur. *PP. v k. Mart. Severo A. II et Albino cons. <a. 194>*

C. 8. 13. 2pr. *Idem AA. Lucio*

Quamvis constet specialiter quaedam et universa bona generaliter adversarium tuum pignori accepisse et aequale ius in omnibus habere, iurisdictio tamen temperanda est.

C. 8. 13. 2. 1 *Idem AA. Lucio*

Ideoque si certum est posse eum ex his, quae nominatim ei pignori obligata sunt, universum redigere debitum, ea, quae postea ex isdem bonis pignori accepisti, interim non auferri praeses iubebit. *PP. II. k. Iun. Cilone et Libone conss. <a. 204>*

C. 8. 13. 3 *Idem AA. Maximo*

Creditores, qui non reddita sibi pecunia conventionis legem ingressi possessionem adipisci debent. *PP. k. Mai Antonino A. II et Geta II conss. <a. 205>*

D. 20. 3. 1. 2 *Marcianus libro singulari ad form. hypoth.*

Eam rem, quam quis emere non potest, quia commercium eius non est, iure pignoris accipere non potest, ut divus Pius Claudio Saturnino rescripsit. quid ergo, si praedium quis litigiosum pignori acceperit, an exceptione summovendus sit? et Octavenus putabat etiam in pignoribus locum habere exceptionem: quod ait Scaevola libro tertio variarum quaestionum procedere, ut in rebus mobilibus exceptio locum habeat.

C. 8，13，1　塞维鲁和安东尼皇帝致铁莫特乌斯

允诺将质物转让给债权人的债务人，不能因此被免除债务。［塞维鲁（第2次）和阿尔鲁斯执政，公元194年］

C. 8，13，2pr.　上述皇帝致鲁齐乌斯

虽然你的对方接受了以特定财产充当的质物，后又同意以一般财产作为质物，以特定财产和以一般财产设定的质权具有同等效力，但是行省长官的裁判应该是适当的。

C. 8，13，2，1　上述皇帝致鲁齐乌斯

因此，如果他的整个债权肯定能以其接受的以特定财产充当的质物来满足，那么行省长官将命令他不能接受后来以一般财产充当的质物。（芝诺和李波执政，公元204年）

C. 8，13，3　上述皇帝致马克西姆斯

未获得欠款清偿的债权人根据抵押协议可对抵押物进行占有，他们将不被视为在以暴力占有，但他们必须有行省长官的授权才能进行占有。（安东尼和吉塔皇帝第2次执政，公元205年）

D. 20，3，1，2　马尔西安：《论抵押规则》单卷本

正如比乌皇帝给柯劳狄乌斯·萨吐尔尼鲁斯的批复所述，一个人不得以不能被购买之物作为质权标的，因为它不是交易物。如果某人将可引起争议的财产作为质权标的，此抗辩将被适用吗？奥达文（Octavenus）认为此抗辩也适用于质押；斯凯沃拉在《论问题》第3卷说道，该抗辩可适用于动产。

D. 20. 1. 17 ***Ulpianus 15 ad edictum***

Pignoris persecutio in rem parit actionem creditori.

D. 20. 1. 14pr. ***Ulpianus 73 ad edictum***

Quaesitum est, si nondum dies pensionis venit, an et medio tempore persequi pignora permittendum sit. et puto dandam pignoris persecutionem, quia interest mea: et ita Celsus scribit.

D. 20. 4. 11. 4 ***Gaius libro singulari ad form. hypoth.***

Si paratus est posterior creditor priori creditori solvere quod ei debetur, videndum est, an competat ei hypothecaria actio nolente priore creditore pecuniam accipere. et dicimus priori creditori inutilem esse actionem, cum per eum fiat, ne ei pecunia solvatur.

D. 20. 4. 12. 8 ***Marcianus libro singulari ad form. hypoth.***

A Titio mutuatus pactus est cum illo, ut ei praedium suum pignori hypothecaeve esset: deinde mutuatus est pecuniam a Maevio et pactus est cum eo, ut, si Titio desierit praedium teneri, ei teneatur: tertius deinde aliquis dat mutuam pecuniam tibi, ut Titio solveres, et paciscitur tecum, ut idem praedium ei pignori hypothecaeve sit et locum eius subeat: num hic medius tertio potior est, qui pactus est, ut Titio soluta pecunia impleatur condicio, et tertius de sua neglegentia queri debeat? sed tamen et hic tertius creditor secundo praeferendus est.

D. 20. 5. 13 ***Paulus 1 decr.***

Creditor, qui iure suo pignus distrahit, ius suum cedere debet et, si pignus possidet, tradere utique debet possessionem.

D. 20，1，17 乌尔比安：《论告示》第15卷

质押之诉将给债权人带来对物诉权（actio in rem）。

D. 20，1，14pr. 乌尔比安：《论告示》第73卷

问题是：如果交付租金的期限未到，是否能提起质押之诉？我认为可以提起该诉讼，因为它涉及我的利益。杰尔苏也是这么写的。

D. 20，4，11，4 盖尤斯：《论抵押规则》单卷本

如果第二个债权人准备向第一个债权人支付应付给他的钱，那么应当知道，要是第一个债权人不想接受这笔钱，他是否能提起抵押之诉（hypothecaria actio）？我们说，如果其债权未获全部清偿归咎于他自己，他便不能提起该诉讼。

D. 20，4，12，8 莫德斯汀：《论抵押规则》单卷本

你因向铁袭斯贷了一笔钱而同他商定将一块土地抵押给他；后来你又向麦威乌斯贷了一笔钱，并同他商定，如果那块土地不再是铁袭斯的抵押权的标的，便将被抵押给他；最后，为偿还铁袭斯的贷款，第三人贷给你一笔钱，并同你商定同一块土地将被抵押给他，他将取代铁袭斯。难道第二个债权人的法律地位优于同你商定在偿还铁袭斯的贷款后便实现了将土地抵押给他的条件的第三个债权人吗？然而，第三个债权人的法律地位毕竟比第二个债权人的优越。

D. 20，5，13 保罗：《论敕令》第1卷

出卖质物的债权人应转让其对质物的权利，如果他占有质物，他无疑应转让质物的占有。

D. 20. 5. 8 ***Modestinus 4 regularum***

Creditoris arbitrio permittitur ex pignoribus sibi obligatis quibus velit distractis ad suum commodum pervenire.

D. 20. 5. 9. 1 ***Paulus 3 quaest.***

Pomponius autem lectionum libro secundo ita scribsit: quod in pignoribus dandis adici solet, ut, quo minus pignus venisset, reliquum debitor redderet, supervacuum est, quia ipso iure ita se res habet etiam non adiecto eo.

D. 13. 7. 13pr. ***Ulpianus 38 ad edictum***

Si, cum venderet creditor pignus, convenerit inter ipsum et emptorem, ut, si solverit debitor pecuniam pretii emptori, liceret ei recipere rem suam, scripsit Iulianus et est rescriptum ob hanc conventionem pigneraticiis actionibus teneri creditorem, ut debitori mandet ex vendito actionem adversus emptorem. sed et ipse debitor aut vindicare rem poterit aut in factum actione adversus emptorem agere.

D. 20. 6. 6pr. ***Ulpianus 73 ad edictum***

Item liberatur pignus, sive solutum est debitum sive eo nomine satisfactum est. sed et si tempore finitum pignus est, idem dicere debemus, vel si qua ratione obligatio eius finita est.

D. 20. 6. 7. 2 ***Gaius libro singulari ad form. hypoth.***

Sed si cum debitoris procuratore convenit, ne sit res obligata, dicendum est id debitori per doli exceptionem prodesse: cum autem cum servo eius convenerit, per ipsam pacti exceptionem conventi debet.

D. 20，5，8 莫德斯汀：《规则集》第 4 卷

允许债权人为获得其利益而按其意志出卖分别质押给他的若干质物中他想出卖的那个质物。

D. 20，5，9，1 保罗：《论问题》第 3 卷

彭波尼在《各种片段引述》第 2 卷曾如此写道：在交付质物时一般增添下述条款，即“如果出卖质物所得的价金少于债务额，债务人要补交差额”，这是多余的，因为根据法律规定，没有此条款情况也一样。

D. 13，7，13pr. 乌尔比安：《论告示》第 38 卷

如果债权人在出卖质物时同买受人达成协议：“若债务人向买受人偿付了质物的全部价金，他便有权取回其物”，尤里安写道，债权人将因此协议而被提起质押之诉（pigneraticia actio），从而他将把对买受人提起出卖之诉的诉权转让给债务人，皇帝也作过如是批复。债务人本人可对买受人提起返还所有物之诉，或提起事实之诉（actio in factum）。

D. 20，6，6pr. 乌尔比安：《论告示》第 73 卷

同样，如果债务被清偿，且被全部清偿，质押便被解除。我们必须指出，如果质权因期限届满或债以别的任何一种方式消灭，同样适用此规则。

D. 20，6，7，2 盖尤斯：《论抵押规则》单卷本

但若同债务人的代理人达成“此物非偿还债务的担保物”的协议，便须指出，债务人有权提出欺诈抗辩。当同其奴隶达成协议时，他应有权就既成简约提出同样的抗辩。

D. 20. 6. 8pr. ***Marcianus libro singulari ad form. hypoth.***

Sicut de re corporali extincta, ita et usu fructu exstincto pignus hypothecave perit.

C. 7. 36. 1 ***Imp. Gordianus A. Veneriae***

Diuturnum silentium longi temporis praescriptione corroboratum creditoribus pignus persequentibus inefficacem actionem constituit, praeterquam si debitores vel qui in iura eorum successerunt obligatae rei possessioni incumbAnt. ubi autem creditori a possessore longi temporis praescriptio obicitur, personalis actio adversus debitorem salva ei competit.

C 8. 34. 3pr. ***Imp. Constantinus A. Ad populum***

Quoniam inter alias captiones praecipue commissoriae pignorum legis crescit asperitas, placet infirmari eam et in posterum omnem eius memoriam aboleri. si quis igitur tali contractu laborat, hanc sanctione respiret, quae cum praeteritis praesentia quoque depellit et futura prohibet. creditores enim re amissa iubemus recuperare quod dederunt, *D. ii k. Febr. Serdicae Constantino A. vii et Constantio C. Conss.* *<a. 326>*

C. 8. 33. 3. 1 ***Imp. Iust. A. Demostheni***

Sancimus itaque, si quis rem creditori suo pignoraverit, si quidem in pactione cautum est, quemadmodum debet pignus distrahi, sive in tempore sive in aliis conventionibus ea observari, de quibus inter creditorem et debitorem conventum est. Sin autem nulla pactio intercesserit, licentia dabitur foeneratori ex denuntiatione vel ex sententia iudiciali post biennium, ex quo attestatio missa est vel sententia prolataest, numerandum, eam vendere.

D. 20，6，8pr. 马尔西安：《论抵押规则》单卷本

有体物消灭，质权或抵押权随之消灭，就像用益权消灭一样。

C. 7，36，1 高尔迪安皇帝致魏莱莉娅

就请求返还质物的债权人而言，如果长期取得时效（longi temporis praescriptio）的完成证实他长期沉默，那么只要债务人或其继承人继续占有质物，他便不能提起有效的诉讼。当占有人以长期取得时效的完成对抗债权人时，后者只能对债务人提起对人之诉。

C. 8，34，3pr. 君士坦丁皇帝致民众

考虑到其他权利的滥用，特别是质权的流质条款将加重债务负担时，我们认为令该条款无效是正确的，并且在将来也不再重提此事。因此，如果有人受困于此类约定，可以根据这项谕令而给与拒绝，因为该项谕令既可以拒绝此前的或者现有的流质约定，同时也可以禁止将来的流质约定。我们命令那些丧失质物的债权人收回该质物。（塞尔迪凯执政，公元326年于君士坦丁堡）

C. 8，33，3，1 君士坦丁皇帝致民众

因此，如果某人将某物质押给其债权人，并且通过简约约定了该物在何种情况下被出售，应当既考查一下期间，也考查债权人与债务人之间约定的其他内容。但是如果没有做任何约定的话，那么将允许债权人在下列情况下将物出售：通知、或者通知满二年后的判决，或者在判决宣布后。

C. 8. 33. 3. 2 ***Imp. Iust. A. Demostheni***

Sin vero nemo est, qui comparare eam maluerit, et necessarium fiat creditori saltem sibi eam iure dominii possidere, in huiusmodi casibus causam esse observandam censemus, ut, sive praesens sit debitor, denuntiatio ei scilicet post biennium mittatur, sive abfuerit, provinciale tribunal creditor petat, et iudicem certiorare festinet, quatenus ille eum requisierit, certo tempore super hoc ab eo statuendo, ut fiat debitori manifestum per apparitionem iudicis, quod a creditore petitum est, et certum tempus statuatur, intra quod si fuerit inventus, debet qui pecunias creditas accepit, debitum offerre et pignus recuperare.

C. 8. 33. 3. 3 ***Imp. Iust. A. Demostheni***

Sin autem nullatenus fuerit inventus, iudex certum tempus definiat, intra quod licentia ei dabitur sese manifestare et offerre pecunias et pignus a pignoratione liberare. Sin autem in tempore statuto vel minime fuerit inventus vel creditam pecuniam totam offerre noluerit, tunc creditor adeat culmen principale, et precibus porrectis iure dominii habere eandem rem expetat, habeatque ex divino oraculo eam in suo dominio [...] *D. xv. k. April. Constantinopoli Lampaclio et Oreste vv. cc. coss.* *<a. 530>*

C. 8，33，3，2 君士坦丁皇帝致民众

不过，如果没有人有意购买之，或者债权人有必要像所有权人那样占有之，我们认为在这些情况中应当核实是否存在着一项理由，即，如果债务人就在当地，在满二年之后向其发出一项通知；如果债务人在远方，那么债权人则向行省的法官提起诉讼，在向法官说明了他是如何寻找债务人的情况后，由法官确定一个期间以便让法官的助手通知债务人；也就是说根据债权人的要求，法官确定一个期间并且在该期间内如果找到了债务人，则当时取得借款的人应当支付债务以获得质押物。

C. 8，33，3，3 君士坦丁皇帝致民众

但是如果通过各种方式都没有找到债务人，法官可以确定一个期限并且在此期限内允许债权人寻找愿意出价以使得质押物免除质权负担的人。如果随后在这个期限内没有找到愿意偿还借款的人，那么债权人可以寻求皇帝的帮助，提出以不受他人侵扰的方式拥有该物的请求，根据皇帝的命令可以获得该物的所有权。（兰巴蒂和奥雷斯特执政，公元530年）

24
De possessione

24. 1 Quid sit possessio et quae res possideri possint

D. 41. 2. 1pr. ***Paulus* 54 *ad edictum***

Possessio appellata est, ut et Labeo ait, a sedibus quasi positio, quia naturaliter tenetur ab eo qui ei insistit, quam graeci dicunt.

D. 41. 2. 3. 5 ***Paulus 54 ad edictum***

Ex contrario plures eandem rem in solidum possidere non possunt: contra naturam quippe est, ut, cum ego aliquid teneam, tu quoque id tenere videaris. Sabinus tamen scribit eum qui precario dederit et ipsum possidere et eum qui precario acceperit. idem Trebatius probabat existimans posse alium iuste, alium iniuste possidere, duos iniuste vel duos iuste non posse. quem Labeo reprehendit, quoniam in summa possessionis non multum interest, iuste quis an iniuste possideat: quod est verius. non magis enim eadem possessio apud duos esse potest, quam ut tu stare videaris in eo loco, in quo ego sto, vel in quo ego sedeo, tu sedere videaris.

24
占有

24.1　占有和能够被占有的物

D. 41, 2, 1pr.　保罗:《论告示》第54卷

正如拉贝奥所说，坐在某个地方即所谓占有（possessio），因为那个地方自然被位于其上的人占据着。希腊人将“占有”称为“卡托克乌”。

D. 41, 2, 3, 5　保罗:《论告示》第64卷

相反，几个人并不能相互排他地占有同一物，因为当我占有某物时你也被视为占有它，这是违反自然的。然而萨宾写道，让与某物的人可以不确定地占有某物，而受让人也可以不确定地占有它。特雷巴蒂也赞同此观点，同时他认为，一个人可以非正当地占有而另一个人可以正当地占有，但两个人不能同时非正当地占有或正当地占有。拉贝奥不同意此观点，他说就占有而言，一个人是正当占有还是非正当占有并不重要。此观点是正确的，因为就像你不能站在或坐在我所站的或坐的地方一样，在两个人之间不可能存在同一个占有。

D. 41. 2. 3. pr. ***Paulus 54 ad edictum***

Possideri autem possunt, quae sunt corporalia.

D. 41. 2. 30pr. ***Paulus 15 ad Sab.***

Qui universas aedes possedit, singulas res, quae in aedificio sunt, non videtur possedisse. idem dici debet et de nave et de armario.

D. 41. 2. 3. 21 ***Paulus 54 ad edictum***

Genera possessionum tot sunt, quot et causae adquirendi eius quod nostrum non sit, velut pro emptore: pro donato: pro legato: pro dote: pro herede: pro noxae dedito: pro suo, sicut in his, quae terra marique vel ex hostibus capimus vel quae ipsi, ut in rerum natura essent, fecimus. et in summa magis unum genus est possidendi, species infinitae.

D. 41. 2. 3. 22 ***Paulus 54 ad edictum***

Vel etiam potest dividi possessionis genus in duas species, ut possideatur aut bona fide aut non bona fide.

D. 41. 2. 3. 23 ***Paulus 54 ad edictum***

Quod autem Quintus Mucius inter genera possessionum posuit, si quando iussu magistratus rei servandae causa possidemus, ineptissimum est: nam qui creditorem rei servandae causa vel quia damni infecti non caveatur, mittit in possessionem vel ventris nomine, non possessionem, sed custodiam rerum et observationem concedit: et ideo, cum damni infecti non cavente vicino in possessionem missi sumus, si id longo tempore fiat, etiam possidere nobis et per longam possessionem capere praetor causa cognita permittit.

D. 41，2，3pr. 保罗:《论告示》第 54 卷

只有有体物才能成为占有的标的。

D. 41，2，30pr. 保罗:《论萨宾》第 15 卷

不能认为占有某一建筑物的人已占有建筑物上的单个物。这一规则同样适用于船和柜。

D. 41，2，3，21 保罗:《论告示》第 54 卷

占有的种类跟取得不属于我们之物的原因一样多，如买受人的占有、基于赠与的占有、基于遗赠的占有、对嫁资的占有、继承人的占有、基于损害投偿的占有、对自己之物的占有，以及对我们从地上、海上及敌人那里取得之物或我们自己生产之物的占有。总之，占有的性质是一样的，其种类却不胜枚举。

D. 41，2，3，22 保罗:《论告示》第 54 卷

占有可以被分为两类：或善意占有，或恶意占有。

D. 41，2，3，23 保罗:《论告示》第 54 卷

然而库伊特·穆齐把我们根据地方行政官的命令为保管物而进行的“占有”列入占有之内，这是极不确切的。因为地方行政官命令某人“占有”物或是为了保管物，或是由于无潜在损害之要式口约，或是为了胎儿的利益，他所允许的不是对物的占有，而只是对物的看管。因此，当我们因邻居未提供潜在损害之要式口约而被特准占有某物时，如果这种“占有”已经过很长时间，那么裁判官在查明情况后将允许我们占有物，并允许我们通过长期占有取得物之所有权。

24. 2 De adquirenda vel amittenda possessione

(D. 41. 2; C. 7. 32)

24. 2. 1 Quis apisci possessionem possit

D. 41. 2. 1. 2 ***Paulus 54 ad edictum***

Apiscimur autem possessionem per nosmet ipsos.

D. 41. 2. 1. 5 ***Paulus 54 ad edictum***

Item adquirimus possessionem per servum aut filium, qui in potestate est, et quidem earum rerum, quas peculiariter tenent, etiam ignorantes, sicut Sabino et Cassio et Iuliano placuit, quia nostra voluntate intellegantur possidere, qui eis peculium habere permiserimus. igitur ex causa peculiari et infans et furiosus adquirunt possessionem et usucapiunt, et heres, si hereditarius servus emat.

D. 41. 2. 1. 8 ***Paulus 54 ad edictum***

Per eum, in quo usum fructum habemus, possidere possumus, sicut ex operis suis adquirere nobis solet: nec ad rem pertinet, quod ipsum non possidemus: nam nec filium.

D. 41. 2. 49pr. ***Papinianus 2 def.***

Possessio quoque per servum, cuius usus fructus meus est, ex re mea vel ex operis servi adquiritur mihi, cum et naturaliter a fructuario teneatur et plurimum ex iure possessio mutuetur.

24.2 占有的取得和丧失
(D. 41, 2; C. 7, 32)

24.2.1 能够取得占有的人

D. 41，2，1，2 保罗:《论告示》第54卷

我们通过我们自己取得占有。

D. 41，2，1，5 保罗:《论告示》第54卷

同样，我们还通过处于我们的权力下的奴隶和家子取得占有，并通过他们取得其特有产的占有，尽管我们未意识到这一点。这是萨宾、卡西和尤里安的观点。因为我们允许他们拥有特有产，他们被视为在按照我们的意志进行占有，因此一个幼儿（infans）或精神病人（furiosus）也可因特有产而取得占有，并可通过时效取得物之所有权。要是作为遗产一部分的某个奴隶购买了某物，继承人便取得对该物的占有。

D. 41，2，1，8 保罗:《论告示》第54卷

我们可以通过我们对之享有用益权的奴隶进行占有，就像我们通常以其服务取得占有一样。我们不占有他并不重要，因为我们也不占有家子。

D. 41，2，49pr. 帕比尼安:《论定义》第2卷

我还通过我对之享有用益权的奴隶以我之物或以其服务取得占有，因为奴隶自然为用益权人所持有，且取得的占有完全依赖于用益权。

D. 41. 2. 49. 1 ***Papinianus 2 def.***

Qui in aliena potestate sunt, rem peculiarem tenere possunt, habere possidere non possunt, quia possessio non tantum corporis, sed et iuris est.

D. 41. 2. 24 ***Iavolenus 14 epist.***

Quod servus tuus ignorante te vi possidet, id tu non possides, quoniam is, qui in tua potestate est, ignoranti tibi non corporalem possessionem, sed iustam potest adquirere: sicut id, quod ex peculio ad eum pervenerit, possidet. nam tum per servum dominus quoque possidere dicitur, summa scilicet cum ratione, quia, quod ex iusta causa corporaliter a servo tenetur, id in peculio servi est et peculium, quod servus civiliter quidem possidere non posset, sed naturaliter tenet, dominus creditur possidere. Quod vero ex maleficiis adprehenditur, id ad domini possessionem ideo non pertinet, quia nec peculii causam adprehendit.

D. 41. 2. 44. 1 ***Papinianus 23 quaest.***

Quaesitum est, cur ex peculii causa per servum ignorantibus possessio quaereretur. dixi utilitatis causa iure singulari receptum, ne cogerentur domini per momenta species et causas peculiorum inquirere. nec tamen eo pertinere speciem istam, ut animo videatur adquiri possessio: nam si non ex causa peculiari quaeratur aliquid, scientiam quidem domini esse necessariam, sed corpore servi quaeri possessionem.

D. 41，2，49，1 帕比尼安：《论定义》第 2 卷

处于他人权力下的人可以持有某一特有产，但他们不能占有它，因为占有不仅是一种事实，而且是一种权利。

D. 41，2，24 雅沃伦：《书信集》第 14 卷

你并不占有你的奴隶在你不知道的情况下以暴力占有之物，因为处于你的权力下的人在你不知道的情况下可为你取得的不是事实上的占有（corporalis possessio），而是正当的占有（possessio justa），就像他占有以特有产名义取得之物一样。尚需指出，主人还可以通过其奴隶占有物，这是非常合理的，因为事实上奴隶以正当理由持有之物是奴隶的特有产。奴隶不能依市民法占有而可依自然法持有之特有产，被视为其主人的占有标的。然而，奴隶因私犯（maleficium）取得之占有不属于其主人，因为他非以特有产为由取得它。

D. 41，2，44，1 帕比尼安：《论问题》第 23 卷

问题是：为什么不知道已通过奴隶以特有产名义取得占有的人能取得那一占有？我说此规定是为了方便，即让主人不必在任何时候都调查特有产的种类及取得原因。然而这并不意味着有了占有之意思（animus），占有即被取得。实际上，要是某物非以特有产名义被取得，所有人必须具有占有之意思，而占有之事实是通过其奴隶实现的。

24. 2. 2 Quomodo apisci possessionem possit

D. 41. 2. 3. 1 ***Paulus 54 ad edictum***

Et apiscimur possessionem corpore et animo, neque per se animo aut per se corpore. quod autem diximus et corpore et animo adquirere nos debere possessionem, non utique ita accipiendum est, ut qui fundum possidere velit, omnes glebas circumambulet: sed sufficit quamlibet partem eius fundi introire, dum mente et cogitatione hac sit, uti totum fundum usque ad terminum velit possidere.

D. 41. 2. 3. 2 ***Paulus 54 ad edictum***

Incertam partem rei possidere nemo potest, veluti si hac mente sis, ut quidquid Titius possidet, tu quoque velis possidere.

D. 41. 2. 3. 3 ***Paulus 54 ad edictum***

Neratius et Proculus et solo animo non posse nos adquirere possessionem, si non antecedat naturalis possessio. ideoque si thensaurum in fundo meo positum sciam, continuo me possidere, simul atque possidendi affectum habuero, quia quod desit naturali possessioni, id animus implet. ceterum quod Brutus et Manilius putant eum, qui fundum longa possessione cepit, etiam thensaurum cepisse, quamvis nesciat in fundo esse, non est verum: is enim qui nescit non possidet thensaurum, quamvis fundum possideat. sed et si sciat, non capiet longa possessione, quia scit alienum esse. quidam putant Sabini sententiam veriorem esse nec alias eum qui scit possidere, nisi si loco motus sit, quia non sit sub custodia nostra: quibus consentio.

24.2.2. 取得占有的条件

D. 41，2，3，1 保罗:《论告示》第54卷

我们取得占有须有占有之事实（corpus）与占有之意思。只凭占有之意思或占有之事实不能取得占有。然而，我们所说的“我们取得占有须有占有之事实及占有之意思”，当然不能被理解为谁想占有某块土地谁就应走遍那块土地的每一部分，而是说只要他进入那块土地的任何一部分即可，因为他有占有之意思，且具有占有那块土地直至其地界之意思。

D. 41，2，3，2 保罗:《论告示》第54卷

没有一个人可以占有某物的不确定部分，就像你想占有铁裘斯占有之物一样。

D. 41，2，3，3 保罗:《论告示》第54卷

内拉蒂和普罗库勒认为，我们不能只凭占有之意思取得占有，除非事先存在对物的自然占有（naturalis possessio）。因此，如果我知道有件埋藏物被埋于我的地下，一旦我有了占有之意思，我便占有了它，因为自然占有所缺少的由占有之意思来补充。此外，布鲁图（Brutus）和马尼流（Manilius）认为，通过长期占有时效取得一块土地的所有权的人，也通过取得时效取得埋藏物的所有权，尽管他不知道在那块地下有埋藏物。此观点是不正确的。因为不知道有埋藏物的人，虽占有土地，但并不占有埋藏物。即使他知道有埋藏物，也不能通过长期占有时效取得埋藏物的所有权，因为他知道它是别人的。一些人认为萨宾的意见较正确，即知道有埋藏物的人，只有在埋藏物从地下被取出时才占有它，因为在此之前它不在其掌握之中。我同意这些人的观点。

D. 41. 2. 3. 4 ***Paulus 54 ad edictum***

Ex plurimis causis possidere eandem rem possumus, ut quidam putant et eum, qui usuceperit et pro emptore, et pro suo possidere: sic enim et si ei, qui pro emptore possidebat, heres sim, eandem rem et pro emptore et pro herede possideo: nec enim sicut dominium non potest nisi ex una causa contingere, ita et possidere ex una dumtaxat causa possumus.

D. 41. 2. 1. 3 ***Paulus 54 ad edictum***

Furiosus, et pupillus sine tutoris auctoritate, non potest incipere possidere, quia affectionem tenendi non habent, licet maxime corpore suo rem contingant, sicuti si quis dormienti aliquid in manu ponat. sed pupillus tutore auctore incipiet possidere. ofilius quidem et nerva filius etiam sine tutoris auctoritate possidere incipere posse pupillum aiunt: eam enim rem facti, non iuris esse: quae sententia recipi potest, si eius aetatis sint, ut intellectum capiant.

D. 41. 2. 32. 2 ***Paulus 15 ad Sab.***

Infans possidere recte potest, si tutore auctore coepit, nam iudicium infantis suppletur auctoritate tutoris: utilitatis enim causa hoc receptum est, nam alioquin nullus sensus est infantis accipiendi possessionem. Pupillus tamen etiam sine tutoris auctoritate possessionem nancisci potest. Item infans peculiari nomine per servum possidere potest.

D. 41，2，3，4 保罗：《论告示》第54卷

就像一些人认为的那样，我们可以各种名义占有同一个物。因此，通过时效取得物之所有权的人可以买受人的名义及他自己的名义占有物。这样，如果我变成了以买受人名义占有物的人的继承人，我便可以买受人及继承人的名义占有同一个物。然而，就像所有权只能基于某一个原因被取得一样，我们只能基于某一个原因取得占有。

D. 41，2，1，3 保罗：《论告示》第54卷

精神病人及未达适婚年龄之被监护人未经其监护人同意，不能开始占有。因为他们虽经常以身体触摸物，但并无占有之意思，这就像把某物放在睡觉的人手中一样。但是未达适婚年龄之被监护人经其监护人同意将开始占有物。奥菲里和年青的内尔瓦说，未达适婚年龄之被监护人未经其监护人同意也可开始占有，因为占有是一种事实，而非权利。如果他达到具有理解能力的年龄，此观点便可被接受。

D. 41，2，32，2 保罗：《论萨宾》第15卷

如果一个幼儿经其监护人同意而取得占有，他便能合法地占有，因为其判断力已为其监护人的同意所补充。允许这样是为了方便，还因为在取得占有时幼儿没有辨别能力。然而，未达适婚年龄之被监护人未经其监护人同意，也可以取得占有。同样，幼儿可通过奴隶以特有产名义进行占有。

D. 41. 2. 1. 22 ***Paulus 54 ad edictum***

Municipes per se nihil possidere possunt, quia universi consentire non possunt. forum autem et basilicam hisque similia non possident, sed promiscue his utuntur. sed nerva filius ait, per servum quae peculiariter adquisierint et possidere et usucapere posse: sed quidam contra putant, quoniam ipsos servos non possideant.

D. 41. 2. 41 ***Paulus 1 institutionum***

Qui iure familiaritatis amici fundum ingreditur, non videtur possidere, quia non eo animo ingressus est, ut possideat, licet corpore in fundo sit.

D. 41. 2. 1. 9 ***Paulus 54 ad edictum***

Ceterum et ille per quem volumus possidere, talis esse debet, ut habeat intellectum possidendi.

24. 2. 3 Quomodo possessionem retinemus

D. 41. 2. 3. 7 ***Paulus 54 ad edictum***

Sed et si animo solo possideas, licet alius in fundo sit, adhuc tamen possides.

D. 41. 2. 3. 8 ***Paulus 54 ad edictum***

Si quis nuntiet domum a latronibus occupatam et dominus timore conterritus noluerit accedere, amisisse eum possessionem placet. quod si servus vel colonus, per quos corpore possidebam, decesserint discesserintve, animo retinebo possessionem.

D. 41, 2, 1, 22 保罗:《论告示》第54卷

自治城的全体居民不能占有任何物，因为全体人的同意是不可能的。因此他们不能占有某个市场、大会堂及类似之物，但可以共同使用它们。然而年青的内尔瓦说，他们可以通过奴隶占有作为特有产取得之物，并可通过时效取得它们的所有权。但一些人持相反的观点，因为他们并未占有这些奴隶。

D. 41, 2, 41 保罗:《法学阶梯》第1卷

基于友谊而进入其朋友的土地的人，不能被视为已占有那块土地。因为，虽然他有呆在那块土地上的事实，但他在进入那块土地时无占有它的意思。

D. 41, 2, 1, 9 保罗:《论告示》第54卷

此外，当我们想通过他人进行占有时，该他人也必须是具有占有之意思的人。

24.2.3 占有的保持

D. 41, 2, 3, 7 保罗:《论告示》第54卷

但是，如果只有你具有占有之意思，那么即使别人在那块土地上，你也将继续占有它。

D. 41, 2, 3, 8 保罗:《论告示》第54卷

若某人通知房屋所有人其房屋已被盗贼们占据，而惊恐的房屋所有人不愿回到那里，便应认为他将丧失占有。如果我借以进行事实上占有的奴隶或佃农离去或死亡，我便只保留着占有之意思。

D. 41. 2. 3. 11 ***Paulus 54 ad edictum***

Saltus hibernos aestivosque animo possidemus, quamvis certis temporibus eos relinquamus.

D. 41. 2. 3. 12 ***Paulus 54 ad edictum***

Ceterum animo nostro, corpore etiam alieno possidemus, sicut diximus per colonum et servum, nec movere nos debet, quod quasdam etiam ignorantes possidemus, id est quas servi peculiariter paraverunt: nam videmur eas eorundem et animo et corpore possidere.

D. 41. 2. 3. 13 ***Paulus 54 ad edictum***

Nerva filius res mobiles excepto homine, quatenus sub custodia nostra sint, hactenus possideri, id est quatenus, si velimus, naturalem possessionem nancisci possimus. nam pecus simul atque aberraverit aut vas ita exciderit, ut non inveniatur, protinus desinere a nobis possideri, licet a nullo possideatur: dissimiliter atque si sub custodia mea sit nec inveniatur, quia praesentia eius sit et tantum cessat interim diligens inquisitio.

D. 41. 2. 3. 14 ***Paulus 54 ad edictum***

Item feras bestias, quas vivariis incluserimus, et pisces, quos in piscinas coiecerimus, a nobis possideri. sed eos pisces, qui in stagno sint, aut feras, quae in silvis circumseptis vagantur, a nobis non possideri, quoniam relictae sint in libertate naturali: alioquin etiam si quis silvam emerit, videri eum omnes feras possidere, quod falsum est.

D. 41, 2, 3, 11 保罗:《论告示》第54卷

虽然在一年中的一定时间内我们离开了夏天和冬天放牧的牧场，但我们具有占有它们的意思。

D. 41, 2, 3, 12 保罗:《论告示》第54卷

此外，正如我们就通过奴隶及佃农进行占有所说的一样，我们具有占有之意思，通过他人具有占有之事实，占有属于我们。这使我们不必关心我们尚不知道自己占有某些物，即奴隶以特有产名义取得的那些物。因为就这些物而言，我们被视为具有占有它们之意思及占有它们之事实。

D. 41, 2, 3, 13 保罗:《论告示》第54卷

年青的内尔瓦说，除奴隶外的动产，只要处于我们的看管之下，便为我们所占有，即只要我们愿意，我们便可以对它进行自然占有。一旦一个动物走失或一个盆被遗失，以致不能被找到，它便立即不再为我们所占有，尽管它未被别的任何人占有。这与虽不能被马上找到但仍处于我们看管下之物的情况不同，因为它仍在那里，只是需要我们努力寻找。

D. 41, 2, 3, 14 保罗:《论告示》第54卷

同样，我们关在圈里的野兽及放在鱼池中的鱼为我们所占有。但是在湖里的鱼或在被圈起来的林中漫游的野兽不为我们所占有，因为它们回到了无拘无束的自然状态。另一种观点认为，如果一个人购买了一片丛林，他便被视为占有了该丛林中的全部野兽。此观点是错误的。

D. 41. 2. 25. 2 ***Pomponius 23 ad Quintum Mucium***

Quod autem solo animo possidemus, quaeritur, utrumne usque eo possideamus, donec alius corpore ingressus sit, ut potior sit illius corporalis possessio, an vero (quod quasi magis probatur) usque eo possideamus, donec revertentes nos aliquis repellat aut nos ita animo desinamus possidere, quod suspicemur repelli nos posse ab eo, qui ingressus sit in possessionem: et videtur utilius esse.

D. 46. 2. 27 ***Papinianus 3 resp.***

Emptor cum delegante venditore pecuniam ita promittit: "quidquid ex vendito dare facere oportet", novatione secuta usuras neutri post insecuti temporis debet.

D. 41. 2. 1. 14 ***Paulus 54 ad edictum***

Per servum, qui in fuga sit, nihil posse nos possidere nerva filius ait, licet respondeatur, quamdiu ab alio non possideatur, a nobis eum possideri ideoque interim etiam usucapi. sed utilitatis causa receptum est, ut impleatur usucapio, quamdiu nemo nactus sit eius possessionem. possessionem autem per eum adquiri, sicut per eos, quos in provincia habemus, Cassii et Iuliani sententia est.

24. 2. 4 Quomodo possessionem amittimus

D. 50. 17. 153 ***Paulus 65 ad edictum***

Fere quibuscumque modis obligamur, isdem in contrarium actis liberamur, cum quibus modis adquirimus, isdem in contrarium actis amittimus. ut igitur nulla possessio adquiri nisi animo et corpore potest, ita nulla amittitur, nisi in qua utrumque in contrarium actum est.

D. 41, 2, 25, 2 彭波尼:《论库伊特·穆齐》第23卷

然而就我们仅以占有之意思占有之物而言，产生的问题是：我们是在他人事实上占有它之前才占有它以至于他人的事实上的占有更具效力，还是（很多人赞成的观点）在他人不拒绝我们占有它之前或在我们因怀疑另一个人可能拒绝我们占有而停止以占有之意思占有它之前才占有它？后一观点被认为是较正确的。

D. 46, 2, 27 帕比尼安:《解答》第3卷

如果买受人同委托的出卖人就一笔财产订立要式口约“一切须按出卖合同给（dare）或为（facere）”，那么在债变更之后产生的利息将不属于两人中的任何一个人。

D. 41, 2, 1, 14 保罗:《论告示》第54卷

年青的内尔瓦说，我们不能通过逃亡奴隶占有任何一种物，尽管有人认为他未被别人占有而仍为我们所占有，甚至可能被我们通过时效取得。出于方便考虑，只要无别的人占有他，便认为可以对他实行时效取得。然而卡西和尤里安认为，就像我们可以通过我们在行省的奴隶取得占有一样，我们可以通过逃亡奴隶取得占有。

24.2.4 占有的丧失

D. 50, 17, 153 保罗:《论告示》第65卷

同样，我们通过哪些方式承担债务，亦通过与之相反的方式被免除债务；我们以哪些方式取得所有权，亦通过与之相反的方式丧失所有权。因此，就像若无占有之意思及占有之事实便不能取得占有一样，如果你未失去占有之意思与占有之事实，便未丧失占有。

D. 41. 2. 3. 6 ***Paulus 54 ad edictum***

In amittenda quoque possessione affectio eius qui possidet intuenda est: itaque si in fundo sis et tamen nolis eum possidere, protinus amittes possessionem. igitur amitti et animo solo potest, quamvis adquiri non potest.

D. 41. 2. 3. 9 ***Paulus 54 ad edictum***

Et si alii tradiderim, amitto possessionem. nam constat possidere nos, donec aut nostra voluntate discesserimus aut vi deiecti fuerimus.

D. 41. 2. 3. 10 ***Paulus 54 ad edictum***

Si servus, quem possidebam, pro libero se gerat, ut fecit spartacus, et iudicium liberale pati paratus sit, non videbitur a domino possideri, cui se adversarium praeparat. sed hoc ita verum est, si diu in libertate moratur: alioquin si ex possessione servitutis in libertatem reclamaverit et liberale iudicium imploraverit, nihilo minus in possessione mea est et animo eum possideo, donec liber fuerit pronuntiatus.

D. 41. 2. 29 ***Ulpianus 30 ad Sab.***

Possessionem pupillum sine tutoris auctoritate amittere posse constat, non ut animo, sed ut corpore desinat possidere: quod est enim facti, potest amittere. alia causa est, si forte animo possessionem velit amittere: hoc enim non potest.

D. 41. 2. 30. 1 ***Paulus 15 ad Sab.***

Possessionem amittimus multis modis, veluti si mortuum in eum locum intulimus, quem possidebamus: namque locum religiosum aut sacrum non possumus possidere, etsi contemnamus religionem et pro privato eum teneamus, sicut hominem liberum.

D. 41，2，3，6 保罗:《论告示》第54卷

就丧失占有而言，还必须考虑占有人之意思。假如你在土地上而不想占有它，你将立即失去占有。因此虽然占有不能仅凭占有之意思被取得，但可因无占有之意思而丧失。

D. 41，2，3，9 保罗:《论告示》第54卷

如果我将某物交付给他人，我便失去对它的占有。因为很清楚，我们在自愿放弃占有或被暴力驱逐之前才占有物。

D. 41，2，3，10 保罗:《论告示》第54卷

如果我占有的奴隶像斯巴达克斯（Spartacus）那样，像自由人一样行动，并准备进行关于自由权的诉讼，那么他不能被视为将在法庭上成为其对手的主人的占有标的。倘若他长期处于自由状态，此观点便是正确的；反之，要是他在被作为奴隶占有后主张他有自由权并请求提起关于自由权的诉讼，那么他仍是我的占有标的，并且我可以占有之意思占有他，直至其被宣告为自由人。

D. 41，2，29 乌尔比安:《论萨宾》第30卷

虽然无监护人的同意未达适婚年龄之被监护人也可能失去占有，但他失去的只是事实上的占有而非占有之意思，因为实际上他只可能失去事实上的占有。如果他想放弃占有之意思，情况却有所不同，因为他不能那样做。

D. 41，2，30，1 保罗:《论萨宾》第15卷

我们失去占有的方式很多，如我们把一个死者埋葬于我们占有的土地上。因为就像我们不能占有自由人一样，我们不能占有安魂之地或圣地，尽管我们藐视宗教而把那块土地视为私人的。

D. 41. 2. 30. 3 ***Paulus 15 ad Sab.***

Item quod mari aut flumine occupatum sit, possidere nos desinimus, aut si is qui possidet in alterius potestatem pervenit.

D. 41. 2. 12. 1 ***Ulpianus 70 ad edictum***

Nihil commune habet proprietas cum possessione: et ideo non denegatur ei interdictum uti possidetis, qui coepit rem vindicare: non enim videtur possessioni renuntiasse, qui rem vindicavit.

D. 50. 17. 119pr. ***Ulpianus 13 ad edictum***

Non alienat, qui dumtaxat amittit possessionem.

24. 3 De interdictis retinendae aut reciperandae possessionis

(J. 4. 15. 4-6; D. 43. 16-17 e 31; C. 8. 4-6)

24. 3. 1 De interdicto unde vi reciperandae possessionis

D. 43. 16. 1pr. ***Ulpianus 69 ad edictum***

Praetor ait: "unde tu illum vi deiecisti aut familia tua deiecit, de eo quaeque ille tunc ibi habuit tantummodo intra annum, post annum de eo, quod ad eum qui vi deiecit pervenerit, iudicium dabo."

D. 41，2，30，3 保罗：《论萨宾》第15卷

同样，我们将失去被大海或河水淹没之地的占有；或如果占有人变成了他权人（他便失去占有）。

D. 41，2，12，1 乌尔比安：《论告示》第70卷

所有权同占有无共同之处（nihil commune habet）。因为请求返还某物的人不被视为已放弃占有，所以请求返还某物的人将不会拒绝“保护不动产占有令状”。

D. 50，17，119 乌尔比安：《论告示》第13卷

丧失占有并非意味着进行了买卖。

24.3 保护占有和恢复占有的令状

(J. 4，15，4~6；D. 43，16~17和31；C. 8，4~6)

24.3.1 因“暴力驱逐”引发的恢复占有令状

D. 43，16，1pr. 乌尔比安：《论告示》第6卷

裁判官说：“如果你或你的奴隶以暴力驱逐某人，那么我将发出一个在一年之内有效的令状，使其重新获得因暴力驱逐而失去占有之物；在一年之后将发出一个令状，使暴力驱逐者返还其因暴力占有而获得的利益。”

D. 43. 16. 1. 2 ***Ulpianus 69 ad edictum***

Ne quid autem per vim admittatur, etiam legibus Iuliis prospicitur publicorum et privatorum nec non et constitutionibus principum.

D. 43. 16. 1. 3 ***Ulpianus 69 ad edictum***

Hoc interdictum non ad omnem vim pertinet, verum ad eos, qui de possessione deiciuntur. ad solam autem atrocem vim pertinet hoc interdictum, et ad eos tantum, qui de solo deiciuntur, ut puta de fundo sive aedificio: ad alium autem non pertinet.

D. 43. 16. 1. 4 ***Ulpianus 69 ad edictum***

Et si quis de area deiectus sit, sine dubio interdicto locus est: et generaliter ad omnes hoc pertinet interdictum, qui de re solo cohaerenti deiciuntur: qualisqualis enim fuerit locus, unde quis vi deiectus est, interdicto locus erit.

D. 43. 16. 1. 5 ***Ulpianus 69 ad edictum***

Proinde et si superficiaria insula fuerit, qua quis deiectus est, apparet interdicto fore locum.

D. 43. 16. 1. 6 ***Ulpianus 69 ad edictum***

Illud utique in dubium non venit interdictum hoc ad res mobiles non pertinere: nam ex causa furti vel vi bonorum raptorum actio competit: potest et ad exhibendum agi. plane si quae res sint in fundo vel in aedibus, unde quis deiectus est, etiam earum nomine interdictum competere non est ambigendum.

D. 43，16，1，2 乌尔比安:《论告示》第 69 卷

为了不许以暴力获得某物，“尤里亚法”就像皇帝宪令那样对暴力占有公、私财产作了规定。

D. 43，16，1，3 乌尔比安:《论告示》第 69 卷

此令状并非涉及所有的暴力行为。它由受到暴力驱逐而失去占有的人使用。该讼状只涉及残酷的暴力行为。只有从地上被逐出的人，如从一块地上或从一个建筑物内被逐出的人，才有权使用它，其他人无权使用。

D. 43，16，1，4 乌尔比安:《论告示》第 69 卷

如果某人被逐出其占有的土地，毫无疑问，此令状将被适用。通常，被逐离定着于地上之物的人有权使用该令状，因为不管某人被逐出的那个地方是什么地方，只要是不动产，便将适用此令状。

D. 43，16，1，5 乌尔比安:《论告示》第 69 卷

若某人从其享有地上权的建筑物内被逐出，人们认为此令状将被适用。

D. 43，16，1，6 乌尔比安:《论告示》第 69 卷

无容置疑，此令状不适用于动产，因为对动产可适用盗窃之诉或暴力抢劫财产之诉。显然，如果一些物在农场上或在房屋内，而某人被逐离这些地方，无疑他有权使用此令状。

D. 43. 16. 1. 7 ***Ulpianus 69 ad edictum***

Si quis de nave vi deiectus est, hoc interdicto locus non est, argumento eius, qui de vehiculo detractus est, quem nemo dixit interdicto hoc uti posse.

D. 43. 16. 1. 8 ***Ulpianus 69 ad edictum***

Plane si quis de ligneis aedibus deiectus fuerit, nemo ambigit interdicto locum fore, quia qualequale sit quod solo cohaereat, inde qui vi deiectus est habet interdictum.

D. 43. 16. 1. 9 ***Ulpianus 69 ad edictum***

Deicitur is qui possidet, sive civiliter sive naturaliter possideat: nam et naturalis possessio ad hoc interdictum pertinet.

D. 43. 16. 1. 12 ***Ulpianus 69 ad edictum***

Deiecisse autem etiam is videtur, qui mandavit vel iussit, ut aliquis deieceretur: parvi enim referre visum est, suis manibus quis deiciat an vero per alium: quare et si familia mea ex voluntate mea deiecerit, ego videor deiecisse.

D. 43. 16. 1. 22 ***Ulpianus 69 ad edictum***

Quod servus vel procurator vel colonus tenent, dominus videtur possidere, et ideo his deiectis ipse deici de possessione videtur, etiamsi ignoret eos deiectos, per quos possidebat. et si quis igitur alius, per quem possidebam, deiectus fuerit, mihi competere interdictum nemini dubium est.

D. 43，16，1，7 乌尔比安：《论告示》第69卷

如果某人被他人以暴力逐下船，不适用此令状；某人从车上被逐下，也一样，从未有人说过他可以适用此令状。

D. 43，16，1，8 乌尔比安：《论告示》第69卷

当然，如果某人从木屋内被逐出，没有一个人怀疑将适用此令状。因为不管定着于地上之物是何物，被暴力逐出的人都有权使用此令状。

D. 43，16，1，9 乌尔比安：《论告示》第69卷

被驱逐的人必须是占有人，其占有或是市民法的占有或是自然占有，因为自然占有亦同此令状有关。

D. 43，16，1，12 乌尔比安：《论告示》第69卷

做出驱逐某人的命令或决定的人，也被视为驱逐了该人。因为人们认为，某人是自己亲自驱逐还是通过他人驱逐并不重要。因此，如果我的奴隶按我的意志实施了驱逐行为，我便被视为实施了驱逐行为。

D. 43，16，1，22 乌尔比安：《论告示》第69卷

一个奴隶、代理人或佃农持有之物，被视为其主人的占有标的。因此当这些人被驱逐时，其主人被视为被逐离了占有之物，尽管他不知道其借以进行占有的那些人已被驱逐。如果我通过其他任何一个人进行占有而该人被驱逐，那么无人怀疑我有权使用此令状。

D. 43. 16. 1. 24 ***Ulpianus 69 ad edictum***

Sive autem corpore sive animo possidens quis deiectus est, palam est eum vi deiectum videri. idcircoque si quis de agro suo vel de domo processisset nemine suorum relicto, mox revertens prohibitus sit ingredi vel ipsum praedium, vel si quis eum in medio itinere detinuerit et ipse possederit, vi deiectus videtur: ademisti enim ei possessionem, quam animo retinebat, etsi non corpore.

D. 43. 16. 1. 25 ***Ulpianus 69 ad edictum***

Quod volgo dicitur aestivorum hibernorumque saltuum nos possessiones animo retinere, id exempli causa didici Proculum dicere: nam ex omnibus praediis, ex quibus non hac mente recedemus, ut omississe omisisse possessionem vellemus, idem est.

D. 43. 16. 1. 26 ***Ulpianus 69 ad edictum***

Eum, qui neque animo neque corpore possidebat, ingredi autem et incipere possidere prohibeatur, non videri deiectum verius est: deicitur enim qui amittit possessionem, non qui non accipitur.

D. 43. 16. 1. 23 ***Ulpianus 69 ad edictum***

Interdictum autem hoc nulli competit nisi ei, qui tunc cum deiceretur possidebat, nec alius deici visus est quam qui possidet.

D. 43. 16. 3. 13 ***Ulpianus 69 ad edictum***

Interdictum necessarium fuisse fructuario apparet "si prohibeatur uti frui usu fructu fundi".

D. 43，16，1，24 乌尔比安：《论告示》第69卷

然而，如果具有占有之事实或具有占有之意思的人被驱逐，显然他被视为受到了暴力驱逐。因此，如果某人离开其土地或房屋而未留下人在那里，在返回时他被阻止进入其土地或某人在半道上就扣留了他并占有其土地，那么他被视为受到了暴力驱逐。因为，虽然他并未进行事实上的占有，但你剥夺了他通过占有之意思一直保持着的占有。

D. 43，16，1，25 乌尔比安：《论告示》第69卷

关于上述问题，我知道普罗库勒常举例说："我们通过占有之意思保持着对夏天和冬天的牧场的占有"，因为此规则适用于我们离开它们而无中止占有它们的意思的一切土地。

D. 43，16，1，26 乌尔比安：《论告示》第69卷

既无占有之意思又无占有之事实而被禁止进入和占有土地的人，不能被视为受到了暴力驱逐。此观点是正确的。因为受到暴力驱逐者是失去了占有的人，而非尚未开始占有的人。

D. 43，16，1，23 乌尔比安：《论告示》第69卷

然而，除了受到暴力驱逐的占有人外，其他人无权使用此令状。除了占有人，其他人不被视为受到了暴力驱逐。

D. 43，16，3，13 乌尔比安：《论告示》第69卷

如果用益权人被阻止享有一块土地的用益权，那么暴力令状便被视为他所必需的。

D. 43. 16. 3. 16 ***Ulpianus 69 ad edictum***

Item si non usus fructus, sed usus sit relictus, competit hoc interdictum. ex quacumque enim causa constitutus est usus fructus vel usus, hoc interdictum locum habebit.

D. 43. 16. 3. 14 ***Ulpianus 69 ad edictum***

Uti frui autem prohibuisse is videtur, qui vi deiecit utentem et fruentem aut non admisit, cum ex fundo exisset non usus fructus deserendi causa. ceterum si quis ab initio volentem incipere uti frui prohibuit, hoc interdictum locum non habet. quid ergo est? debet fructuarius usum fructum vindicare.

24. 3. 2 De interdicto uti possidetis retinendae possessionis

D. 43. 17. 1pr. ***Ulpianus 69 ad edictum***

Ait praetor: "uti eas aedes, quibus de agitur, nec vi nec clam nec precario alter ab altero possidetis, quo minus ita possideatis, vim fieri veto. de cloacis hoc interdictum non dabo. neque pluris, quam quanti res erit: intra annum, quo primum experiundi potestas fuerit, agere permittam".

D. 43. 17. 1. 2 ***Ulpianus 69 ad edictum***

Huius autem interdicti proponendi causa haec fuit, quod separata esse debet possessio a proprietate: fieri etenim potest, ut alter possessor sit, dominus non sit, alter dominus quidem sit, possessor vero non sit: fieri potest, ut et possessor idem et dominus sit.

D. 43，16，3，16 乌尔比安：《论告示》第69卷

同样，不管是用益权被遗赠还是使用权被遗赠，此令状皆可被适用。因为不管用益权或使用权基于什么原因被设定，都适用此令状。

D. 43，16，3，14 乌尔比安：《论告示》第69卷

以暴力驱逐用益权人或不许他进入其离开时无放弃用益权之意思的土地的人，被视为在以暴力阻止用益权人行使用益权。然而，若他在开始行使用益权时就遭到某人的阻止，则不适用此令状。为什么？因为用益权人应提起确认用益权之诉。

24. 3. 2 保护占有的“现状占有令状”

D. 43，17，1pr. 乌尔比安：《论告示》第69卷

裁判官说：“同另一个人相比你未以暴力、未秘密地或未不确定地占有争议之房屋，我便禁止他人为占有它而对你使用暴力。我不会就排水管发布此令状。根据此令状承担的责任限于赔偿损害。我将允许在一年之内适用此令状，时间从能适用该令状时起算。”

D. 43，17，1，2 乌尔比安：《论告示》第69卷

发布此令状的理由是占有应有别于所有权，因为可能发生一个人是占有人却非所有人，而另一个人是所有人却非占有人的情况，还可能发生某人既是占有人又是所有人的情况。

D. 43. 17. 1. 3 ***Ulpianus 69 ad edictum***

Inter litigatores ergo quotiens est proprietatis controversia, aut convenit inter litigatores, uter possessor sit, uter petitor, aut non convenit. si convenit, absolutum est: ille possessoris commodo, quem convenit possidere, ille petitoris onere fungetur. sed si inter ipsos contendatur, uter possideat, quia alteruter se magis possidere adfirmat, tunc, si res soli sit, in cuius possessione contenditur, ad hoc interdictum remittentur.

D. 43. 17. 1. 4 ***Ulpianus 69 ad edictum***

Est igitur hoc interdictum, quod volgo uti possidetis appellatur, retinendae possessionis (nam huius rei causa redditur, ne vis fiat ei qui possidet) et consequenter proponitur post interdictum unde vi. illud enim restituit vi amissam possessionem, hoc interdictum tuetur, ne amittatur possessio, denique praetor possidenti vim fieri vetat: et illud quidem interdictum obpugnat possessorem, hoc tuetur. et ut pedius ait, omnis de possessione controversia aut eo pertinet, ut, quod non possidemus, nobis restituatur, aut ad hoc, ut retinere nobis liceat quod possidemus. restitutae possessionis ordo aut interdicto expeditur aut per actionem: retinendae itaque possessionis duplex via est, aut exceptio aut interdictum. exceptio datur ex multis causis ei qui possidet.

D. 43. 17. 1. 5 ***Ulpianus 69 ad edictum***

Perpetuo autem hoc interdicto insunt haec: "quod nec vi nec clam nec precario ab illo possides."

D. 43，17，1，3 乌尔比安：《论告示》第69卷

因此每当就所有权发生争议时，在争议者之间，或是达成协议以确定谁是占有人及谁是要求确定所有权的人，或是未达成协议。若有此协议，问题便解决了：被商定为占有人的人将享有占有的利益，另一个将承担证明所有权属于他的负担。但是，如果对谁是占有人有争议（因为每个人都声称自己是占有人），且争议之标的为不动产，那么他们将求助于该令状。

D. 43，17，1，4 乌尔比安：《论告示》第69卷

通常被称为“保护不动产占有令状”的这个令状被用于保持占有，因为发布此令状是为了防止对占有人使用暴力。在裁判官的告示中它被列于“暴力令状”之后，因为后一种令状使因暴力而失去的占有得到恢复，前一种令状则使占有不被丧失。总之，裁判官禁止对占有人使用暴力；前一种令状用于保持占有人的占有，而后一种令状用于恢复占有人的占有。（正如贝蒂所说）关于占有的一切争议，其目的或是为了使我们丧失了占有之物被返还给我们，或是为了合法地保持我们占有之物。请求恢复占有的方式有两种：或通过令状，或通过诉讼。保持占有的方式也有两种：或通过抗辩，或通过令状。基于多种原因，抗辩权常被赋予占有人。

D. 43，17，1，5 乌尔比安：《论告示》第69卷

在此令状中总是包含下述语言：“同另一个人相比你未以暴力、未秘密地或未不确定地占有。”

D. 43. 17. 1. 9 ***Ulpianus 69 ad edictum***

Quod ait praetor in interdicto: "nec vi nec clam nec precario alter ab altero possidetis", hoc eo pertinet, ut, si quis possidet vi aut clam aut precario, si quidem ab alio, prosit ei possessio, si vero ab adversario suo, non debeat eum propter hoc quod ab eo possidet vincere: has enim possessiones non debere proficere palam est.

D. 43. 17. 2 ***Paulus 65 ad edictum***

Usta enim an iniusta adversus ceteros possessio sit, in hoc interdicto nihil refert: qualiscumque enim possessor hoc ipso, quod possessor est, plus iuris habet quam ille qui non possidet.

24. 3. 3 De interdicto utrubi retinendae possessionis

D. 43. 31. 1pr. ***Ulpianus 72 ad edictum***

Praetor ait: "utrubi hic homo, quo de agitur, maiore parte huiusce anni fuit, quo minus is eum ducat, vim fieri veto."

D. 43. 31. 1. 1 ***Ulpianus 72 ad edictum***

Hoc interdictum de possessione rerum mobilium locum habet: sed optinuit vim eius exaequatam fuisse uti possidetis interdicto, quod de rebus soli competit, ut is et in hoc interdicto vincat, qui nec vi nec clam nec precario, dum super hoc ab adversario inquietatur, possessionem habet.

D. 43，17，1，9 乌尔比安:《论告示》第69卷

裁判官在占有保护令状中所说“一方未曾以暴力、欺瞒或临时受让之手段，剥夺对方之占有”的意思是：如果一方以暴力、欺瞒或临时受让之手段，从第三人而非对方当事人处取得占有，该占有对其产生【针对对方当事人】效力；但是，如果他【以上述手段】剥夺了对方之占有，他将不能胜诉，因为他非法地剥夺了对方之占有；显而易见，此类占有不产生【针对对方当事人】效力。

D. 43，17，2 保罗:《论告示》第65卷

在此令状中，同另一个人相比占有是否正当并不重要，因为任何一个占有人都是基于他是占有人这一理由而享有比非占有人更多的利益。

24.3.3 保护占有的“优者占有令状”

D. 43，31，1pr. 乌尔比安:《论告示》第72卷

裁判官说：“如果有争议的奴隶在一年的大部分时间里为两人中的某一个人所占有，我便禁止另一个人以暴力将他带走。”

D. 43，31，1，1 乌尔比安:《论告示》第72卷

此令状适用于动产的占有，但应指出它与适用于不动产占有的保护的不动产占有令状具有同等效力。因此，在此令状中非暴力地、非秘密地及非不确定地占有之人，在其占有为对方所禁止时将获得保护。

24. 3. 4 Quomodo possidere liceat

24. 3. 4. 1 Non vi

D. 43. 16. 1. 28 ***Ulpianus 69 ad edictum***

Vi possidere eum definiendum est, qui expulso vetere possessore adquisitam per vim possessionem optinet aut qui in hoc ipsum aptatus et praeparatus venit ut contra bonos mores auxilio, ne prohiberi possit ingrediens in possessionem, facit. sed qui per vim possessionem suam retinuerit, Labeo ait non vi possidere.

D. 43. 16. 1. 29 ***Ulpianus 69 ad edictum***

Idem Labeo ait eum, qui metu turbae perterritus fugerit, vi videri deiectum. sed Pomponius ait vim sine corporali vi locum non habere, ergo etiam eum, qui fugatus est supervenientibus quibusdam, si illi vi occupaverunt possessionem, videri vi deiectum.

D. 43. 16. 1. 27 ***Ulpianus 69 ad edictum***

Vim vi repellere licere Cassius scribit idque ius natura comparatur: apparet autem, inquit, ex eo arma armis repellere licere.

D. 43. 16. 11 ***Pomponius 6 ex Plaut.***

Vim facit, qui non sinit possidentem eo, quod possidebit, uti arbitrio suo, sive inserendo sive fodiendo sive arando sive quid aedificando sive quid omnino faciendo, per quod liberam possessionem adversarii non relinquit.

24.3.4 合法占有的条件

24.3.4.1 非暴力地占有

D. 43，16，1，28 乌尔比安:《论告示》第69卷

在以暴力驱逐原占有人后取得占有的人，或为获得占有而违反善良风俗以阻止他人占有的方式取得占有的人，被视为在以暴力进行占有。但是拉贝奥说，以暴力保持其占有的人不是在以暴力进行占有。

D. 43，16，1，29 乌尔比安:《论告示》第69卷

拉贝奥还说，受到一帮人的威胁而惊恐地逃跑的人被视为受到了暴力驱逐。但彭波尼说，无实际的暴力行为便未发生暴力驱逐。我认为，受到暴力占有者的干涉而逃亡的人也应被视为受到了暴力驱逐。

D. 43，16，1，27 乌尔比安:《论告示》第69卷

卡西写道，以暴力反抗暴力是合法的，这一权利是自然赋予我们的。他又说，由此可以认为以武力反抗武力是合法的。

D. 43，16，11 彭波尼:《普劳提引述》第6卷

不许占有人按其意志使用占有物的人，或通过播种、挖掘、犁地、建筑及从事别的施工阻止其对方自由占有的人，在实施暴力行为。

D. 41. 2. 7 ***Paulus 54 ad edictum***

Sed et si nolit in fundum reverti, quod vim maiorem vereatur, amisisse possessionem videbitur: et ita Neratius quoque scribit.

24. 3. 4. 2 Non clam

D. 41. 2. 6pr. ***Ulpianus 70 ad edictum***

Clam possidere eum dicimus, qui furtive ingressus est possessionem ignorante eo, quem sibi controversiam facturum suspicabatur et, ne faceret, timebat. Is autem qui, cum possideret non clam, se celavit, in ea causa est, ut non videatur clam possidere: non enim ratio optinendae possessionis, sed origo nanciscendae exquirenda est: nec quemquam clam possidere incipere, qui sciente aut volente eo, ad quem ea res pertinet, aut aliqua ratione bonae fidei possessionem nanciscitur. itaque, inquit Pomponius, clam nanciscitur possessionem, qui futuram controversiam metuens ignorante eo, quem metuit, furtive in possessionem ingreditur.

D. 41. 2. 6. 1 ***Ulpianus 70 ad edictum***

Qui ad nundinas profectus neminem reliquerit et, dum ille a nundinis redit, aliquis occupaverit possessionem, videri eum clam possidere Labeo scribit: retinet ergo possessionem is, qui ad nundinas abiit ^ abit^: verum si revertentem dominum non admiserit, vi magis intellegi possidere, non clam.

D. 41，2，7 保罗：《论告示》第54卷

如果某人因怕遭受更大的暴力袭击而不愿回到其土地上，他便被视为已失去占有。内拉蒂也是这么写的。

24.3.4.2 非秘密地占有

D. 41，2，6pr. 乌尔比安：《论告示》第70卷

我们说：某人怀疑他人会反对其占有，并担心这种情况会发生，因而在未通知该人时便偷偷地进行占有，其占有为秘密占有。然而，在非秘密占有时将自己隐藏起来的人，不能被视为在秘密地占有。因为需考虑的不是占有的方式而是其取得的原因。某人在物之所有人明知或同意其占有时进行占有，或以某种方式进行善意占有，不被视为在秘密占有。因此彭波尼说，某人因担心将来有人反对而在未通知该人时便偷偷地进行占有，便开始了秘密占有。

D. 41，2，6，1 乌尔比安：《论告示》第70卷

如果去市场的人未留下财产看守人，当其从市场返回时某人已侵占其财产，拉贝奥写道，此人被视为在秘密地占有，因此去市场的人仍保持着占有。但若侵占者不许所有权人恢复占有，那么他将被视为在以暴力占有而非秘密地占有。

24. 3. 4. 3 Non precario

D. 43. 26. 2. 3 *Ulpianus 71 ad edictum*

Habere precario videtur, qui possessionem vel corporis vel iuris adeptus est ex hac solummodo causa, quod preces adhibuit et impetravit, ut sibi possidere aut uti liceat:

D. 41. 2. 10pr. *Ulpianus 69 ad edictum*

Si quis ante conduxit, postea precario rogavit, videbitur discessisse a conductione: quod si ante rogavit, postea conduxit, conduxisse videbitur. potius enim hoc procedere videtur, quod novissime factum est: et hoc Pomponius ait.

D. 41. 2. 10. 1 *Ulpianus 69 ad edictum*

Idem Pomponius bellissime temptat dicere, numquid qui conduxerit quidem praedium, precario autem rogavit non ut possideret, sed ut in possessione esset (est autem longe diversum: aliud est enim possidere, longe aliud in possessione esse: denique rei servandae causa, legatorum, damni infecti non possident, sed sunt in possessione custodiae causa): quod si factum est, utrumque procedit.

D. 41. 2. 10. 2 *Ulpianus 69 ad edictum*

Si quis et conduxerit et rogaverit precario, uti possideret, si quidem nummo uno conduxit, nulla dubitatio est, quin ei precarium solum teneat, quia conductio nulla est, quae est in uno nummo: sin vero pretio, tunc distinguendum, quid prius factum est.

24.3.4.3　非临时性地占有

D. 43，26，2，3　乌尔比安：《论告示》第 71 卷

仅因请求而获得占有或使用许可进而取得某一物体或权利的占有的人，被视为在进行不确定地占有。

D. 41，2，10pr.　乌尔比安：《论告示》第 69 卷

如果某人先租用某物而后请求不确定占有，那么他将被视为已放弃租用；若先请求不确定占有而后租用，那么他将被视为已租用某物。因为只有最后那个行为才被视为有效的。彭波尼是这么说的。

D. 41，2，10，1　乌尔比安：《论告示》第 69 卷

彭波尼说得好，难道某人租用了一块土地而后请求不确定占有不是为了占有它而是为了处于占有状态吗？这是完全不同的问题，因为占有是一回事而处于占有状态却是另一回事。因保存物或因遗赠及潜在损害而持有物的人并未占有物，只是为了看管物而处于占有状态。若发生前述情况，他便既在占有又处于占有状态。

D. 41，2，10，2　乌尔比安：《论告示》第 69 卷

如果某人租用某物并请求不确定占有，且他只交付一元钱的租金，毫无疑问，他只享有不确定占有。因为若交付的租金只有一元钱，租赁合同无效。如果交付了租金，则需分清哪个行为在先。

24. 3. 5 De condemnationis summa

D. 43. 16. 6 ***Paulus 17 ad edictum***

In interdicto unde vi tanti condemnatio facienda est, quanti intersit possidere: et hoc iure nos uti Pomponius scribit, id est tanti rem videri, quanti actoris intersit: quod alias minus esse, alias plus: nam saepe actoris pluris interesse hominem retinere, quam quanti is est, veluti cum quaestionis habendae aut rei probandae gratia aut hereditatis adeundae intersit eius eum possideri.

D. 43. 17. 3. 11 ***Ulpianus 69 ad edictum***

In hoc interdicto condemnationis summa refertur ad rei ipsius aestimationem. "quanti res est" sic accipimus "quanti uniuscuiusque interest possessionem retinere". Servii autem sententia est existimantis tanti possessionem aestimandam, quanti ipsa res est: sed hoc nequaquam opinandum est: longe enim aliud est rei pretium, aliud possessionis.

D. 41. 2. 35 ***Ulpianus 5 de omn. trib.***

Exitus controversiae possessionis hic est tantum, ut prius pronuntiet iudex, uter possideat: ita enim fiet, ut is, qui victus est de possessione, petitoris partibus fungatur et tunc de dominio quaeratur.

24.3.5　判罚的金钱数额

D. 43，16，6　保罗：《论告示》第17卷

根据暴力令状应承担的赔偿责任与占有的利益一致。彭波尼写道，根据法学原理，原告的利益被视为物的总价值，它有时较大而有时较小，因为原告占有奴隶的利益通常大于奴隶本身的价值。比如，占有他或是为了审问他，或是为了证明某事，或是为了接受遗产，这就是原告占有奴隶的利益。

D. 43，17，3，11　乌尔比安：《论告示》第69卷

在此令状中，赔偿总额涉及物本身的价值。我们认为，物的价值是每个人保持占有的利益。然而塞尔维认为，估算的占有利益额应等于物本身的价值额。但此观点根本不应被考虑，因为物的价值是一回事，而占有利益的估算却是另一回事。

D. 41，2，35　乌尔比安：《论司法审判》第5卷

对占有争议的处理结果仅仅是法官宣布两者中谁占有物，其结果将是：在占有诉讼中败诉的一方，在提出所有权问题时将充当原告。

图书在版编目（CIP）数据

物与物权 / (意大利)斯奇巴尼编;范怀俊译 —北京: 中国政法大学出版社,1999.6

ISBN 978-7-5620-1877-3

Ⅰ.物... Ⅱ.①斯... ②范... Ⅲ.物权 - 研究 Ⅳ.D913

中国版本图书馆CIP数据核字(1999)第25161号

书　　名　物与物权
出 版 人　李传敢
出版发行　中国政法大学出版社(北京市海淀区西土城路 25 号)
　　　　　北京 100088 信箱 8034 分箱　　邮政编码 100088
　　　　　zf5620@263.net
　　　　　http://www.cuplpress.com(网络实名: 中国政法大学出版社)
　　　　　(010)58908325(发行部) 58908285(总编室) 58908334(邮购部)
承　　印　固安华明印刷厂
规　　格　880×1230　32 开本　13 印张　210 千字
版　　本　1999 年 7 月第 1 版　2009 年 11 月第 2 版　2009 年 11 月第 1 次印刷
书　　号　ISBN 978-7-5620-1877-3/D·1837
定　　价　30.00 元

本社法律顾问　北京地平线律师事务所